書

社交口才

SOCIAL ELOQUENCE

秉 瑞◎编著

时事出版社

图书在版编目（CIP）数据

社交口才 / 秉瑞编著. -- 北京：时事出版社，
2015.9

ISBN 978-7-80232-869-3

Ⅰ. ①社… Ⅱ. ①秉… Ⅲ. ①心理交往－口才学
Ⅳ. ①C912.1

中国版本图书馆 CIP 数据核字(2015)第 201537 号

出 版 发 行: 时事出版社
地　　　址: 北京市海淀区万寿寺甲 2 号
邮　　　编: 100081
发 行 热 线: (010)88547590　88547591
读者服务部: (010)88547595
传　　　真: (010)88547592
电 子 邮 箱: shishichubanshe@sina.com
网　　　址: www.shishishe.com
印　　　刷: 北京建泰印刷有限公司

开本:787×1092　1/16　印张:19　字数:295 千字
2015 年 9 月第 1 版　2015 年 9 月第 1 次印刷
定价:32.00 元

前言

preface

林肯曾经说过:“口才是社交的需要，是事业的需要，一个不会说话的人，无疑是一个失败者。”

当今社会是一个充满竞争与合作的信息化社会。说话不仅是人们日常生活之必需，也是直接影响个人事业成败的重要因素。身处这种环境，若想取得立足之地，并且拥有一片属于自己的天空，无法离开人与人之间的交往。人们在社会交往中，要交流信息，沟通思想，就需要有一定的语言交际能力，不善言谈的人是很难让人了解其价值的。人际交往中，会说话能赢得好印象，建立起宽广的人脉；商业中，会说话能赢得商机，得到真诚的合作伙伴；现代职场中，要想成功，离不开良好的社交口才。

好口才是事业成功的奠基石，是为人处世的助推器，是快乐生活的调味品。拥有一个好口才不但是企业家、领导者等公众人士必备的素质，也是我们普通人应该学会的一项技能。

如今，人们的交际范围扩大了，个人社交日趋频繁，人际关系也随之越来越重要。诸多会见、拜访、接待、介绍、洽谈、演讲、辩论等场合，无一不需要使用得体的口才艺术，从而达到交际的目的。

很多情况下，社会、组织对一个人的认识、了解，以及人与人之间的习惯适应都是通过说话来实现的。说得一口得体的职场用语，能让上下级感受到你的亲和力，愿意和你交往，有好的机会时，首先想到的就是你；在社交场所，在谈判桌上，在演讲台前……

只要有人的地方，都需要交流，需要对话，这就需要高超的说话能力和卓越的口才。拥有良好口才的人总是能赢得好人缘、好机会，不会成为受人冷落的边缘人士。会说话可以让你的事业一路畅通。可见，在现代交际中，是否能说，是否会说，影响着一个人的成败得失。

社交口才是一种技能、一种艺术，是一个人在社会交往活动中口语表达能力的体现。随着社会的不断发展，人与人之间的交往越来越频繁、密切，口才在社交场合中的作用也愈显重要，并已渗透到当代生活的各个领域。

可以说，凡有社交口才之人，讲话时多能闪烁出真知灼见，给人以精明、睿智、风趣之感。一个人的社交口才已成为其生活及事业成功的重要因素，社交口才也成为现代人必备的重要能力之一。

如果你想人生道路走得更加顺畅，如果你想在人际交往中无往而不利，那就必须重视社交口才。

本书从社交的角度谈口才，全面分析社交口才的基本理论和方法，深入地介绍社交口才制胜的方法和策略。让你熟练掌握社交口才技巧，使你在社会交往中如虎添翼、大显身手，由此创造出更精彩的人生。

目录

contents

第①章 有声有色，好口才能引人入胜

以开场引人入胜 ………………………………………………… 002
以暗示取代直言 ………………………………………………… 007
用声音打动人心 ………………………………………………… 012
让你的谈吐温柔如水 …………………………………………… 015

第②章 机智巧妙，好口才让你左右逢源

善用自嘲，摆脱窘境 …………………………………………… 020
失言时巧应变 …………………………………………………… 022
巧妙转换话题 …………………………………………………… 023
怎样打破僵局 …………………………………………………… 026
打破沉默的艺术 ………………………………………………… 028
交际中该如何“解释” ………………………………………… 030
机智的语言应变技巧 …………………………………………… 032

第③章 大方得体，好口才让人产生共鸣

措辞得体，事半功倍 …………………………………………… 036
通透地了解对方 ………………………………………………… 037
区别对方的知识水平 …………………………………………… 037
把握听众的心理和情感 ………………………………………… 038
顾及对方的情绪反应 …………………………………………… 039

注重说话的目的 …… 041
避免骄傲狂妄 …… 044
好的语言不在多，达意则灵 …… 045
交谈要恰到好处 …… 047
称呼要得体 …… 048

第④章 迎来送往，好口才让应酬更顺畅

应酬要恰到好处 …… 052
怎样做客与待客 …… 053
宴请要注意的问题 …… 055
说话有礼貌非常重要 …… 057
送礼时要讲究语言的表达 …… 060
多学几句客套话 …… 062
电话交际有讲究 …… 063

第⑤章 巧言说服，口才好的人最有说服力

说服的话要值得听 …… 066
不同的人用不同的说服方式 …… 067
打消对方的防范心理 …… 070
从消除心理障碍入手 …… 072
给别人一个台阶下 …… 073
侧面引导，让人心服口服 …… 075
巧用“作料”来说服 …… 077
运用逻辑推理的方法说 …… 078
拐弯抹角地说 …… 080
调节说服气氛 …… 081

第⑥章 真心诚意，打开他人的心门

真诚能得到别人的信任 …… 084

真诚的话最感人 …… 085
说话贵在以心换心 …… 087
真诚坦率感染人心 …… 088
诚实就像树木的根 …… 091
朋友之间不要说假话 …… 092
重在言而有信 …… 093
找到打开心锁的钥匙 …… 094

第⑦章 以情动人，让人内心感动

推心置腹与人交谈 …… 098
铁汉也有柔情 …… 099
情感充沛地说 …… 100
声情并茂地说 …… 102
热忱的谈话者 …… 103
温和甜美的语言让人愉悦 …… 104
和蔼亲切的说话态度最受欢迎 …… 105

第⑧章 动人谈吐，让情更深爱更浓

点缀爱情，离不开甜言蜜语 …… 108
恋爱离不开交谈 …… 110
“爱的作料” …… 115
用语言为爱情保鲜 …… 118
妻子应怎样和丈夫说话 …… 120
唠叨是爱情的坟墓 …… 122
懂得道歉，夫妻相敬如宾 …… 124

第⑨章 借助体态语言，声情并茂感染人

表情的作用 …… 128
让微笑的美感流动 …… 132

眼神交流的技巧 …… 135
肢体语言比有声语言内涵更丰富 …… 138
肢体语言的类型 …… 140
巧用肢体语言的功能 …… 141
好口才的站姿语 …… 142
好口才的坐姿语 …… 144
好口才的步态语 …… 146
好口才的手势语 …… 147

第⑩章 说话看对象，讲话注意场合

不同的言辞 …… 152
如何与陌生人交谈 …… 154
不同的谈话方式 …… 157
看清对方，问得适宜 …… 159
看准对方的性格特征 …… 160
看年龄说话 …… 163
看社会地位说话 …… 166
看对方兴趣说话 …… 168
怎样与无礼之人交谈 …… 170

第⑪章 委婉言辞，让人易于接受

委婉含蓄，使对方接受 …… 176
借助言外之意促进交际 …… 178
委婉道出对方的错误 …… 180
含蓄暗示的语言技巧 …… 182
含蓄是一种艺术 …… 184
委婉曲折的三大作用 …… 187
忠言可以不逆耳 …… 189
拒绝，但不使人难堪 …… 192

第⑫章 伶牙俐齿，不可不知的说话技巧

努力提高语言表达能力 …… 196
让别人愿意听你说话 …… 198
开口的方法和技巧 …… 200
在聊天中训练说话能力 …… 203
语言要简洁精练、通俗易懂 …… 205
有效的提问可以促进交谈 …… 208
社交场合说话要注意方法 …… 212
说话技巧是社交的重要基础 …… 214
说好“场面话” …… 215
改掉不良的说话习惯 …… 217

第⑬章 用心倾听，沟通他人心灵的语言艺术

倾听者的良好素质 …… 222
掌握倾听的技巧 …… 224
倾听中的插话技巧 …… 226
每个人都有倾诉的欲望 …… 230

第⑭章 管好嘴巴，不该说的绝不乱说

打人不打脸，揭人不揭短 …… 234
言多必失，莫要口无遮拦 …… 235
对别人的隐私要守口如瓶 …… 237
不要在背后说人坏话 …… 240
玩笑不能随便开 …… 242
社交语言的忌讳 …… 243

第⑮章 善用赞美，溢美言辞暖人心

赞美的前提 …… 246

赞美是一种说话的艺术 …… 250
赞美的方式 …… 252
赞美是一种有效的交往技巧 …… 254
赞美能激励他人，也能成就自我 …… 257
发自内心地赞美别人 …… 259
赞美的内容 …… 260
赞美的效果 …… 262

第⑯章 决胜职场，身在职场所需掌握的语言技巧

如何让面试官录用你 …… 266
面试场合说话有讲究 …… 268
不要疏忽领导的话中之意 …… 270
工作中要学会跟上司沟通 …… 272
把握和领导谈话的尺度 …… 274
让老板加薪要讲究技巧 …… 277
不能随便说有关上司的话 …… 279
向上司提出建议 …… 282
无意之中说出来 …… 284
营造如鱼得水的同事关系 …… 285
同事交往的基点 …… 288
同事之间莫要刻意表现 …… 289

第1章

有声有色，好口才能引人入胜

在说话过程中，要力求说话有声有色，能体现个人的气质、水平，甚至与对方的性格、精神境界和特征以及特定环境下的特定情况相符合。因为这些因素决定了说话技巧的高低。

在生活中，人们总免不了要与一些新结识的人打交道。初次见面的第一句话是留给对方的第一印象。第一句话说的好坏，直接影响到交往的顺利程序。说好第一句话的关键是：亲切、贴心、消除陌生感。成功人士常常能掌握说话的技巧，反应灵敏，把语言发挥得自然、真切。

以开场引人入胜

我们开始说话的前几分钟最能吸引听众，原因是：在这最初的几分钟内，每个人都会有意无意地表达自己的真实感觉。卡耐基说："开场白是讲话者向听众最先发送的信息，它如戏曲演出前的开场锣鼓，直接影响到听众的心态。"

1949 年春天，北京解放时，北大学生会邀请郭沫若做报告，郭老是这样开场的："今天是我面对青春的海洋，摆革命的龙门阵。""面对青春的海洋"，比喻恰当形象，听起来亲切悦耳；"摆革命的龙门阵"，是妙语双关，而用"革命"两字，点明了题旨。这样的艺术化表达一下子抓住了听众的心理。

又如北京市劳动模范、百货大楼优秀售货员张秉贵在《柜台语言很重要》一文中谈到有关自己改进服务用语的过程：开始，他站柜台时，见到顾客就说："同志，您买点什么？"有的顾客反问他："不买东西就不准瞧瞧吗？"后来，他又改口说："同志，您要点什么？"有的顾客又和他开玩笑说："我什么都要，你给吗？"经过反复推敲，他终于找到了适当的开场用语："同志，您想看看什么？"这回行了，顾客都挺满意。可见，只要运用相应的语言技巧抓住说话前的几分钟开场白，整个说话的气氛就会形成一种有利的情势。许多有经验的言讲者在长期的实践中都体会到一个事实：在最初的一分钟内，要吸引听众是容易的；但要保持这种状态五分钟，那就困难了；而一旦失去听众的注意，要想再恢复，就更难了。因此，从讲话的最初几句，就要像磁铁般地吸引住听众，绝不要第二次、甚至第三次再去赢得听众的注意。

究竟怎样在讲话一开始就能吸引听众和打动听众呢？

成功的开场白有以下几种形式：

1. 故事开头式

一般来说，可供使用的故事有两类：幽默的故事和一般的故事。但幽默的故事不可妄加使用，除非讲话者有幽默的禀赋，否则效果是不会理想的；而一般的故事，无论是关于中外历史上的著名事件，还是关于现实生活中的平常轶事，只要讲话者在叙述时有具体情节、具体内容，就能达到吸引听众的目的。精彩的故事，尤其是真人真事，能够一下子抓住听众的心，即使前面发言者已使听众思绪分散，也仍然能起到把握全局情绪的作用，引起听众的兴趣，从而使自己很快被听众所接受。

卡耐基曾发表过多次演讲，其中有一次他是这样开始的："就在我大学刚毕业之后，一天晚上我独自在一条街上走着，突然看见一个人站在一只箱子上头对着人群讲话。我很好奇，所以也加入人群去听。'你可觉察到，'这个人说，'你从未见过一个秃头的印第安人？或从未见过秃顶的女人，是不是？现在我来告诉你为什么……"卡耐基的这个演讲是很成功的，因为只要直接朝事件中继续推进，便可轻易地抓住听众的注意力。

开头引用故事要注意：(1)故事要恰当，恰当才有印证力；(2)故事要真实，真实才有说服力；(3)故事要生动，生动才有感染力；(4)故事要典型，典型才有渗透力。

2. 提问开头式

心理学家认为，在问题提出以后，几乎所有感兴趣的人都会去思考，并产生一种要求知道正确答案的欲望，而这将使听众的注意力得到迅速地集中——他们等着用你说出的答案去验证自己的判断。但是要注意，提出的问题不要过于简单，要能"发人深省"，引人思考，或能给听者有所收益。

一位著名学者应邀到比萨大学向意大利同行做学术报告，比萨大学是诞生过"比萨最伟大的儿子——伽利略"的著名大学，听众又都是些著名的专家教授，要能够使听众信服是不容易的，这位学者走上讲坛用英语讲了一句话："请问诸位，你们希望我用英语讲，还是用法语讲？"这句开场白，大大出乎了听众的意料，寂静的大厅里顿时活跃起来……这位学者为自己树立了良好的第一印象。

3. 名言开头式

名人名言是较好的开场白。心理学研究认为，公众具有崇拜权威（名人是人们自认的权威）的共同心理。名人的话对听众来说总是具有一种特殊的魅力，因而也易于将听众的注意力集中起来。为纪念鲁迅先生诞辰，某校举办学术报告会，当时天气很冷，寒风从窗口吹进礼堂，刚落座的听众无法安静下来，只听主讲学者这样开场:“鲁迅先生生前曾经说：‘愿中国青年都摆脱冷气，只是向上走……’今天，我们先要摆脱了会场上的冷气，才无愧于鲁迅先生的殷殷期望。”这句名言一出口立即赢得了持久的热烈掌声，主讲学者从而顺利地开始演讲。

4. 动作吸引式

临时性的演讲，会场秩序往往比较差，听众的态度不但随便，而且也不专心，效果更不用谈了。遇到这种情况，有说话技巧的人是如何做的呢?

有一个演讲家，站在闹哄哄的会场讲台前，一声不响地取出一块手帕不停地转，一次，二次，三次……吵闹声逐渐停止，大家的目光终于都集中到了台上。

又有一位中学教师采用的方法是：背对骚动的学生，在黑板上写出学生的名字，大家猜不出发生何事，纷纷停止喧哗，注视黑板，教室顿时安静了下来，教师才开始讲课。

日本两位演说家德田球一和尾崎行雄曾经这样做过开场白：德田球一在劳动节演讲开始前，面对着大家脱下上衣，引起大家的注意；尾崎行雄的方法则是，登台等到掌声停止，沉默片刻，取出备忘录摆出一副朗读的姿态。

以上几位人士演说前的动作，都能使听众迫不及待地等待演讲者开口。

5. 物品吸引式

你展示的物品或许是一幅画、一张地图、一帧照片、一件实物等，只要有助于言讲者阐述思想就行。有时，言讲者在一张大纸上写几个字也能引起话题。有位大学教授在一群骚动的听众面前说:“瞧！这是全岛唯一珍贵的石头。”说罢，将石头放在桌上，等到大家的眼光全部集中到台上时才继续说:“请大家仔细看，这块石头是我在南极探险时拾到的……”然后举起石头从容不迫地讲完他的话。

6. 巧妙赞美式

一般来说世人都爱听赞颂之辞。因此，具体的赞扬会使他们很仔细听，同时，也会使讲话者被认作是一个和蔼可亲的人而被听众接受。

爱因斯坦有一次访问一所物理学院，他接见学生代表时是这样说的："我十分高兴看到在我面前的你们——选择了科学作为职业，精力充沛的青年人队伍。我将反复唱一首赞美歌，赞美在应用科学上我们已经取得的伟大成果，赞美你们即将带来的更大的进步。事实上，我们是在应用科学的时代，也是在这样一个应用科学的国度。"这几句赞美的话拉近了他和听众之间的心理距离，为接下来的演讲奠定了基础。

7. 情感共鸣式

共同的经历或遭遇、共同的研究专业和方向、共同的希望和展望等等，都是能够引起听众共鸣的话题，以此种方式开场，容易被听众"认同"。

战国时发生过这样一件事。有一个名叫雍门周的琴师去见齐国的孟尝君。孟尝君问他："你弹琴能使我悲伤吗？"雍门周说："我弹琴是想使你愉快，怎能使你悲伤呢？但我替你想想，确实也有可以悲伤的事。譬如百年之后，你的坟上长满了荆棘，放牛的、担柴的在上面跳跳蹦蹦地唱起歌来，他们将唱道：'唉，像孟尝君那样尊贵的人竟也会这样啊！'"孟尝君听了雍门周的这番话，不禁泛起悲凉之感，眼泪已涌到了睫毛边，不过还没有掉下来。这时，雍门周拨动琴弦，轻轻一弹，孟尝君的眼泪就不由得掉了下来……

曲调未成先有情。这个故事让孟尝君潸然泪下的显然不是乐曲，而是雍门周的一番"开场白"。这段"开场白"勾勒了一个悲凉的景象，引导孟尝君去联想"百年之后"的事情，而且用"我替你想想"表达了雍门周对孟尝君的同情之心，引起孟尝君的共鸣。

8. 焦点关注式

有经验的谈话者善于将自己的讲话与听众的切身利益联系起来，以引起听众的关注和重视，吸引听众的注意。有时即使牵强一些，但为了能让听众在他开始讲话前就全神贯注，有时不得不策略地绕个弯子，待听众兴趣已起时再转入正题。

美国石油大王洛克菲勒的工厂发生工潮，延续了两年之久，是美国工业史上一次有名的大罢工。那时管理矿务的人是洛克菲勒的儿子，他为了平息工人们的怒火，和罢工运动的代表进行了一次对话。结果化干戈为玉帛，把两年来的罢工风潮完全解决了！小洛克菲勒的开场白是这样的：

“在我的一生之中，今天算是一个最值得纪念的日子。我觉得十分荣幸！因为我能够和诸位认识了，如果我们今天的聚会，是在两星期之前，那么我站在这里，会像是一个陌生人，因为我对于诸位的认识，还只是极少数。后来，我有机会到南煤区的各个帐篷里去看了一遍，并和诸位代表做了一次私人的个别谈话；我看望了诸位家庭，会见了诸位妻儿老幼，他们对我都十分的客气，殷勤的招待，完全把我看成和自己人一般。所以，今天我们在这里相见，我们已经不是陌生人，而是朋友了。现在，我们不妨本着相互的友谊，共同来探讨一下我们大家的利益，这会使我感到十分的高兴。”

这是一段出色的开场白，它从听众关注的焦点利益出发，是化敌为友的最佳语言艺术表现形式。假如小洛克菲勒采用的是另一种方法，与矿工们争得面红耳赤，用不堪入耳的话骂他们，或用话暗示错在他们，用各种理由证明矿工的不是，结果会如何？大概只会招惹更多的怨愤和暴行。

9. 即兴发挥式

1938 年，陈毅率领新四军在浙江开化县华埠镇休整。当地抗日组织召开欢迎大会，陈毅被邀请上台演讲。开始司仪做介绍称陈毅为“将军”，陈毅登上讲坛，接过话头大声说：“我叫陈毅，耳东陈，毅力的毅。刚才司仪先生称我将军，实在不敢当，我现在还不是将军。当然叫我将军也可以，我是受全国老百姓的委托，去‘将’日本鬼子的‘军’。这一‘将’直到把他们‘将’死为止……”这个开场白十分漂亮。陈毅在别人语言的基础上尽情发挥，讲得自然风趣、幽默传神，活跃了会场，紧紧抓住了听众的目光。

10. 自我贬低式

在一次联欢晚会上，台湾著名电视节目主持人凌峰做了一段精彩的演说，他的开场白是：“在下凌峰，我和文章不一样，虽然我们都得过‘金钟’奖和最佳男歌星称号，但我是以长得难看而出名的……一般来说，女观众对我的印象不太良好……她们认为我是人比黄花瘦，脸皮比炭球黑。”

自我贬抑并不会真地被贬，而是演讲者坦率幽默、机智随和的舞台风格。用这种方法做开场白，能博得无数听众的掌声。

11. 环境烘托式

这是利用当时当地的环境特点来渲染气氛，激发听众热情的一种说话形式。这种形式灵活生动，富于情感。但描绘的环境特点必须与主题思想相吻合，切不可牵强附会。鲁迅先生曾在厦门中山中学做过一次演讲，他开始时说："今天我能够到你们学校来，实在很荣幸。你们的学校，名叫中山中学，顾名思义，是为纪念孙中山先生而设立的学校。中山先生致力国民革命40年，结果创造了'中华民国'。但是现在军阀跋扈，民生凋敝，只有'民国'的名目，没有'民国'的实际。"鲁迅先生从自然环境中的学校名称讲起，一针见血地指出了名与实之间的巨大反差，从而激发中山中学的师生们为完成中山先生未竟事业而奋斗的革命热情。

开始讲话的有效方法绝不仅仅只有上面所说的11种，每一个说话者都可根据不同场合、不同话题和不同对象，选用适合于自己讲话的方法。但是不管采用哪种方法，言讲者都要牢牢记住：从自己讲话的一开始，就要吸引听者、打动听者。

以暗示取代直言

生活中并不是每句话都必须直说的，有时候以暗示代替直言，同样可以收到预期的效果。

汉景帝庶子、长江王刘发的母亲原是汉景帝妃子的奴婢，因为母亲地位低下，刘发得不到景帝的宠爱，给他的封地不仅偏僻狭小，而且都是些贫瘠不毛之地。这一年，宗室藩王齐集长安为景帝祝寿。轮到刘发祝寿了，只见他肥胖的身躯上罩了件小小的绸衫儿，窄窄的袖口，两只肥手却缩在袖里。刘发应乐起舞，胳膊拢在袖子里一扭一摆，神态举止活像一只滑稽的鸭子。此情此景惹得众人大笑，景帝也笑眯了眼，但他又很奇怪，便问道："刘发！为朕上寿为何如此不敬?”刘发跪地叩道:“父皇息怒，儿臣非愿如此，只因臣封国地陋狭小，实无回旋余地，不得不这样舞蹈啊。”景帝听罢，似有所悟，便下诏书道:“增封长沙王刘发武陵、零陵、桂阳三郡。”

作为一个庶子，刘发没有直接请求封赏的资格，为了争得自己应有的利益，他便借祝寿的机会，用暗示的方式向父皇请求封赏。果然，在他的一番导演之下，景帝满足了他的要求。这就是暗示的妙用。

暗示有以下几种形式:

1. 故事暗示

一次，张震将军视察某部“红一连”，连长、指导员汇报道:“连队 4 年达标，年年先进。”张震将军问连长:“你们达的什么标?”连长支吾。又问指导员、教导员，同样也答不上来。再问团长、政委，结果也一样。张震将军没有直接批评，而是说了一个故事，他说:“有个旧戏，叫《法门寺》。太后在上面一喊，下边的人，不管听懂还是没听懂，也跟着‘嗯’地答应了一声，然后一声声传下去，一声声往下‘嗯’。我们可不能搞法门寺作风。”

张震将军通过故事对下属的错误作风进行了暗示，这样的暗示既给官兵留下了一定的面子，又把错误的性质点拨得入木三分。

2. 笑话暗示

暗示是在说话中依靠某种揭示来表达某种隐蔽的观点，以便使听众形成一种印象，认为这些观点正是自己思维的产物，并定势于脑中的艺术。

冯玉祥率部队驻防四川顺庆，恰巧一支“友军部队”也在附近驻扎。“友军”将骄兵惰，穿得像当地富家公子一样，个个在街上摇摇摆摆。有一天，冯玉祥听到这样的报告:“我们的士兵在街上买东西，第四混成旅的兵见到了，就讥骂我们，说我们穿得不好，骂我们是孙子兵。”冯玉祥听后只是淡淡一笑，说:“由他们骂去，有什么可气的，不要理他!”但官兵们仍觉得不解气，看到这种情形，冯玉祥集合全体官兵，做队前讲话:“刚才你们来报告，说第四混成旅的兵骂我们是孙子兵，听说大家很生气，我倒觉得他们骂得很对。按历史的关系说，他们的旅长曾做过二十镇的协统，我是二十镇里出来的，你们又是我的学生，算起来你们不正是差两辈吗?他们说你们是孙子兵，不是说对了吗?再拿衣服说，缎子的儿子是绸子，绸子的儿子是棉布，现在他们穿缎子，我们穿布衣，因此他们说我们是孙子兵，不也是应当的么？不过，话虽这么说，若有朝一日开上战场，那时就能看出谁是爷爷谁是孙子。”几句话把官兵们讲得大笑起来，怒气全消。

冯玉祥这段话寓刚于绵，寓教于趣，寓蔑视于诙谑，欲抑先扬，层次分明，语言通俗，疏通了士兵的郁闷心扉。

暗示，最显著的特点是不直接说出真正的意思，但听者明理，判断性的结论说者不言，但听者都可意会出其中的含义。冯玉祥这段话直到最后也没有给出一个判断，但官兵都能做出判断，并懂得了是否是“孙子兵”不取决于穿着如何，而在于能否打胜仗。可见，笑话暗示能免除威压和说教，曲径通幽。

3. 诙谐暗示

这是以幽默的语言或随意说笑的方式，向被暗示者传递信息。德国有位女数学家爱米·诺德，虽已获得博士学位，但无开课“资格”，因为她需要另写论文，经教授会讨论后才决定是否授予她讲师的资格。著名数学家希尔伯特十分欣赏爱米的才能，他四处奔走，要求批准爱米为哥廷根大学的第一名女讲师。此事在教授会上还引发了争论。一位教授说：“当我们的战士从战场回到课堂，发现自己拜倒在女人脚下读书，会做何感想呢？”希尔伯特站起来，坚定地批驳道：“先生们，候选人的性别绝不应是反对爱米成为讲师的理由。大学评论会毕竟不是洗澡堂！”

希尔伯特的这一番巧妙暗示，使教授会同意了他的请求，爱米因此成为德国哥廷根大学讲坛的第一位女性讲师。

4. 岔题暗示

有一次，龚自珍在扬州到一位商人家里赴宴。宴毕，客人便聚在一起到后花园玩起了赌博的游戏。有一位姓王的客人姗姗来迟，他来后见大家都在赌博，只有龚自珍一人独自在一旁拂水弄花，便走过去招呼他说：“您真是个雅士，满座的客人都在玩世俗的游戏，您却有雅兴在这里赏景，难得，难得！”龚自珍回过头笑着说：“当初陶渊明种菊观山，并非他的本意，乃不得已而为之。想做的事不能做，也就只好放情于山水了。”接着，龚自珍向姓王的客人解释道：“今天的博戏，本来打算加入玩玩的，谁知钱带少了，一会儿便玩光了。”然后又自语道：“可惜没有豪士能借我。”那姓王的客人平日很是羡慕龚自珍的文学名气，听龚自珍这么一说，他便将身上所带的钱全部送给龚自珍做赌资。龚自珍拿了钱，和朋友们玩了起来。

5. 前提暗示

美国总统华盛顿有一匹好马，这匹马浑身毛色发亮，体态健壮，声音洪亮，行走矫健，华盛顿十分喜欢它。有一次，他发现自己的马在临近的一家农场的马棚里，很明显是这个农场主偷了他心爱的马。华盛顿叫来了警察，告诉警察，这匹马是自己被偷的那匹。但是，这家农场主却死不承认这匹马是偷的，一口咬定是自己的马。当然，偷马的农场主不可能自愿地归还这匹马。

华盛顿走到这匹马的跟前，用手遮住了马的双眼，对农场主说：“如果这是你的马，你一定知道这匹马的哪一只眼睛是瞎的！”农场主几乎来不及想，一听说这马有一只眼睛是瞎的，忙说是右边的一只眼睛瞎了。华盛顿拿起遮在右眼上的手，示意警察看看它是否是瞎的，警察一看，眼睛完全正常。这位农场主着急起来，忙说，马的左眼是瞎的，刚才是我一急说错了。华盛顿又拿起了自己的左手，把马的左眼给警察看，警察一看马的左眼也没有瞎，农场主又急忙说，我又说错了。偷马的农场主还想填补自己的漏洞，但是警察却说话了：“刚才的问题表明这匹马的主人不是你，这匹马是你偷来的，华盛顿先生才是真正的主人，你必须立即还给华盛顿先生。”这位农场主只得红着脸把马还给了华盛顿。

处理这件事确实表现了华盛顿很高的智慧。这匹马是他的，但是偷马人也说是自己的，对警察来说，究竟马是谁的，没有相应的证据，华盛顿通过自己的智慧来证明这匹马确实是自己的，而诱使农场主自己“说了实话”。华盛顿撒了一个谎，编造了一个并不存在的虚假问题。这个问题对农场主来说，如果马是他的，他就完全能够回答，如果他不能回答，这马自然就不是他的。这个问题就是马的眼睛是否是瞎的，马是农场主偷来的，他不熟悉马，也因为做贼心虚，所以华盛顿一提出瞎眼这一子虚乌有的问题时，他就马上中了圈套，把假问题当成了真问题，乱猜一通，这正好暴露了自己在撒谎。

以错误的或者是不存在的前提来诱使对方回答，能扰乱对方的判断，并产生错误的选择。

6. 侧面暗示

在现代交际中，当需要批评或提醒他人而又不便直接向他提出时，便可考虑使用侧面暗示法。从侧面提出一些看似与主题无关的话题，可以此来达到启示、提醒、劝阻、教育他人的目的。侧面暗示要注意在话说出口之前，先开动脑筋，从正面、反面、侧面多角度地想一想，寻找出可以使人得到启示的多种不同的表达方式，选择其中一种最好的，以便达到预定的交际目的。

一位顾客坐在一家高级餐馆的桌旁，把餐巾系在脖子上。餐馆经理很反感，叫来一个女服务员说："你让这位绅士懂得，在我们的餐馆里，那样做是不允许的，但话要说得尽量委婉些。"女服务员来到那位顾客的桌旁，很有礼貌地问："先生，你是刮胡子，还是理发？"话音一落，顾客立即意识到自己的失礼，赶快取下了餐巾。

女服务员没有直接指出客人有失体统之处，却拐弯抹角地问两件与餐馆毫不相干的事——刮胡子和理发，表面上看来似乎是女服务员问错了，而实际上是通过这种风马牛不相及的事情来提醒这位顾客，既使顾客意识到自己失礼之处，又做到了礼貌待客，不伤害他人的面子。女服务员采用的正是侧面暗示的技巧。

7. 比喻暗示

武则天时期，有一个负责传递消息的舍人叫元行冲，学问渊博，多才多艺，狄仁杰最器重他。元行冲数次规劝狄仁杰说："凡是举家过日子，必须有所储备。肉干、酒是用来食用的，参、术是用来治病的。我暗想明公之门，山珍海味，无奇不有，一定多得不得了。但我元行冲恳请您一定要储备药物。"狄仁杰笑着说道："我药箱中的药，怎么可以一天没有呢？"

这是一段比喻暗示，"药物"，喻指发病，即遇到意外伤害时的应付措施，防患于未然之法。当时，狄仁杰深得武则天的信任，可谓志得意满，但他懂得这并不是不可以失去的，应该防患于未然，就像用药物预防疾病似的，随时准备应对突发状况。

8. 反问暗示

反问暗示在很大程度上取决于听众的静心默想，反复品味。因为它的特点是：谜底被深深地埋藏在谜面下。所以，听众在听完话之后，必须有个回味的时间，才能体味到谜面和谜底之间的微妙联系。请看以下例子：

1937年，维也纳的人们谈论的中心是战争的危险。地理教师断言说："希特勒不会进攻奥地利，否则就要打大仗了。请你们注意看这个地球仪：德国在这里，那么一点点大，而在他的周围，有英国、法国，还有俄国，都比德国大。美国就更不用讲了……"历史教师摇着头说："这个我也知道，可是老弟，希特勒他知道这点吗？"

历史教师这句话的言下之意，指出希特勒这个法西斯的"头子"是战争狂，他决不会量力而行。

用声音打动人心

一个人要想让自己大受欢迎，声音是不可忽视的一项重要资本。好听的声音如泉水叮咚、风铃滑过，可以时刻在生活中奏响，让琐碎的生活多了一些美妙的色彩，如诗如画。

如果一个人说话既有知识、趣味，又能用丰富的表情和优美的声音来表达，那将会收到意想不到的效果。

生活中，一个人的声音常常比思想更重要。一个音色柔美动听的女人，很容易被周围的人接受，即使她思想幼稚，别人也会说那是单纯。相反，如果女人声音难听，尽管很有头脑，也很难令人有好感。

心理学研究表明，一个人对外界事物的感知和印象80%靠视觉，其余20%中有14%靠听觉。这还是在面对面的情况下，如果接听电话，由于双方不在一起，交际的效果完全靠声音来完成，那声音的重要性就更不用说了。

美丽的声音有一种直达人心的魅力，聪明的女性应该懂得驾驭自己的声音。很多流连于梳妆台前的女性对自己的外貌、服饰很感兴趣，也很有信心，但她们却很少能留意自己的声音。我们常会看到一些容貌姣好、衣着入时的女性说起话来却直叫男士们摇头，倒是那些容貌普通，但说话不快不慢、抑扬有致的女性较能给人舒服的感觉。

所以，作为一名聪明的女性，你若想使自己更迷人，除了一切外在条件，还得注意你的声音，更何况声音不单是吸引异性而已，与你个人工作的顺逆成败也有关。

嗓音是决定一个人说话效果的关键，善于运用嗓音的人，说话显得精力充沛，富有吸引力。悦耳的嗓音就像音乐一样会给人带来愉快的情绪。如果一位女性的声音清脆圆润，那不管她到什么地方，只要一开口说话，所有的人都会洗耳恭听，因为他们无法抗拒这如此富有魅力的声音。那种真诚、爽朗、充满生命活力的声音就像从干裂的地面喷出的一股清泉，就像从静寂的山谷中涌出的一道急流，在每个人的心头涓涓而流，恰似生命中最美的音符。即便这位女士的相貌相当普通，但因她的声音所带来的魅力是不可阻挡的，她高雅的素养和迷人的个性无疑会给人们带来最美好的享受。

那么，优美的声音有没有标准呢？回答是：有的。我们根据国内外口才专家的建议，总结出以下几条，以供参考。

1. 语调

语调能反映出一个人说话时的内心世界，表露其情感和态度。当你生气、惊愕、怀疑、激动时，你表现出的语调也一定不自然。从你的语调中，人们可以感到你是一个令人信服、幽默、可亲可近的人，还是一个呆板保守、具有挑衅攻击性、好阿谀奉承或阴险狡猾的人。你的语调同样也能反映出你是一个优柔寡断、自卑、充满敌意的人，还是一个诚实、自信、坦率以及尊重他人的人。

不管你谈论什么样的话题，都应保持说话的语调与所谈及的内容相互配合，并且能恰当地表明你对某一话题的态度。要做到这一点，你还应做到以下几点：

(1)向他人及时准确地传递信息；

(2)得体地劝说他人；

(3)倡导他人实施某一行动要有力度；

(4)说话果敢，不拖泥带水。

2. 节奏

与口才出色的人谈话简直是一种艺术的享受。他们说话时，抑扬顿挫，引人入胜，就像一个出色的钢琴家，将语言的节奏当作钢琴的琴键而随意指挥，弹奏出一曲动人心弦的“高山流水”。他们对语言节奏的掌握可谓随心所欲。

语言的节奏，大致可分为高亢型、低沉型、凝重型、轻快型、紧张型、舒缓型，若能有效地掌握，便能起到打动人心的效果。

3. 发音

发音是说话的关键，我们所说出的每一个词、每一句话都是由一个个最基本的语音单位组成，然后再加上适当的重音和语调。正确恰当的发音，将有助于你准确地表达自己的思想，使你心想事成。只有清晰地发出每一个音节，才能清楚明白地表达出自己的思想，才能自信地面对你的谈话对手，达到你想拥有的谈话效果。

4. 音量

说话应适当控制音量，当你内心紧张时往往发出的声音又尖又高。当你意志消沉时，说话往往会让人觉得有气无力。彼得是一家大型金融机构的投资研究部经理。在平时的工作中，他总是表现得异常活跃和激动，为了让大家听到他所说的话，他总是大声叫喊。每当他打电话时，隔几个办公室也能听清他所说的每一句话，同事们对他的这些行为极其反感。

其实，语言的威慑力和影响力与声音的高低是两回事。大喊大叫不一定能说服和压制他人。声音过大会让人反感，让人感觉是在装腔作势。只能迫使他人不愿听你讲话而讨厌你说话的声音。但音量太小又会使人听着费劲，误以为怯懦。一般要根据听者的远近，适当控制自己的音量，最好控制在对方听得见的限度内。这与音调一样，我们每个人说话的声音大小也有其范围，你可以试着发出各种音量大小不同的声音，并仔细倾听，找到一种最为合适的声音。

5. 情感

声音是感情的外部体现，声音与感情之间有一定的对应关系。当人心情愉快时，声音是明朗的；当声音抑郁寡欢时，声音就是黯淡的。若没有这种对应关系，就不可能用声音传递情感信息，也就无法引起对方情感上的共鸣。如果失去了感情的运动变化，声音便没有内在依据，声音也就失去了活力，成了空洞僵滞的东西。感情的变化丰富细致，因而与它相适应的声音变化也必须是生动丰富的。响亮而生机勃勃的声音给人以充满活力与生命力之感。当你向某人传递信息、劝说他人时，这一点有着重大的影响力。当你讲话时，你的发音、音调、音量、情绪、表情同你说话的内容一样，会极大地带动和感染你的听众。

声音是一种能量，能影响他人。温婉的声音，让人产生信任感；甜美的声音，让人乐于倾听。声音能够表现个性，传递性情。人与人之间更多更深的交往总是依赖于语言的传递，你能够懂得声音的重要性并努力地调整和改变，生活才会顺利和愉悦很多。

让你的谈吐温柔如水

美好的言词是调理心灵之弦的巧匠，口吐莲花的谈吐可以打动人的真情。

一句话能把人说笑，也能把人说跳。能把人说“笑”的语言，通常是柔和甜美的。

温柔的谈吐表现为:“说话语气亲切，语调柔和，语言含蓄，措辞委婉，说理自然。”这种说法易于使对方感到亲切、愉悦，所谈之言易于入耳生效，有较强的征服力，往往能收到以柔克刚的交际效果。

如何才能使你的谈吐温柔如水呢?

1. 和颜悦色地说

当遭到有人火气十足，无端向你撒气时，如果你持谦让态度，柔言相答，必会“灭火消气”，换来微笑。例如，一家瓷器店里营业员王小姐面对一位十分挑剔的女顾客，给她拿了好几套瓷器，挑了半个小时还没选中。因顾客太多，王小姐便先照应其他顾客去了。这位女顾客认为冷落了她，脸一沉，大声指责说："你这是什么服务态度，你眼睛没看见我先来的吗？为什么扔下我不管？"她把钞票往柜台上一扔，命令道："快给我选，我还有急事！"这话真够刺耳难听的。如果遇上愣头青，和她"较真儿"，非有一场"热闹"不可。然而，王小姐并未和她"一般见识"，她安排好其他顾客，和颜悦色地对那位顾客说："请你原谅，我们店生意忙，对你服务不周到，让你久等了，我服务态度不好，欢迎你多提宝贵意见。"王小姐这几句真诚而谦让的话一出口，那位女顾客的脸一下子红了，转而难为情地说："我说得不好听，也请你原谅。"

你看，王小姐以"和气"对"火气"，表面上"似水柔情"，实际上"力胜千钧"，产生了积极效果。"有理不在声高"。话，并非说得有棱有角，咄咄逼人才有分量。像这种谦让式说法，由于充满了对他人的尊重、宽容和理解，这本身就产生了一种感化力，从而引发对方的心理变化。"火气"遇上"和气"，就失掉发泄的对象，自然会降温熄火。苏联教育家苏霍姆林斯基说："有时宽容引起的道德震动比惩罚更强烈。"这说明，以宽容为特点的谦让式说法有强大的征服力。

2. 绵里藏针地说

遇上有人无理取闹，你不必过分冲动，更不要破口大骂，理智的态度和委婉的谈吐，能帮你转危为安，战胜对手。有这样一个例子：一位戴花帽的姑娘在街头碰上几个轻浮青年，其中一位竟伸手摘下了她的帽子。面对挑衅，姑娘又恼怒又紧张，但她马上冷静下来，彬彬有礼地说："我的帽子挺漂亮，是吗？""当然，它和你这个人一样，真美。"男青年挑逗说。姑娘委婉地说："你一定是想仔细看看，好给你的女朋友买一顶吧？我想你绝不是那种随意戏弄人的人。"

她话里有话，温和中深藏开导，委婉中包含锋芒。青年有几分尴尬，不由自主地把花帽还给了她，然后便溜掉了。一场可能发生的危机就这样被制止了。

从中我们不但看到了姑娘的机智，而且对她的善辩能力留下印象。我们看到，从始至终姑娘没说一句强硬的话，而是用含有"潜台词"的柔言软语巧于应对，成功地激发了对方的自尊、自爱心理。她用冷静举止、柔言软语塑造了一个见多识广、不容侵犯的强者形象，使对方不敢轻举妄动。

从这里我们可以领略到，委婉柔言所具有的"柔中寓刚"的独特威力。

3. 意味深长地说

当你被对方捉弄了，切莫鲁莽行事。恳求的态度和劝导的语言将会使你如愿以偿。曾有一位从内地到广州出差的老先生，在小货摊上被卖货的女青年掏了腰包，钱包不翼而飞。货摊只有他俩人，明知此事与姑娘有关，但当他说出此事时，姑娘翻了脸，叫他“到公安局去告!”老先生冷静一思索，没和她来硬的。他压低声音，恳求地说:“姑娘，我一下子买了你五六十元的东西，你怎么能这样对待我呢？我知道，你们做生意的，信誉要紧啊!!”这不能不使姑娘深思。随之，他进一步恳求道:“我从内地来，钱包里的钱是一朋友托我买东西的，丢了我可怎么向他交代？叫我到哪里去找钱呢？你就替我仔细找找吧，或许忙乱出错混到衣服堆里去了？我知道，你们个体户是最能体谅人的!”

姑娘终于被说动了，她就坡下驴，在衣服堆里找出了钱包，不好意思地交给了他。

恳求，通常是处于弱者地位的人使用的语言方式。然而，此时此刻，它不是低三下四地哀求，而是一种智斗，是一种心理战。老先生认为姑娘并非作案老手，紧紧抓住“信誉”这个要害，以恳求的方式，启发、诱导、暗示、加压，努力唤起她尚未泯灭的良知和同情心。从而，使她的正义感、信誉感和同情心占了上风，战胜了贪财的邪念，交出了钱包。

4. 心平气和地说

当你需要别人的帮助时，切莫用发号施令的语气，这样也许会使你变得难堪。如果这时你心平气和地说话，也许会使你达到意想不到的目的。

比如，妻子从单位回来，对正在看书的丈夫说:“今天我想加班做件衣服，你是不是去接孩子，再做做饭?!”这种尊重的商讨口吻，对方乐意接受。丈夫说:“行，我这就去。”这样说，不但达到了目的，而且使彼此关系和谐融洽。

如果使用命令强硬口吻会怎样呢？例如，妻子说:“喂，我今天要做活儿，你去接孩子，回来做饭!”丈夫一听就火了:“你没见我正忙着吗?”妻子火了:“忙，就你忙，难道这个家都我包了?”一来二去两个人吵了起来，各自装了一肚子气。

这样的例子在生活中不胜枚举。从人们的接受心理看，盛气凌人、颐指气使，命令口吻，最易引起对方的反感；而对平等商讨、诚恳请求，却有一种天然的妥协性。因此，协商口吻比起命令口吻更容易改变一个人的观点。在同事、家庭成员之间，应尽量采取这种方式。

语言美，是心灵美的具体表现。“有善心，才有善言”。一个心灵丑恶的人，语言绝不会美。因此，掌握柔言说法，首先应加强个人的思想修养和性格锻炼。

柔言谈吐，在造词用句，语调语气上有一些特殊要求。比如，注意使用谦敬辞、礼貌用语，以表示尊重对方的观点、感情，引起好感，尤其是避免使用粗鲁污秽的词语。在句式上，应少用“否定句”，多用“肯定句”；在用词上，注意感情色彩，多用褒义词、中性词，少用贬义词，以减少刺激性；在语气上，要和婉、文雅，同时，还应注意附以真诚的微笑。

女性如能适当运用自己柔和甜美的语言表达能力，就有希望成为社交场上的中心人物，人们才会被你的独特个性吸引。假如你是一个漂亮的女性，它将使你更加美丽；假如你是一个相貌平平的女性，也会因此增添光彩。

社交口才

第2章

机智巧妙，好口才让你左右逢源

在与人交往中，自己或他人的语言出现意外情况时，能够灵活、迅速、恰当地运用口才进行应变处理，尽量避免或减少意外情况带来的损失。

在窘迫、尴尬的场合，说话随机应变具有三方面作用：一是弥补语言失误；二是应付意外情况，维护自我的声誉；三是坚持正确观点，挫败无理刁难。在生活中，只要掌握了随机应变的说话艺术，就能在各种情况下应付自如，避免不良影响，赢得周围人的敬重。

在各种各样的人际交往中，拥有一个好口才的人，只需要三言两语，就能获得他人的尊敬、爱戴、拥护，更能轻松地与他人融洽相处。

SHEJIAO KOUCAI

善用自嘲，摆脱窘境

生活中常遇到如下情况：你好心帮助人办事，却反被人埋怨办糟了；你去接电话，电话里的无名氏无端羞辱你一顿；别人的自行车撞倒你，对方却破口大骂。面对此情此景，该怎么办呢？成功人士的巧妙做法是自我解嘲，即自嘲。

所谓自嘲，就是自己嘲讽自己，它是一个人心境平和的表现。它能制造宽松和谐的交谈气氛，能使自己活得轻松洒脱，使人感受到你的可爱和人情味，从而改变对你的看法。适时适度地“自嘲”会收到妙趣横生、意味深长的效果。

在交谈中，当对方有意无意地触犯了你，把你置于尴尬境地时，借助自嘲摆脱窘境，是一种恰当的选择。生存于关系复杂的社会，与人交往或者沟通的过程中，常常会出现各种各样的困境。虽然因微不足道的小误会或意见分歧而产生摩擦的确是正常的，但倘若能够灵活应变、巧用言语化解岂不更好？不管困境因何原因产生，你都可以凭借舌绽莲花的说话智慧来巧妙摆脱。

20世纪50年代初，美国总统杜鲁门会见十分傲慢的麦克阿瑟将军。会见中，麦克阿瑟拿出烟斗，装上烟丝，把烟斗叼在嘴里，取下火柴。正当他准备划燃火柴时，才停下来对杜鲁门说:“抽烟，你不会介意吧?”

显然，这不是真心征求意见，在他已经做好抽烟准备的情况下，如果对方说他介意，那就会显得粗鲁和霸道。

这种缺少礼貌的傲慢言行使杜鲁门有些难堪。然而，他看了麦克阿瑟一眼，自嘲道:“抽吧。将军，别人喷到我脸上的烟雾，要比喷在任何一个美国人脸上的烟雾都多。”

当令人难堪的事实已经发生，运用自嘲，能使你的自尊心通过自我排解的方式受到保护，并且还能体现出自嘲者的大度胸怀。

人们有些时候因某些事不尽如人意而烦恼苦闷，说出去必会惹人笑话，运用自嘲，既可宽慰自己，又能避免别人笑话，可谓一举两得。

自我解嘲术，指以自我嘲弄的形式，自贬自抑，堵住别人的嘴巴，摆脱窘境，从而争取主动的一种舌战谋略。矜持的女性也不妨放下架子适时采用，定能收到奇效。自嘲术的使用，使辩者能轻松、愉快地正视自己的弱点，摆脱困境，增强自信心、自尊心，在论辩中又可使气氛活跃。

某著名女演员，身体发胖，就经常拿自己的体形开玩笑："我不敢穿白色游泳衣在海边游泳，我一去，飞过上空的美国空军一定会大为紧张，以为他们发现了古巴。"

一句自嘲，并没有降低自己的品位，反而大家觉得这位胖女士有可爱的性格和豁达的心胸。通过嘲笑自己的长相、缺点、遭遇等，可以使自己轻松地摆脱困境，为自己解围，因此，自嘲在应付尴尬的境地中有特殊的表达功能和使用价值。

置身于难堪境地时，如果过分掩饰自己的失态，反而会弄巧成拙，使自己越发尴尬。而以漫不经心，自我解嘲的口吻说几句取悦于人的话，却可以活跃气氛、消除尴尬。

著名电视节目女主持人杨澜，曾经被邀请为某市的一次大型文艺晚会担任主持人。出人意料的是，在演出晚会进行到中途时，杨澜不小心在下台阶时摔倒了。在这种大型场合出现这种情况确实令人尴尬，但杨澜非常沉着地爬了起来，凭着她主持人特有的口才，对台下的观众说："真是马有失蹄，人有失足呀。我刚才的'狮子滚绣球'的节目滚得还不熟练吧？看来这次演出的台阶不是那么好下啊！但台上的节目会很精彩的，不信，你们瞧他们。"

杨澜这段自我解嘲式的即兴话语非常成功，不但使自己摆脱了尴尬，更显示出了她非凡的口才。以致她话音刚落，会场就立刻响起热烈的掌声。

自嘲，是幽默的最高层次。口才好的人以自己为对象来取笑自己，可以消释误会，抹去苦恼，感动别人，并获得自尊自爱。

苏联国家电视台女播音员、国家奖金获得者瓦莲金娜·列昂节耶娃有一次向观众介绍一种摔不破的玻璃杯，几次准备试验都很顺利，真不巧，正式播出时竟摔得粉碎。如果当时她惊慌失措，必然会目瞪口呆。列昂节耶娃不愧是金牌播音员，她非常镇定地灵机一动："看来发明这种玻璃杯的人没考虑我的力气。"幽默的语言，一下子使自己从窘境中摆脱出来。

运用自嘲，委婉拒绝，既表达了自己的意图，又使对方乐于接受。所以当交谈陷入窘境时，逃避嘲笑并非良方。相反，你怒不可遏地反唇相讥会遭到更多的嘲讽，不如来个超脱，自嘲自讽，反而显得豁达和自信。这种超脱使自己摆脱了"狭隘的自尊心理束缚"，又堵住了别人的嘴巴。

卡耐基有句名言："关于沟通，除了词汇之外，最重要的就是'趣味'！"自嘲，更能增添情趣。在一些交际场合，运用自嘲可以增添乐趣，融洽气氛，增进彼此的了解和友谊。

在社交中，难免会出现你掌握的信息与对方有出入的情况。当你突然说错了话，因为慌张原本提前准备的资料一时间通通忘记了，也许你一下子会陷入交际的窘境，不知如何是好。而口才好的人则能借助自我解嘲，化尴尬为融洽。

失言时巧应变

在与人沟通过程中，经常出现的尴尬就是口误了。人在紧张的场合最容易脱口而出讲错话，经验不足的人碰到这种情况往往懊恼不已、心神不定，可想而知，接下去的表现更为糟糕。有些年轻人发觉自己讲错话后会沉默或伸伸舌头，这些都是不成熟的表现。但其实，如果补救措施采取得当，你不仅不会尴尬，反而会使自己的话漂亮干脆。当然，这需要你的灵活应变能力。

某次婚宴上，大家都争着向新人祝福。一位女士对这对新人说："走过了恋爱的季节，就步入了婚姻的漫漫旅途。感情的世界时常需要润滑，你们现在就好比一对新机器……"其实她本来想说的是"新枝丫"，却说错了，大家愣在那里，这对新人更是把脸拉得老长。那位女士发觉说错了，马上镇静下来，略一思索，不慌不忙地补充一句："已经过了磨合期"，此言一出，大家都拍手称赞。这位女士继而又深情地说道："新郎新娘，祝愿你们永远沐浴在爱的春风里。"大厅里掌声雷动，一对新人早已笑若桃花了。

某女主持人在音乐晚会上讲到："尊敬的各位来宾，下面我们将欣赏到多次获得国际比赛大奖的世界著名作曲家贝托罗先生用小提琴为我们演奏几首美妙的乐曲。"

"可我根本不是什么小提琴家，"贝托罗不好意思的小声对女主持人说："我是钢琴家。"

"女士们、先生们，"主持人连忙又说："不巧，小提琴家把琴忘在家里了，因此，他决定改为用钢琴弹奏几支钢琴曲。这个机会难得，请大家鼓掌欢迎。"听众席上想起了热烈的掌声。

有一位中年女演员穿着一件黑缎子面料制作的旗袍参加一个舞会，人们都对她赞不绝口。只有一位姑娘说了一句："穿这件旗袍老多了。"刚一出口，便觉失言，马上她从容地补上一句："真的，大街上穿这样的旗袍的老多了，真漂亮。"果然，后面的话使女演员十分高兴。汉语的特点是一个词或字有很多的意思，所以，利用这个特点可以将说错的话形成另外一种解释。这里姑娘聪明机智地把人显得"老多了"的意思偷换成了穿这件旗袍的人有很多，既挽回了败局，又间接称赞了对方很时髦，可谓聪明机智。

巧妙转换话题

与人交谈，有时难免遇到一些自己不愿回答的问题，或一些尴尬的场面，这时就需要转换话题，摆脱不利局面。

转换话题时有两点应引起重视：一是要自然，就是指转换的话题要与原来的话题连得上，说得通；二是要及时，就是在对方话题尚未充分展开之前，就以新的话题取而代之，使对方在不知不觉中离开原来的话题，将注意力转移到新话题上去。

说话时要就场合的不同而转换话题。

1. 冷场时转换话题

在说话中，或由于时间、环境的原因，或由于内容、方法的原因无法引起听众的兴趣，会场上出现：困倦、溜号、交头接耳，甚至开小会的不利局面。此时切不可一意孤行地讲下去，而是要根据具体情况，采取应急措施。比如由于时间的原因，听众困倦了，那就讲一个既富有寓意又紧扣主题、生动有趣的故事，便可以振奋听众精神，引起听众的兴趣和注意。如果听众有些懒散了，精神不集中了，可设置一些悬念，激发听众的兴趣，调动听众的情绪，也可以用提问的办法，如“这是为什么呢?”“这个问题得怎么解决呢?”促使听众产生积极的思维活动，引起听众的兴趣，也可以提高声音，突然短暂地停讲或显出十分活跃的神情等等，都有助于解决问题。

2. 危急时转换话题

在交谈中出现危急状态时，应立即转换话题。可以根据当时的情景、身边的物品等为话题去转换，但必须做到“巧”。例如，三国时，曹操与刘备饮酒。曹操以手指刘备，后自指，曰:“今天下英雄，惟使君与操耳!”刘备闻言，立时一惊，手中所持箸不觉落于地上。时正值大雨将至，雷声大作。刘备乃从容俯首拾箸曰:“一震之威，乃至于此。”将闻言失箸之态，轻轻掩饰过了。操遂不疑刘备。刘备在惊慌落箸之后，机敏地巧用天气变化，把谁是英雄的话题岔开，转移了曹操的注意力，才化险为夷。

武则天也有一则故事。武则天原名武媚娘，本是唐太宗宫里的才人，唐太宗对她倍加宠爱。公元694年，唐太宗因误服金石丹药，一病不起，他明白自己将不久于人世，但又舍不得才貌过人的武媚娘，于是便有让武媚娘殉葬的意思。这天唐太宗对武媚娘说:“你侍候寡人多年，寡人也最宠爱你。寡人想效法古代帝王的葬礼……”话没说完，太宗又咳嗽起来。聪明绝顶的武媚娘稍加思索，立刻说:“万岁，安心养神吧！臣妾明白万岁的心情。只是万岁您思虑太多，万岁是英明君主，恩德好比太阳的光芒普照人间大地。古人云：大德之人，必得长寿。万岁的龙体目前虽有小恙，很快就会康复的，我根本没想到万岁会舍下臣妾。我生与万岁共享人间富贵，死与万岁同坟共穴。臣妾现已下决心，立即去感业寺削发为尼，念经拜佛，为万岁祈祷长生不老。”听到武媚娘这么说，太宗只得应允。

武媚娘凭借自己的聪明才智，阻止了从太宗口中说出的“殉葬”二字。金口玉言那是天命，被武媚娘当机立断、伶牙俐齿地巧妙转移了话题。终于，武媚娘得以死里逃生。

3. 受到嘲讽时转换话题

蒲松龄身着布衣应邀去一个有钱人家赴宴。席上，一个穿绸挂缎的矮胖子阴阳怪气地说:“久闻蒲先生文才出众，怎么老不见先生金榜题名呢?”

蒲松龄微微一笑说:“对功名我已心灰意冷，最近我弃笔从商了。”

另一个绫缎裹身的瘦高个故意装出吃惊的样子说:“经商可是挺赚钱的。可蒲先生为何衣着平平，是不是亏了本?”

蒲松龄叹口气说:“大人说得不错，我最近跑了趟登州，碰上有人从南洋进来一批象牙，大都是用绫缎包裹，也有用粗布包的，我原认为，绫缎包的总会名贵些吧，就多要了些，只要了少许粗布包的。谁知带回来一看，咳！绫缎包的竟是狗骨头，粗布包的倒是象牙。”

权贵们听后心照不宣，个个默默无言。

根据对方的情绪变化和心理变化，迅速改变自己说话的态度或语调，调整自己的情绪，修正自己的话题内容或更换话题，变换表达方式，对自己的话语重新组织调整，这样就能有效地控制论辩的进程，避免陷于被动局面，变不利因素为有利因素，掌握主动，达到妙“口”回春的效果。

怎样打破僵局

人与人之间本应团结互助，和睦相处，但又常常因人际关系复杂，有时也难免发生口角，出现不和。事情发生后，有的人试图通过交谈消除隔阂，重归于好，但又往往由于话不投机，致使双方越谈越僵，只好不欢而散。因此，如何打破与有隔阂者之间的僵局，也就成了不少人为之挠头的难题。

与有隔阂者谈话时怎样才能打破僵局呢？

1. 抓住时机，有选择地说话

所谓时机，是指双方都能谈得开、说得拢的时候。打铁要看火候，我们找与自己有隔阂者谈话也得选准时机。时机把握不好，谈早了对方气没消，双方很难谈到一块；谈迟了对方会加深误解，增加谈话的难度。那么，什么时候与对方谈才算抓住了时机呢？

(1) 在对方情绪高涨时说。人的情绪有高潮期，也有低潮期。当人的情绪处于低潮期时，人的思维就呈现出封闭状态，心理状态具有逆反性。这时，即使是最好的朋友赞颂他，他也会不予理睬；而当人的情绪高涨时，其思维和心理状态与处于低潮正好相反，此时，他比以往任何时候都显得宽宏大量，能原谅别人一般性的过错，也不过于计较对方的言辞；同时，待人也比较温和、谦虚，能不同程度地听进对方的一些意见。因此，当与己不和者情绪高涨时，正是我们与其谈话的好机会，切莫坐失良机。

(2) 在对方喜事临门时说。所谓喜事临门时，是指当令人高兴、愉快、振奋的事情降临于对方时，如对方在科研上攻克难关，取得重大成果时；工作中成绩突出，受到奖励时；经济上得到收益时；找到称心伴侣、婚嫁或远方的亲友来探望时等等。常言道："人逢喜事精神爽"、"精神愉快好办事"。在喜事降临对方时，我们上门找其交谈，对方会不计前嫌，也就乐意接受或欢迎你的到来。可见，与己不和者的喜事临门，为我们消除彼此之间的僵局提供了强劲的东风。

(3) 在对方有和解愿望时说。绝大多数人都具有“羞恶之心”。这种“羞恶之心”体现在与他人发生无原则的纠纷之后，会对自己的行为进行自觉地反省。通过反省察觉到自己的过错时，一种求和的愿望就会油然而生，并会主动向对方发出一系列试探性的和解信号。这时只要我们能不失时机友好地找对方合谈，僵局就会被打破，双方的关系也会重新“热”起来。因此，我们要善于捕捉对方发出的求和信息。例如，对方主动和我们接近、打招呼，由过去的满脸阴云到“转晴”，或者暗中帮助我们排忧解难等等。这时，我们就应该及时以更高的姿态、更炽热的感情找其交谈。我们切不可视而不见，见而不说，说而不诚；否则，对方一旦认为求和试探失败，和解的愿望就会顿消，误解将会转化为敌意，将会出现严重对抗的局面。

(4) 在第三者有效调解后说。第三者有效的调解，能驱散对方的迷雾，唤起对方的觉悟，促使对方产生求和心理。这等于给双方架起了一座感情的桥梁。此时，只要我们勇敢地走过“桥”去，心平气和地与其促膝谈心，种种误会就能排除，求和心理也将变成和解的现实。

2. 适应特点，有针对性地说

由于人们的年龄、所受的教育程度和所处的工作、生活环境等情况不同，因而呈现出各种不同的特点。这就决定了我们与不和者的交谈不仅要善于抓住时机，做到有选择地说，而且还要适应对方的特点，做到有针对性地说。具体说要做到：

(1) 针对不同的年龄，选择不同的开场白。老年人最关心身体状况，最希望得到晚辈的尊重。因此，与己不和者如果是位年过半百的长辈，见面后的第一句话应该带有强烈的道歉之意。中年人最重视的是自己事业上的成就。与己不和者如果是属于中年人，见面后首先说的话应该带有对其事业的支持、肯定和赞许之意。与己不和者如果是位血气方刚的年轻人，见面后就应从适应其好学、敢想、爱玩、求信任等特点说起。适应对方的心理特征，满足对方某一方面的需要，在一般情况下，与己不和者也会友好相待，从而消除笼罩在双方之间的紧张空气，使谈话得以深入进行。

(2) 针对不同的兴趣，从不同的角度说。兴趣是人对于客观事物所报的积极的意识倾向，是人的个性中一种带有倾向性的特征，它与人的情感联系密切。当人们对某种事物感兴趣时，总感到称心如意，伴随着愉快情感。因此，从与己不和者感兴趣的事情说起，不仅能消除他们的敌意，而且能实现情感交流，出现“酒逢知己千杯少”的局面。当然，兴趣爱好是指积极良好的兴趣爱好，而对那些不良的兴趣爱好，我们绝不能去迎合。

(3) 针对不同的气质，从不同的侧面说。人的气质可以分为胆汁质、多血质、黏液质、抑郁质四种类型。这四种气质类型的人，在语言上呈现出各自不同的特点。胆汁质型的人，喜欢直言快语，厌恶啰唆重复，但他们“火气旺”、脾气大，易与人顶嘴、吵架。我们与他们谈话时，就应该运用谦和的语气，从启发、自责的方面去说。多血质型的人，能言善辩，说话比较圆滑，当话不投机时，会运用语言工具与对方争论，但过后不久，不快的情绪就会烟消云散。我们与这种气质类型的人谈话，宜单刀直入，开诚布公，以有力的事实和道理进行规劝和说服。黏液质型的人，言辞稳重，语态镇静，不易动气，但比较固执，难以听进不同的意见，当对方话题中涉及自己的问题时，会反复解释。抑郁质型的人，言语温和，语调低沉轻细，但爱计较对方说话的态度，重视对方语言中的用词和语气，如果稍有不慎，就容易使对方产生疑心和忧愁。与己不和者如属于后两种气质类型，与其谈话时，就要运用“迂回战术”，多用婉转、暗示、商讨性地说。

只有针对与己不和者的不同特点去说，僵局才可能打破，使双方的关系出现“柳暗花明”的前景。

打破沉默的艺术

社交中的沉默有两种，一种是对社交有益的沉默，一种是对社交有害的沉默。对前一种沉默我们应学会使用和理解，对后一种沉默则应努力避免和打破。

虽说没有什么打破沉默的诀窍，但是根据人们日常的社交习惯和心理，还是有些常用的方法。

1. 打破自己造成的沉默

如果是因自己太清高、架子大，使人敬而远之，从而造成了对方的沉默，则应从完善自己的个性着手，在社交场合中主动些、热情些、随和些。

如果是因自己太自负、盛气凌人，使对方反感，从而造成了沉默，则要注意培养谦虚谨慎的品德，多想想自己的短处，在社交场合中适当褒扬对方的长处，并真诚地表示向对方学习。

如果是因自己口若悬河，讲起话来漫无边际、无休无止，从而导致了对方的沉默，则要注意自己讲话应适可而止，并主动征求对方的看法和意见，让对方也有机会表达自己的立场和观点。不让对方觉得你是在做单方面的“演说”，而应让人觉得彼此在进行双向沟通。让对方产生一种“你很重视他”的观点和印象，引出他的交谈欲望，从而使谈话不致陷于沉默之中。

2. 打破对方造成的沉默

如果对方流露出对此话题不感兴趣且不想开口的情况，那就要马上转移话题，选择对方乐于谈论的事情进行交谈，或故意创造机会让对方自己转移话题。

如果对方事先没有准备，对此话题有兴趣但又不知从何谈起，那么应以简明的富有启发性的交谈来开阔对方的视野，活跃对方的思维，从而引起对方的谈兴，消除沉默。

如果对方自我防卫的意识太强，不轻易开口，那么就要努力创造非正式交谈的气氛；鼓励对方无所顾忌地坦率交谈，不马上公开反驳对方的观点，对某些合理看法给予赞许，促其进入交谈。

如果对方过于谦让而造成了沉默，则要增强交谈的竞争气氛，用热烈、紧张而有趣的谈话激发沉默者进入交谈。

3. 打破双方关系造成的沉默

如果是因为双方互不了解，不知谈什么得体，那么就应当主动做自我介绍，并使交谈涉及尽可能广泛的领域，从中发现双方的共同话题。

如果因双方过去曾经发生的摩擦或隔阂而造成了沉默，那么就应该高姿态，求大同存小异，或者干脆把过去的隔阂抛在脑后，仿佛什么也没有发生似的，热情地与之攀谈，增强信任和友善的气氛。

4. 打破环境造成的沉默

如果对方觉得这个环境不适合他发表意见，那么可以换个环境，也许他就愿意敞开思想来谈。

如果对方认为环境中的个别因素妨碍了交谈，在可能的条件下，可以排除那些干扰因素，使对方能积极地参与交谈。

没有千篇一律的打破沉默的固定模式。交际者要根据具体的时间、地点和对象的心理特点，以及造成沉默的原因采取不同的、有效的对策。打破沉默的艺术是社交艺术的重要组成部分，它需要在交际实践中逐步体验和摸索，才能运用自如。

交际中该如何“解释”

对别人的疑问进行解释是常见的沟通手段。它在交际中不是初始，也不是反应，而是第三步行为，是对对方反应的反应。比如，你做了一件什么事或说了一句话，对方对你的语言行为产生疑问，这时就可以对此做出解释。

解释的语言内容是对自己的先前言行的阐述或改正，而形式却是对对方的反应。解释有以下几点作用：

(1)交际中，人们常常会先说出一句违背情理的话，让对方提出疑问后，再进行解释，使双方的对话富有趣味。

(2)在自己犯有某种过错时，常常会进行解释。这种解释大多是撇开自己先前某种言语的结果不谈，而只解释当初的动机，以说明动机是好的，或是无意伤害的，只不过是结果不好，超乎自己的预料。

(3)解释还有答复的作用。当对方对你提到的某种观念、观点疑惑不解时，需要解释，以及对方对你言语行为的含义或动机不甚明了时，也需要解释。

(4)当对方对你的某一行为、语言产生误解时，常常会解释一番以说明真相、消除误会。这时主要不是解释言语本身，而是就自己行为、语言的动机而做解释。

解释在人际交往中十分普遍，对人际关系与交往有很大的功用，解释既有可能取得理想的效果，也有可能产生不良的影响。应该解释时就解释，不该解释时不要乱解释。例如，别人向你提出某个要求，你不想应允，但真实理由又不好明说时，你千万不要找借口来解释，因为任何假设出来的解释只会遭到对方的反感。

在现实的语言交际中，解释是为了达到某一交际目的。为了达到目的，人们往往使用几种交际行为的互相配合。解释也常常和其他多种行为交织在一起，所以，我们必须处理好解释与其他言语行为的关系。

解释切忌重复，除非是应对方要求。有些人进行解释时怕对方没听懂，于是就再三重复，其实这很令人生厌。我们常常在道歉时不断地重复申明自己不是故意的，并认为只有这样才能表示自己的歉意，其实这种做法很难奏效。

解释时要注意把握语气；解释时自信心要特别强。只有你具备自信，对方才会相信你有解疑释难的能力，才会相信你能够澄清真相；否则，解释就无法进行。

要让自己的解释具有信服力，要做到三点：首先，吐字要清晰干脆，不能含糊、吞吐；其次，条理要清楚，不能随口道来；最后，尽量少用模棱两可的词语，否则对方就会认为你不懂装懂，是在有意欺骗。

解释还应诚恳。在说明真相、赔礼道歉、消除误解时一定要诚恳备至、态度谦恭。如果言语随便、语气轻浮，那么只会使对方误解加深，使事情更加烦乱。

机智的语言应变技巧

我们在社交场合中，特别是处境尴尬时，掌握神奇机智的语言应变技巧，无论是在社会交往还是在商业谈判、发表演说等方面，都具有重要的作用。

《世说新语》中记载了这样一个故事：

一天，魏文帝下旨传钟毓、钟会兄弟二人进宫，由于第一次见皇帝，二人心中不免紧张，钟毓出了一额头的汗。

皇帝见了便笑问老大钟毓："你怎么出汗了?"

"战战惶惶，汗出如浆。"钟毓一边擦汗一边回答。

魏文帝又问老二钟会："你怎么没出汗?"

"战战栗栗，汗不敢出。"钟会答道。

两人皆受到了魏文帝赏识。

我们在说话时难免出现语言上的失误，巧释词文可以帮助我们摆脱困境，渡过难关。特别是在说服时，希望对方能愉快地接受自己的主张、意见或看法，赋予某些词语特定的含义，会使对方宽容、容纳自己，以便大事化小，小事化了。

清代大才子纪晓岚才思敏捷，能言善辩，有"铁齿铜牙"的美誉之称，深得乾隆皇帝喜爱。一年夏天，有一次，乾隆皇帝带着几个随从突然来到军机处。此时的纪晓岚正光着膀子伏案工作。突然门外传来"皇上驾到"的声音，来不及穿衣却又不能衣冠不整见皇上，纪晓岚心想：就这样光着膀子接驾，岂不是冒犯龙颜？情急之中，他钻到桌子底下藏了起来。这一切，早被乾隆看了个真真切切，他心中一阵好笑，有心想"整整"纪晓岚。

乾隆在椅子上坐定，示意其他人都不许出声，很长时间过去了，纪晓岚在桌子底下早就待不住了，心中纳闷：怎么进来之后就没动静了？这么长时间了，听不到皇上说话的声音，该不是已经走了吧。想到这里纪晓岚压低了嗓门，喊道:“喂，有人吗？老头子走了吗?”

满屋子的人都听到了，大家忍不住都想乐，一听纪晓岚喊“老头子”，心想这一下子可有好戏看了。

不料，乾隆却仍在那里坐着，一听这话，立即板起脸喝道:“纪晓岚，你给我出来。”

纪晓岚一听是乾隆的声音，心想:“完了，完了，这回可完了。”只好无可奈何地从桌子下钻出来见驾。趴在地上叩了几个响头，口称“死罪，死罪”。

乾隆一看纪晓岚光着膀子，满身大汗，惊慌失措的样子，心里一阵好笑:纪晓岚人称大清第一才子，居然这般模样。接着故意装作生气的样子，大声喝道:“大胆纪晓岚，你不见驾也就罢了，居然还敢说朕是‘老头子’，你什么意思？今天你要讲不清楚，要了你的脑袋!”

到了这种境地，纪晓岚反倒镇静了许多，一边擦汗，一边苦思对策。忽然他灵机一动，反正错了，错了就错说呗，不紧不慢地说道:“万岁爷请息怒，刚才纪昀之所以称您为‘老头子’只是出于对您老人家的尊敬，别无他意。”

乾隆一听更来气了:“尊敬？好，你给朕说说怎么个尊敬法。”

纪晓岚慢慢说道:“先说这‘老’字，天下臣民每天皆呼皇上万岁、万岁、万万岁，您说这万岁、万万岁算不算‘老’啊?”

乾隆没作声，只是点点头。

纪晓岚见乾隆有所应允，接着说:“再说这‘头’字，家有千口，主事一人，如今皇上便是我大清国的主事之人，是天下万民之首，‘首’者‘头’也。故此称您为‘头’。”

乾隆边听边眯着眼睛笑，很是满意。

“至于这‘子’嘛，意义更为明显。皇上您贵为天子，乃紫微星下凡。紫微星，天之子也，因此您为‘子’。这便是我称您老人家为‘老头子’的原因。”纪晓岚说完轻轻舒了口气。短短一席话，说得乾隆心花怒放，听完抚掌大笑:“好一个‘老头子’，纪晓岚你果然是个才子。”便赦免了纪晓岚的欺君之罪。

在这里纪晓岚巧妙地运用文字的寓意解释，使皇上已受刺激的心理获得补偿。皇上龙颜大悦，巧妙地为自己化解了一次险情。

巧释词义侧重调节人的心理变化，它巧妙地利用巧语创造了一个婉转曲折、变幻莫测的新奇意境，时而山重水复，柳暗花明；时而点石成金，化拙成巧。这是巧释词义的功劳。

第3章

大方得体，好口才让人产生共鸣

当今社会，人们的交际范围扩大了，个人社交日趋频繁，人际关系日渐重要。诸多拜访、会见、接待、介绍、求助、洽谈、促销等场合，无一不需要使用得体的口才艺术，从而达到交际的目的。由于会说话，有的人做出了巨大的成绩，有的人获得了不朽的名声，有的人获得了令人羡慕的职位。反之，由于不会说话，有的人人缘关系不好，有的人得不到朋友，有的人无法与人共事。其实，会说与不会说，全在于方法的得当与否。方法得当，人们就愉悦，喜欢你；方法失当，人们就愤怒，讨厌你。一个人若能说话得体，交往有度，待人有礼，必然会有良好的人际关系。

措辞得体，事半功倍

口才好且说话有艺术性的人大都措词十分得体，办起事来也方便得多。日本著名谈话艺术家德川罗声说，我们日常与人谈话的目的，不外如下几种：(1)基于意志的；(2)基于感情的；(3)基于求知的。用浅显一点的说法，就是：

第一种，基于意志的是：你企图用说话去左右别人的意志，比如你请求别人办一件事，别人答应了你，于是你实现了自己的愿望。

第二种，基于感情的，是我们平素所谓的联络感情，其目的是由于彼此的谈话，使双方感情有所增进。

第三种，基于求知的，是你想认识某一种事物，或为了某一事而请教别人。这都属于求知类。

以上分类，虽然出于谈话艺术家之口，但我们在日常应酬中，也不妨记住，你对每一个人应酬的目的属于哪一种。第一种，第二种或第三种。在确定了以后，就可以进行。要谨记，你是要成功，而不是要失败，朝着目标前进，不要节外生枝做一些和目标背道而驰的事情。有许多人应酬之所以失败，皆因为他“明知故犯。”比方说，你明知有求于人必须出于礼貌，但你对着你的朋友怒目横眉。

同是一句话，措词略有不同，效果相差太远。例如，说“邮筒在哪里？”和“在哪里有邮筒”，便有不同的答案，因为你讲法不同，听起来就有差别，这一点在应酬时不可不特别留心。

通透地了解对方

与人交谈要善于观察，尽可能捕捉一些与对方深入谈话的信息与灵感。如果有机会到陌生朋友家里去做客，就要用自己的眼睛细心观察对方的一切，加强对对方的了解。比如，我们从对方家庭的日常生活用品及布置设计中，就可以判断出对方的经济状况、生活情趣、艺术修养格调等等；从对方的言谈举止、音容笑貌及衣着表情，就可以窥探出对方的性格、品德以及为人处世与待人接物方面如何；从对方家中案头放的书籍、墙上挂的艺术作品，就可以了解到对方的个人爱好、学习兴趣、审美情趣等等。有了以上这些对对方的了解，我们就可以轻松自如地与之交往。

具体地说，与知识高深的人说话，应充分显示出个人博学多才、多做抽象推理、致力各种问题之间的内在联系探讨；与文化低浅的人说话，由于对方听不懂高深的理论，应多举明显的事例；与刚愎自用的人说话，不宜循循善诱时，可以用激将法；与脾气急躁的人说话，由于对方讨厌喋喋不休的长篇说理，用语应简要直接；与性格沉默的人说话，要多让他发言，与你产生共鸣，否则你将会置身于独角戏中；与思想顽固的人说话，对他硬攻，容易形成僵局，造成顶牛之势，应看准对方的兴趣点，进行转化。

区别对方的知识水平

与人说话要区别听话人的文化知识水平。知识水平与人的经历、职业、文化教养等等是紧密相关的。

江苏省语言学会成立之时，某教授受浙江省语言学会的委托向大会表示祝贺。他是这样说的:“今天我受浙江省语言学会的委托，到这里来祝贺。浙江是兄弟之邦。从龚自珍和段玉裁来说，江苏还是浙江的‘外公’，我来向‘外公’祝贺。现在祝贺‘外公’健康长寿!”

这几句话中，这位教授引用了有关的历史名人。段玉裁是清代著名文学家，龚自珍是段玉裁的外孙，也是个著名的文学家。由于在座的都是语言学工作者，对于段玉裁和龚自珍的这层关系都十分了解。所以，这位教授的这几句祝贺词讲的十分有水平，说得十分得体。

把握听众的心理和情感

了解听者的心理，是掌握说话技巧的基础。我们只有在了解听者心理的基础上，才能正确地选择在某个场合该讲什么，不该讲什么，哪些话能够打动听众的心坎，能使听众产生共鸣，真正使谈话达到水乳交融的境地。

人的心理捉摸不定、较难把握，但是在有些场合，人内心的东西又常通过各种方式而外露。善于观察听者的一举一动，并能据此加以分析和推测，那么，基本上可以掌握听众的心理和情感。譬如，在讲话时，听者发出唏嘘声，说明听众不喜欢那些话；如果听者两眼注视，说明说话的内容非常吸引人；如果听者左顾右盼，思想不集中，说明他心里有事，但又出于尊敬而不愿离开……当然，有许多人善于抑制自己的情感，不让它外露，即使这样，也会露出蛛丝马迹。

战国时，魏文侯和一班士大夫在闲谈。文侯问他们:“你们看我是怎样的一位国君?”许多人都答道:“您是仁厚的国君。”可一位叫任座的人却回答说:“你不是仁厚的国君。”文侯追问：“何以见得？”任座有根有据地答道：“你攻下了中山之后，不拿来分封给兄弟，却封给了自己的长子，显然出于自私的目的，所以我说你并不仁厚。”一席话说得文侯恼羞成怒，立刻令任座滚出去，任座若无其事地昂然离去。文侯仍不甘心，他又接着问翟璜：“我究竟是怎样的一个国君？”翟璜答道：“您的确是位仁厚之君。”文侯更加疑惑了，翟璜说：“我听说过，凡是一位仁厚的国君，其臣子一定刚直，敢说真话，刚才任座的一番话说得很直，而不是阿谀奉承之词，因此，我知道他的君主是位宽厚的人。”文侯听了，觉得言之有理，连声说：“不错，不错。”立即让人把任座请了回来，而且拜他为上卿。

在这则故事中，我们不但能看出翟璜的人品高尚，救助同事；而且能看出他机巧聪明，善于抓住魏文侯愿意被人尊为仁厚之君这种心理，从同一事件中巧妙地引出了有利的结论，化解了文侯和任座之间的矛盾。

顾及对方的情绪反应

说话所引起的反应，可有几种，第一种是有隽永之味，第二种是有甜蜜之味，第三种是有辛辣之味，第四种是有爽脆之味，第五种是有新奇之味，第六种是有苦涩之味，第七种是有寒酸之味，而最坏的反应，是伤痛之味！言谈之中，令人回味，对方能产生隽永的反应；热情洋溢，句句打人心坎，对方自会产生甜蜜的反应；激昂慷慨，言人所不敢言，对方自产生辛辣的反应；知无不言，言无不尽，对方自产生爽脆的反应；“以反人为实”，“好为无端涯之言”，对方自产生新奇的反应；陈义晦涩，言辞拙讷，对方自产生苦涩的反应；一味诉苦，到处乞怜，对方自产生寒酸的反应；好放冷箭，伤人为快，伤人越甚，越以为快，对方自产生伤痛的反应。能得隽永反应者为上，能得甜蜜反应者为次，能得爽脆反应者又次，能得辛辣反应者更次，得到新奇的反应、苦涩的反应、寒酸的反应的话都是下等，而得到伤痛反应的话，更是大反人情！说话不能不顾虑别人的反应。

著名书画大师唐伯虎，十分看不起住在他家对门的一户人家，因为那家人并不是世代书香门第，只是在半途上发迹的。这户人家有一位母亲和五个儿子。有一天，这五个儿子为母亲庆贺生日，亲朋好友聚集，热闹非凡，只因不是书香人家，在这祝福之中，少有文墨的点缀，未免美中不足。这时候，大家想起了对门的唐伯虎是一位人才，如果能够有他在这里书赠一些礼品，那一定增光不少。

正在这家人祈求的时候，唐伯虎居然真地备了一些薄礼，前来祝寿。这户人家的主人，自然是十分高兴，就连许多亲朋好友也十分高兴。席间，大家请他题诗，唐伯虎毫不推辞，立即拿起笔来，第一句是“对门老妪不是人”，第二句尚未写下，主人亲朋个个都怒目而视，因为今天祝福生日，大家应该高兴，说吉利话才对。现在，唐伯虎的题诗，竟骂起人来，这怎么不叫人愤怒呢？因为他是有名望的才子，所以大家只是怒目而视，不敢以非礼对待他。唐伯虎这时感觉到大家的怒火立刻要爆炸了，因此，他又写道：“天上神仙来下凡”，这一来，把大家的情绪缓和了下来。大家都觉得这真是一位才子，用看似骂人的口吻，写出了一首极好的祝福诗。

这家人哪里知道，唐伯虎并不是真心来祝贺他所看不起的老妪的寿，他是要来骂一下那位寿婆，这才是他的真心。可是，他看了周围环境，知道骂了人不会有好处，所以虽然脱口骂了出来，但还是立刻改变了口吻，使已经骂出的话成为不是骂人的话，这灵敏机智的变更，便是顾虑别人的反应了。

注重说话的目的

说话，不只是一种社交上的需要，也不只是互相认识了解一下，它有一定的目的存在。例如：林肯的《解放黑奴宣言》的谈话目的是动员美国人民为解放黑奴、废除奴隶制而斗争；杨振宁、李政道两位博士发表的学术报告，目的就是宣传他们的科学发现，让社会接受其正确观点，从而推动科学文化的进步。没有目的的说话毫无意义。

1. 追求成功的目的

言谈能反映出一个人是博学多识还是孤陋寡闻，是接受过良好教育还是浅薄粗鲁。在社会中侃侃而谈，用词高雅恰当，言之有礼，对问题剖析深刻，反应敏捷，应答自如，能够简洁、准确、鲜明、生动地表达自己的思想与情感的人，能表现出非同凡响的气质和风度，成为众人关注的对象。而一个不善言谈、沉默寡言的人则很难引起大家的注意。

作家丁玲回忆与鲁迅先生谈话时说:“鲁迅先生谈吐深刻、严密、有力而又生动活泼，句句吸住我们。渐渐谈下去，愈来愈强烈地发射出真挚的热情，又有一种严峻的强大的威力，从他瘦削的脸上透出来。”一次成功的谈话，可以展示自己的兴趣、见解、才能，因而引起别人的重视，改变自己一生的道路。例如，著名科学家法拉第进入英国皇家学院工作，介绍人是戴维爵士，他们之间进行了一次有趣的谈话：

戴维:“很抱歉，我们的谈话随时可能被打断。不过你还幸运，此时此刻仪器没有爆炸。法拉第先生，信和笔记本我都看了。你在信中好像没有说明在哪里上的大学。”

法拉第:“我没有上过大学，先生。”

戴维："噢？但你做的笔记说明你显然是理解这一切的，那又怎样解释呢？"

法拉第："我尽可能去学习一切知识，我还在自己房间里建立了小实验室。"

戴维："年轻人，我很感动。不过，可能因为没到实验室中干过，所以才愿意到这儿来。科学太艰苦，要付出极大的劳动，而只有微薄的报酬。"

法拉第："但是，只要能做好这件工作，本身就是一种报酬啊。"

戴维："哈哈，你在看我眼边的伤疤，这是我在实验中引起的一次爆炸留下的。我想，你装订的那些书籍总不曾将你炸痛，让你出血或把你打昏吧。"

法拉第："是的，不曾有过，但每当我翻开装订的科学书籍，它的目录常常使我目瞪口呆、神魂颠倒。"

这段对话重点突出，详略得当，饶有趣味。戴维爵士所强调的是从事科学研究不是一件轻松的事，需要付出艰苦的劳动，甚至要付出伤残或牺牲的代价，而法拉第所表示的是对知识强烈渴望，对科学的执著追求。

谈话结束，戴维破例让法拉第成为自己的助手。后来，有人要戴维填表列举自己对科学的贡献，他在表的最后写道："最大的贡献——从一句话中发现了法拉第。"假如当初一个强调学历，另一个贪图金钱，那肯定是另一番情形了。

2. 解决问题的目的

高雅的谈吐是无法伪装出来的。卖弄华丽的辞藻，只会显得浅薄浮夸；过于咬文嚼字，又会使人觉得酸涩难懂。良好的交谈能使人听得入迷，产生"听君一席话，胜读十年书"之感。

在元末反元斗争中，朱元璋想挥军北伐，消灭元朝。但湖广有陈友谅，浙西有张士诚，他们经常侵扰朱元璋的根据地，因此必须先消灭陈、张，稳定江南根据地，然后再北上灭元。具体应采取什么样的战略来解决这两股势力呢？许多将士都主张先攻张士诚，谋士刘基则献策："以兵力而言，陈悍于张；就战事而言，张繁于陈。若以常情论，应当全力先破软弱、疲惫的张士诚。何况张士诚的腐败程度已远远超过了陈友谅，而且此人一向无大志，只图自守，确实是比较容易解决的。陈友谅却与张不同，他雄心勃勃，锐意进取。我若急攻张士诚，陈友谅必来救援，两人合兵，于我不利。反之，我军急攻陈友谅，张士诚则未必骤然来援，这样我便可避免两面受敌。陈氏灭张士诚便是我囊中之物了。”

这里，刘基不仅把强弱对比、难攻易攻的角度考虑在内，还把张、陈各自的特点和相互关系也考虑了。他比别人考虑得更深刻、更周全，因此他提出了看似超乎常情，而其实是更符合当时敌情的实际战略策划，能解决眼前棘手的问题。由于朱元璋采纳了刘基的意见，终于消灭了张、陈割据势力，为统一中国奠定了良好的基础。

3. 保护自己的目的

一个人如果谈吐有障碍或者表达能力不足，则会被人低估他的能力，或会被人扭曲形象。一个人即使思想如星星般光耀生辉，即使勤奋得如一头老黄牛，即使知识渊博的像一本百科全书，但若缺乏良好的谈吐能力，则成功的机遇比其他人要少得多，也难以达到自己的理想。

游说家苏秦靠着三寸不烂之舌周游列国，游说诸侯，合纵抗秦，深受燕王器重。有一次，苏秦奉命出使齐国，有人乘机在燕王面前诋毁苏秦，说："苏秦是个左右摇摆，叛卖国家，反复无常的人，现在，他快要作乱了。"果然，燕王听信了谗言，等到苏秦完成外交使命返回燕国后，燕王便将他免职了。

苏秦知道有人在燕王面前说了自己的坏话，于是要求会见燕王，对燕王说："假如现在有这么三个人：一个孝顺像曾参，一个廉洁像伯夷，一个忠信像居生，并且，能够找到这么三个人来侍奉您，您以为怎么样？"燕王说："足够了。"苏秦说："像曾参一样孝顺，坚守礼仪，连离开他的父母在外面住宿一夜也不肯，您又怎么能够让他步行千里，而替弱小燕国处在危困中的君主效劳呢？像伯夷一样廉洁，坚守信义，不愿做孤竹君的继承人，也不肯做武王的臣子而饿死在首阳山上，廉洁到这种地步，您又怎么能指望他到齐国去干一番有所进取的事业呢？像居生一样坚守信义，和女子约好在桥下相会，由于女子不来，哪怕洪水来了也不肯离开，终于抱着柱子让水淹死，守信到这种程度，您又怎么能让他去用假话说退齐国的强兵呢？我正是因为没有像他们那样死板，所以才得罪了大王。"燕王听后，终于明白了其中的道理，马上给苏秦官复原职，重新予以重用。

苏秦用他的口才保护了自己。

避免骄傲狂妄

说话和事业的关系是成功与失败的关系。你如出言不逊，狂妄自大，那么，你将不可能获得别人的同情、别人的合作、别人的帮助、别人的支持、别人的赞赏。

富兰克林在自传中有这样一段话："我在约束我自己的言行的时候，在使我日趋成熟，日趋合乎情理的时候，我曾经有一张言行约束检查表的实行。当初那张表上只列着 12 项美德，后来，有一位朋友告诉我，我有些骄傲，说到这种骄傲，经常在谈话中表现出来，使人觉得盛气凌人。于是，我立刻注意到这位友人给我的忠告，我立刻意识到并相信这样足以影响到我的发展前途。随后我在表上特别列上虚心一项。后来我在说话时竭力避免一切直接触犯伤害别人情感的话，甚至自我禁止使用一切确定的词句，如'当然'、'一定'等，而用'也许'、'我想'来代替。"

《三国演义》里有一个祢衡，堪称"狂夫"。他第一次见曹操，把曹营中勇不可当的武将、深谋远虑的谋士个个贬得一文不值。他贬低起人来，如数家珍，如"荀彧可使吊丧问疾，荀攸可使看坟守墓，程昱可使关门闭户，郭嘉可使白词念赋，张辽可使击鼓鸣金，许褚可使牧牛放马，乐进可使取状读诏，李典可使传书送檄，吕虔可使磨刀铸剑，满宠可使饮酒食槽，于禁可使负版筑墙，徐晃可使屠猪杀狗，曹子孝呼为'要钱太守'。其余皆是衣架、饭囊、酒桶、肉袋耳。"

祢衡称别人是酒囊饭袋，称自己："天文地理，无一不通；三教九流，无所不晓；上可以致君为尧、舜，下可以配德于孔、颜。岂与俗子共论乎！"更有甚者，当曹操录用他为打鼓更夫时，祢衡击鼓骂曹，扬长而去。对这种人，曹操自然不肯收留。祢衡又去见刘表、黄祖，依然边走边骂，最后被黄祖砍了脑袋。可见，狂妄的结局是自毁，是失败。

好的语言不在多，达意则灵

在社交中，要想收到良好的效果，语言要简洁、精炼，使听者在较短的时间里获取较多有用的信息。反之空话连篇，言之无物，必然误人时光；语言还要力求通俗、易懂，如果不顾听者的接受能力，用文绉绉、艰涩难懂的语言，往往既不亲切，又使对方难以接受，结果事与愿违。

当前，人民群众对某些领导部门开长会的不良作风很有看法，还给会议起了一个雅号“马拉松会议”。开会前议题不明确，开会时中心不突出，议论问题不着边际，海市蜃楼，仿佛不长篇大论就显示不了他的水平。这样的会议效果极差，此风不可长。

“言不在多，达意则灵。”要语不烦，字字珠玑，简练有力，能使人不减兴味；冗词赘语，语绪唠叨，不得要领，令人生厌。不少演讲大师惜语如金，言简意赅，留下珍贵的篇章，成为“善辩者寡言”的典型。

好的语言并不在多，达意则灵。著名艺术家赵丹先生去世后，有人问黄宗英女士是否再嫁，黄宗英回答说：“我已经嫁给大海，就不能再嫁给小河了。”这句话简洁明快，并且意蕴深刻，耐人寻味。

高尔基曾说：“简洁的语言中有着最伟大的哲理。”在当今的信息时代，人们的生活节奏大大加快，人们不喜欢那些穿靴戴帽、庞杂冗长、繁文缛节的空话套话。说话要达到简洁、明快，就要千锤百炼，使自己的词汇富足、思路清晰。因为词语贫乏，表达必词不达意、啰唆干瘪；思维模糊，表达必语无伦次，枉费口舌。

话不在多，点到就行。在生活节奏紧张快速的现代社会中，没有人愿意花费大量的时间去听你的长篇大论。这就要求你在谈话时做到言简意赅，一针见血。

乔治是美国加利福尼亚州的大亨，资产逾10亿美元。某年，他与商业伙伴戴维从加州飞往中国某大城市，准备投资建厂，寻找合作伙伴。三天后，乔治坐到了谈判桌前，谈判对象是我国某一大型企业的领导。这位领导精明能干，通晓市场行情，令乔治颇为欣赏。听了这位领导对合资企业的宏伟设想后，乔治感到似乎已看到了合资企业的光辉前景。正准备签约时，忽然听闻这位领导又颇为自豪地侃侃而谈道："我们企业拥有2000多名职工，去年共创利税700多万元，实力绝对雄厚……"

听到这儿，乔治暗暗地掐指一算：700万元人民币可折成90余万美元，2000多人一年才赚这么点儿钱？而且，这位领导居然还十分自豪和满意。这令乔治非常失望，离自己预定的利润目标差距太大了，如果让这位领导经营的话，是很难有较高的经济效益，于是决定立即终止合作谈判。

试想一下，假若那位领导不说最后那句沾沾自喜的话，谈判也许会以另一种结局而告终。那位领导最后那些不着边际又画蛇添足的话，不仅暴露出他自身弱点，而且令外商失去了合作的信心，最终撤回投资意向，以失败告终。

文思灿烂的法国作家福楼拜，堪称锤炼语言的楷模。他思潮奔涌，常常夜不能寐，"一些文句像罗马皇帝的辇车一样在脑中滚过去，时而被它们的振动和轰响声惊醒。"他游泳时也在斟酌字句。有篇文章的转折之处仅有八行，他却费了三天。有一次，福楼拜为了寻找恰当的四五句话，足足花了一个月的时间。福楼拜为锤炼书面语言呕心沥血，因而达到炉火纯青的地步。

我们在说话中，也要长话短说，要"筛选"、"过滤"出最精辟的，恰如其分的表情达意的词句，尽可能以言简意赅的语言表达出其深刻的内涵。

美国学者多琳·安森德·图尔克穆说："如果你还没有想好用哪个词最合适，那你就干脆别开口。"

交谈要恰到好处

中国是个讲究中庸的国家，一切都力求做到恰到好处，过与不及都不值得提倡。现实生活中，与他人交往，恰到好处的原则也很重要，下面我们就从几个方面来简要谈一下。

第一，对话是交际的基础，有对话才有交流，有交流才能产生情感。一次成功的交谈应像一场接力赛，每个人都是集体接力的一员，既要接好棒，也要交好棒，棒在自己手上时，要尽心尽力跑好，棒在他人手上时，不妨为之加油，为之喝彩。如果把交谈变成一个人的独白，尽管你讲得眉飞色舞，口干舌燥，也没有人为你鼓掌喝彩，所以能说善辩者切忌扮演“一言堂主”的角色。

第二，交谈中，由于每个人的阅历不同，对事物的认识也不尽一致，观点的分歧、碰撞、交锋不可避免。这本是很正常的现象，如果一听到对方提出不同意见，就急迫地插话或打断他人的话，欲把自己的观点强加于人，这样必然给人留下狭隘偏激的印象。明智的做法应该是大度宽容，不盲目排斥，人家观点与你不一致，你可以说服或被说服，可以妥协，也可以求同存异。智者千虑，必有一失；愚者千虑，必有一得。集思广益，取长补短，才能使我们既长智慧，又得人心。

第三，在交谈过程中，每个人都有表现欲，同时也有被发现、被承认、被赞赏的内在心理需求。如果只热衷于表现自己，而轻视他人的表现，对自己的一切津津乐道，而对他人的一切不屑一顾，就势必造成自吹自擂、自我陶醉的不良印象。

从以上三个方面的叙述，我们可以看到注意恰到好处对说话有很大的影响。

如果是“一言堂”，就会被人称为“话篓子”，甚至会妨碍与他人的继续交往。

在生活中我们经常看到，有的人习惯于喋喋不休、滔滔不绝地高谈阔论，而又词不达意，语无伦次，让人生厌；还有的人喜欢夸大其词，侃侃而谈，说话不留余地，没有分寸。这样都容易造成画蛇添足的恶果。因此，我们“在开口之前，应先让舌头在嘴里转十个圈”。把多余的废话“转掉”，准备一些简单明了的话，一开口就往点子上说，千万不要东拉西扯，不知所云。

在当今信息社会，一切都是快节奏、高速度，没有人可以听你啰啰唆唆地说几个小时。罗斯福的就职演说仅 985 个字。林肯著名的葛提斯堡演说只有 10 个句子。喜剧大师卓别林在奥斯卡的领奖台上只说了一句话:“此刻，语言是那么多余，那么无力!”所以说，说话忌拖泥带水。

称呼要得体

称呼是指人们在正常交往应酬中，彼此所采用的称谓语。它是言语交际的“先锋官”，在日常生活中，称呼应当亲切、准确、合乎常规。正确恰当的称呼，不仅能体现对对方的尊敬和自身的文化素质，更能促使交际的成功。

俗话说，“良言一句三冬暖”，称呼得体就如行见面礼，使对方获得心理上的满足，因而达到沟通顺畅，交往成功的效果。反之，称呼不得体往往会引起对方的不快，使双方陷入尴尬境地，造成交往梗阻乃至中断。由此可见，称呼得体与否在很大程度上决定着人们交往活动的成败和管理效果的优劣。因此，不论是从事任何职业的基础员工，还是身负一定职务的领导人或管理者，要想生活愉快、事业发展，都需要注意研究人际称呼的技巧，努力提高自己的称呼艺术。

称呼在人际交往和管理活动中的重要作用早为人们所注意。社会心理学家们认为得体的称呼能使人心情愉快，增强自信，有助于形成亲密和谐的人际关系。而良好的人际关系又是使人精神振奋、心理健康和提高工作效率的重要条件。得体的称呼能缩短人和人之间的心理距离，使人心情舒畅。

那么，怎样称呼才算得体呢？其实称呼并没有什么统一的模式。不同的地区、不同的民族和不同的语言传统，称呼的习惯可能差异很大；不同的职业、职务、性别、年龄的人，对称呼的需要和期望也不尽一样。这就造成了人际称呼的复杂性和多元化，增加了称呼得体的难处。但有一条是共同的，那就是要尊重他人和礼貌待人，这样对方心里就会产生一种自豪感和满足感，反过来对方也会乐于与你接触，主动和你沟通，这就使交往有了良好的开端。但仅有此还不够，在具体称呼时还要注意做好以下几点：

1. 记住对方姓名

姓名不仅是将自己与他人的存在予以区别的标志，而且不少人的名字还凝聚着父母对子女的期望。由于自尊的需要，每个人都会重视和珍爱自己的名字，同时，也希望别人能记住和尊重它。因此，当自己的名字被别人叫到时，就认为自己受到尊重，心里感到愉悦，对称呼自己的人怀有亲切感。古今中外，一些领导人、政治家和企业家对人的这种心情很了解，与人寒暄时不仅是说句“您好”，而是在“您好”前面或后面冠以对方的名字，这样做起到了很好的心理效应。我们对久别之后仍能一下子叫出自己名字的人，总是感动万分、钦佩不已，就是因为这个缘故。

2. 符合年龄身份

称呼必须符合对方的年龄、性别、身份和职业等具体情况。对年长者称呼要热情、谦恭、尊重；对同辈则要态度诚恳，表情自然，亲切友好，体现出你的坦诚；对年轻人要注意慈爱谦和，表达出你的喜爱和关心；对有较高职务或职称者，要称呼其职务或职称。总之，要讲究礼貌，既要表达出你对对方的真诚和尊重，又要不卑不亢。切勿使用“喂”、“哎”等来称呼人，同时，也应力戒点头哈腰，满嘴恭维话。

3. 有礼有节有序

在与多人打招呼时，如果群体中有年长者，也有年轻人或异性在场，就要注意称呼的顺序。一般来讲，应先长后幼，先上后下，先女后男，先生疏后熟识为宜。称呼最能表达说话人的道德修养、知识水平和文明程度，也体现着他的交往技巧。称呼兼顾长幼的差异，会使年长者觉得受了尊重，年轻人也心中坦然；如顺序颠倒，不但会使年长者不满，而且被称呼到的人也会感到窘迫。再者应注意尊重女性，在与一个同样年龄、身份的群体打招呼时，先称呼女性，会使对方感到你有较高的素养，从而乐于与你交往。

第4章

迎来送往，好口才让应酬更顺畅

人际交往能力是一项重要的能力。我们生活在一个复杂的社会关系网中，每个人都必须与外界交流，拓展自己的人际关系，提升自己的人脉竞争力，这样才能立足于这个社会。为人处世如果不想处处碰壁，就必须懂得一些人情世故，掌握一些交际礼仪和沟通技巧。

应酬要恰到好处

要想建立良好的社交关系，就需要沟通，而应酬就是人际沟通的桥梁。当然，应酬要恰到好处，否则会事与愿违，甚至造成严重的后果。

有些人常认为自己“不擅长应酬”，他意思是不太懂得应对；而在现实生活中，他就不大喜欢交朋友。不交朋友倒无所谓，事却不能不做，做事的结果，必有同事，而同事之间，又非应酬不可，初上任的第一天起，由于你应酬得不好，祸根也许由此种下，害得你不安于位。这并非危言耸听，这样的事俯拾皆是。比方说，你今天上班，不免要和同一单位的其他同事们略做应酬，一般会来一番自我介绍，简单地说：“我叫×××，请多关照。”

但你更好的说法是：“我是，今天才开始上班，在会计部管出纳的，请多指教。”因为说明你来是什么职位，或负责什么事，是相当重要的。不过，如果你说：“我在某某财经大学毕业，会在某某银行任会计主任……”这样就变成过分。凡是良好的应酬，都应避免自大和太多的解释。例如：你今天上班迟到，于是你向上级解释迟到的原因，你说：“今早发生撞车，公共汽车大摆长龙，我只得半途下车找出租车，但出租车都被人截走了，等了好久才找到一部……”

撞车，摆长龙，出租车……都是原因，你的上级一定不耐烦听这些的。这里有两个答案，你看看哪一个比较好吧。

甲：“今天搭公共汽车，车子出了毛病，所以迟到了，非常对不起。”

乙：“今天迟到了，非常对不起，因为公共汽车半途出了毛病。”

上面两句说明，原因与结果相互倒置，听起来一样令人觉得舒服，但大多数的其他场合，原因与结果哪一个应该排在前头，起着极大的作用。

应酬学有三大原则：(1)了解对方立场；(2)请别人了解自己的立场；(3)请别人帮助达成自己的目的。自古以来，许多著名的人物都重视应酬学。被称为辩证法始祖的苏格拉底，便以应酬学教育弟子。瑞士著名教育家贝斯特洛，也特别注重“应酬教育”应酬得体可以事半功倍，获得许多意想不到的便利。

怎样做客与待客

在生活中，做客是人际交往办事不可缺少的应酬，但是怎样做客却大有学问。在此，了解一些做客、待客礼节的常识，相信对我们在人际交往上会有所补益。

打算拜访某人时，应事先打电话约定。时间也应事先约定，并如期而至。像凌晨、深夜与用餐时间都不宜前去拜访，节假日亦不宜打扰。拜访他人，时间与地点一般都要客随主便。

到了人家门上，在进门之前应当敲门或按门铃，敲门声不宜过大，按门铃的时间也不宜过长。能使主人知道即可。绝不能径直推门而入。主人开门之后，未邀你入室，不能擅自进入。若是对方没有请你脱下外衣或就座，则表示没有久留之意。此时，你应知趣地退至门外，简短交谈后即离去。

不管到谁家做客，仪容都必须整洁大方。入室之前鞋子要在门外弄干净。不要穿不洁或带有破洞的袜子，到日本、韩国等国家的家庭里去做客，进门就要脱鞋或换拖鞋。要是所穿的袜子又脏又破并散发着怪味，那将会使主人感到不快。

做客尽量不要带小孩。在主人家中见到长辈，要有礼貌地与之问候；见到孩子，也要谈上几句。遇到主人的其他客人，应寒暄几句；对来迟的客人，要起立迎接；其他客人走时，也要起立相送。不要见到别的客人一到，自己马上就走，这样做会显得有些失礼。

在普通朋友家里，客人不要乱脱、乱扔衣服。通常情况下，不应向主人索要他的宠物。不要自以为是地批评主人家中的陈设，或在他家乱走乱串，更不要随意谈论主人的失误和缺点。在主人的居室里，要注意讲究卫生。不要随便跑到人家卧室乱坐乱躺。

做客时，如无要事相商，时间大体上以半小时左右为宜，见到主人显出疲倦或是还有其他客人时，应适时地告辞。不要因主人对你客气挽留，就忘乎所以地谈个不休。

临离开时，要向其他人告辞，并感谢主人的接待。走时态度应坚决，不要嘴上说走却仍迟迟不动身。出门后应请主人就此留步，不要让人家跟着你一直走出去，更不要再说什么“我还有一件事情”等之类的话。要是有意请主人回访的话，可就此提出邀请。

不仅做客，待客也是一门艺术。它不但要讲究礼节，而且还要考虑周全，面面俱到。若待客不恭，多年建立起来的友谊便有可能付诸东流。

知道客人即将来访，要事先有所准备，不要等客人来了以后再忙这忙那。在待客时，你要特别注意自己的仪表，服饰不可随随便便。古今中外，对于主人仪表整洁与否总同尊重客人与否联系起来。所以对仪表的整洁应特别注意，尤其身为女主人，则更应精心打扮。对待客人要尊敬、体谅，而不宜过于客套。如客人是远道而来，则应专程前往迎候。事后，应向其一一介绍自己的家人。你还应关照家人给予合作，要教导年幼的孩子不要去纠缠客人。成年的家人，不要当着客人的面拌嘴或闷闷不乐，以免使客人误解。

如果客人不期而至，无论多累多忙，都应立即停下手中的活，热情地去接待客人。若客人没有打招呼便进入室内，应立即起立表示欢迎，不要怪罪对方无礼。家中若来了不是拜会自己的客人，应有礼貌地见过面后告退。

与客人谈话时态度要恳切，不要露出漫不经心的表情。更不要频频看表。真有急事要办，应向客人说明并道歉，并请家人暂时招待一下。如客人到达时，主人还有其他客人，且双方互不相识，此时，主人应立即代为介绍。长辈、上级对待来访的晚辈、下级不要摆架子，打官腔。客人需要在家中留宿，事先应做好充分准备。若对方停留时间较长，主人应主动陪同客人在当地名胜游玩。

客人告辞时，应起立送行。通常应将客人送至门外，切忌当客人一出门，马上就把门用力关上，这是很不礼貌的。

对初来乍到的客人，应介绍或安排好对方回去的路途和交通工具。对远道而来的客人，应去车站、码头或机场送行。当客人远去时，可挥手致意，待客人走远直至看不见时，才算是给待客这一社交活动画上了圆满的句号。

宴请要注意的问题

社交宴会有许多好处，不但使人们聚在一起共享美酒佳肴，还可沟通感情、增进友谊。就中国来说，宴请客人一般以晚间为多，这是因为晚上时间比较充裕，宴请后有利于客人休息，又显得较为庄重的缘故。

从宴客的性质来说，有些宴请仅仅是种交际礼节，其主要内容和目的往往是在交流情况和洽谈工作。如果属于这种情况，宴会一般可选择在某日的中午或晚上举行，宴请的时间可适当长些，以便有较充分的时间进行交谈。但须说明的是，这种洽商工作性质的宴会，最好在双方思想感情比较接近，商谈事项已有眉目的情况下举行。

宴客的时间还应考虑宴会的种类。举例来说，便宴比较随便和亲切，宜于进行友好交流，可安排在中午或晚上举行；如邀请的客人较多，又需广泛接触交谈，可采取鸡尾酒会的方式，时间一般可安排在晚上五点到八点之间，这种宴会，客人赴宴和离开的时间不需十分严格，可以灵活掌握。如举行冷餐会，举办的时间一般可在中午十二点至下午两点，或者下午五点至晚上七点左右，客人可以自由活动，自由取食，这种形式用于宴请较多的宾客最为适宜。

宴请时要知道客人的口味爱好，邀请的陪客也应当有相同的谈话意味，至少也必须对主宾没有歧见或矛盾。在使用灯光方面，应当使灯光柔和，不能太亮，使人感到刺目。客人来了之后，应当负责介绍来宾的姓名、身份、工作，不要随意夸张，不要刻意渲染，必须简要，两三句便可以。当来宾坐下之后，切莫独自和某一个人展开忘我的长谈，必须注意处理好与众人的关系，不要这个冷，那个热。对于那些遭到冷落或接不上嘴的沉默之人，应去为其解围，要自然而然地使大家在热烈、融洽、友好的气氛中得到享受。

此外，宴请还可选择有意义的时间进行，如中秋之夜、重大节日之际、双方合同签订日（或周年）等。如能选择在客人生日等较特殊的日子当然更好，因为这能给主客双方特别是客人心里留下美好难忘的印象，起到增进友谊的作用。

不过，无论是大宴小酌，在事前都应当做周详的考虑，这样就不至于疏失，造成反作用或效果不佳。

不管参加任何宴请，当你走进主人家或步入宴会厅时，首先要跟主人打招呼，让他知道你已经到达，同时，对其他的客人，不管相识与否，都要笑脸相对、点头示意或握手寒暄；对长者要主动起立，让座问安；对女宾应举止庄重，彬彬有礼；对小孩则宜问名询岁，多加爱抚。这一切，都要做得自然真切，落落大方，使赴宴者对你有“互不见外，情同一家”之感。

参加一般性宴会时，应注意以下几点：

入席时不能随意乱坐。入席要听从主人安排，找到自己的座次，不要随意乱坐。上菜前不能左顾右盼、心不在焉地拨弄碗筷，而应与同桌的人互相交流。上菜后等主人招呼完夹菜，不能一哄而上，翻江倒海。主人斟酒时应表示感谢，不能一饮而尽，要留有余地，慢慢品味。进餐时应与他人互相谦让，不能埋头闷吃，不苟言笑。

作为宾客，有义务维持宴会的气氛，要使主人信任，行为表现得与宴会协调。假如你觉得身体不舒服，这个时候最好也要掩饰你的不适；如果心情不开朗，你最好不要皱眉头，要显出正常，最好脸上还要挂上微笑。如果是你身体特别不适或者心情特别不开朗，那么你最好带着你的沮丧心情暂离宴会，以免影响其他人的情绪。

席间祝酒，一般要与主人先碰杯，人多时可同时举杯致意。碰杯时应该双方都站起来，举杯至眼睛的高度，饮完后再对视。在席间，有时会有主人、主宾的简短致辞，此时应停止进餐仔细倾听，这是应熟知的基本礼貌。在进餐过程中，感觉有些热，不能当众脱下衣服，可以到外面休息一下再进来。主人不能提前退席，而应待所有客人就餐完毕，再一一送行。若人多，不能一一相送，则可以微笑握手送客。

说话有礼貌非常重要

礼貌和教养对于社交中的人来说是必不可少的，它是装饰人类或其他一切的优良品质和天资。礼貌不用花钱，却能赢得一切。礼貌使有礼貌的人喜悦，也使那些受人以礼相待的人们喜悦。

在大街上，有时候我们会遇到这样的事，一个陌生人向你走来，说:“对不起，打扰一下。”这时候，我们可能会说:“哦，没关系。您有什么事?”“请问您一下，到广安大街怎么走?”我们的做法通常是热情地给做解答。最后那个人连连向我们道谢。

但是，有时我们也会遇到这样的事，一个陌生人向你走来，说:“喂，喂，喊你呢!”你疑惑地看看他，心里很不痛快:“我哪知道你喊我，什么事?”“知不知道广安大街在哪?”“不知道!”

为什么我们会热心地给第一个陌生人做解答呢？因为他有礼貌，使用了“对不起”、“打扰”、“请问”、“您”四个礼貌用语，可以充分看出对方的诚意，我们心中高兴，也乐意为他解决难题。第二个人没礼貌，我们当然不愿意答理他。

柔弱的女人礼貌地请求别人的帮助，很少有人能会拒绝。

日常生活中的摩擦，很多都是由于一方说话不注意礼貌引起的。从小，我们就被父母和老师教育要有礼貌，不可恶语伤人，但是在很多情况下，我们会忘记这些教导，从而说出一些很伤人的话，破坏了相互之间的关系。

语言是思想的衣裳，它可以表现出一个人的高雅或粗俗。如果你要接通情感的热流，使社交畅通无阻，就应得体地运用礼貌谦词。

很早以前，有位士兵骑马赶路，至黄昏时还找不到客栈，倏地见前面来了位老农便高喊：“喂，老头儿，离客栈还有多远？”老人回答：“五里！”士兵策马飞奔十多里，仍不见人烟。“五里、五里”他猛地醒悟过来，“五里”不是“无礼”的谐音吗？于是他掉转马头赶回来亲热地叫了一声：“老大爷”。话没说完，老农说：“你已经错过路头，如不嫌弃，可到我家一住。”

交际谈话中如能用礼貌语言，就会让人感到“良言一句三冬暖”，使人与人之间的感情很快地融洽起来。

说话有礼貌非常重要，它可以使对方产生一种受到尊重的感觉，觉得心里很舒服，从而乐意接受你的建议，并顺理成章地也会尊重你这个人。有句俗话说得好，“礼多人不怪”，说的就是这个道理。

一对男女到曼哈顿出差，男的看到了马路对面有个卖报纸的小摊，就想过去买份报纸，让女人在那里等他。接过报纸后，他发现自己没带零钱，只好递过一张10美元的钞票，对卖报纸的小贩说：“找钱吧。”

谁知小贩一听很不乐意，对他说：“先生，我来上班可不是给人找零钱的。”

当然，这人没有买到报纸，悻悻地回到了马路对面。这时，女人安慰道：“不用急，你在这儿等着，我过去试试。”

女人来到报摊前，同样递过10美元钞票，对小贩说："先生，对不起，不知您是不是愿意帮我个忙？我是外地来的，想买份报纸，可是身上没有零钱，您看能不能帮我把这10元钱换开？"

小贩听了她的话，顺手抓起了一份报纸，递给她说："拿去看吧，这次不用付钱了，等以后你有了零钱，再给我就是了。"

同样的事情，同样的说服对象，男人失败了，而女人却干得非常漂亮：一分钱不花，不仅得到了报纸，还让小贩心里非常乐意。女人之所以能够获得成功，不仅在于她女性的弱势地位，更在于她懂得礼貌对人，几句话把小贩的心里说得暖洋洋的，于是，免费送给她一份报纸。

在与人的对话中，我们要使用很多的交际语，这样才能让对方对我们产生好感，乐于跟我们交朋友。

平时，我们用到最多的交际语是"请"、"谢谢你"、"对不起"。

1. 请。文明社会里，几乎在任何需要麻烦他人的时候，"请"都是必须挂在嘴边的礼貌语。如"请问"、"请原谅"、"请留步"、"请用餐"、"请指教"、"请稍候"、"请关照"等。频繁使用"请"字，会使话语变得委婉而礼貌，是比较自然地把自己的位置降低，将对方的位置抬高的最好办法。

2. 谢谢。正确地运用"谢谢"一词，会使你的语言充满魅力，使对方倍感温暖。道谢时要及时注意对方的反应。对方对你的感谢感到茫然时，你要用简洁的语言向他说明致谢的原因。对他人的道谢要答谢，答谢可以用"没什么，别客气"、"我很乐意帮忙"、"应该的"来回答。

3. 对不起。社交场合学会向人道歉，是缓和双方可能产生的紧张关系的一帖灵药。例如，你在公共汽车上踩了别人的脚，一声"对不起"即可化解对方的不快。道歉时最重要的是有诚意，切忌道歉时先辩解，好似推脱责任。在需要别人帮忙时，说句"对不起，你能替我把茶水递过来吗"，则能体现一个人的谦和及修养。

交际中的礼貌用语除上述以外，还有很多很多。

中国传统中约定俗成的礼貌谦辞如下：初次见面说久仰，看望别人说拜访；等候客人用恭候，请人勿送用留步；请人帮忙说劳驾，求给方便说借光；请人指导说请教，请人指点说赐教；欢迎购买叫光顾，老人年龄叫高寿；客人来到说光临，中途要走说失陪；送客出门说慢走，与客道别说再来；麻烦别人说打扰，托人办事说拜托……

送礼时要讲究语言的表达

送礼时要讲究语言的表达，平和友善、落落大方的动作伴着得体的语言表达，才能使受礼方乐于接受礼物。那种做贼似地悄悄将礼物置于桌下或房间的某个角落，不仅达不到馈赠的目的，甚至会适得其反。

在呈上礼物时，送礼者一般应站着，双手把礼品递到主人手中，并说上一句得体的话。

送礼时的寒暄一般应与送礼的目的吻合，如送生日礼物时，说一句“祝您生日快乐”；送结婚礼物时说一句“祝两位百年好合”；拜年送礼时可说一句“新年快乐”等。

得体的寒暄既可表达送礼者的心意，又能让受礼者受之心安。

西方人在送礼时，喜欢向受礼者介绍礼品的独特意义及价值，以表示自己对对方的重视。与西方不同的是，谦虚是中国人的传统美德，中国人在送礼时，也常常有自谦的习惯。

一般而言，送礼时运用谦和得体的语言，会营造一种祥和的气氛，无形中增加相互间的友谊。但过分的谦虚最好避免，如“薄礼”、“微薄”、“不成敬意”或“很对不起”等，这可能会引起对方的轻视。

当然，如果在赠送时以一种近乎骄傲的口吻说：“这可是很贵重的东西！”

也不合适。在对所赠送的礼品进行介绍时，应该强调自己对受赠一方所怀有的好感与情义，而不是强调礼品的实际价值。否则，就落入了重礼轻义的地步，甚至会让对方觉得你是在炫耀，这样，好端端的情意礼品反被你的一番话给糟蹋了，那岂不冤枉？

受礼者在接受礼品时通常应站立相接，表示尊重对方的礼品和送礼的诚意，并说一些客气或感谢的话，如“您太客气了”、“让您破费，真不好意思”，或是简单地说声“谢谢”。收到礼品时什么也不说，随手放到不起眼的地方的行为是很失礼的，是不尊重他人的表现。

有些人到对方家中拜访直到要离开时，才想起该送的礼品，在门口拿出礼品时，主人却因为谦逊、客套而不肯接受，此时在门口推推扯扯，颇为狼狈。

避免这种情况的办法是：进到大门，寒暄几句就奉上礼品，这样就不会出现因为对方客套而不收礼的尴尬情形。如果错过了在门口送礼的时机，不妨等坐定后，在主人倒茶的时候送。此时，不仅不会打断原来谈话的兴头，反而还可增加一个话题。

拒绝收礼通常是不被允许的，除非所送礼物违反了礼貌的规定。出现这种情况时，受礼者应当委婉而又坚决地拒绝收礼，如果送礼者不知道自己错在哪里，应当向他暗示一下礼物不妥的原因。

这时，馈赠者不要太勉强，也不要动怒，更不要随口说一些不恰当的话，恶化双方的关系。正确的做法是，送礼者稍做解释或表示歉意后，把礼品带走。然后，分析一下受礼者拒收的原因，之后再采取相应的行动，不失为一种良策。正视拒收、处理得当，照样可以建立起良好的人际关系。

多学几句客套话

客套话，是人际交往中相当普遍的语言现象。交际往来常用的应酬套语，往往就如润滑社交齿轮的油，能减少“摩擦”、“噪声”。请人办事说一声“劳驾”，送客临别讲一句“慢走”，显示出你礼貌周到、谈吐文雅。擅长外交的人士，像精通交通规则一般熟谙客套。正如培根所说，得体的客套同美好的仪容一样，是永久的推荐书。

“客套”对服务业来说尤为常用，益显重要。有的外国商店就对使用频率高的最必要的客套用语做了规定，店员必须纯熟运用。顾客买好东西，店员马上会说:“谢谢您经常光顾!”顾客提出某种要求，店员会回答:“我明白您的意思了。”即使店员很快把顾客要的东西递上，也常常打招呼:“让您久等了!”如果店员一时忙的来不及接待，那更是连连致歉:“对不起，对不起!”不用说，这些彬彬有礼、热情洋溢的话语，一定会使顾客如沐春风，心里暖和。

客套要自然、真诚，言必由衷，富有艺术性。上海大酒店的一位门厅服务员就是这么做的。著名美籍华裔舞蹈家孟先生第一次到达该酒店，这位服务员向他微笑致意:“您好！欢迎您光临我们酒店。”第二次来店，这位服务员认出他来，边行礼边说:“孟先生，欢迎您再次到来，我们经理有安排，请上楼。”随即陪同孟先生上了楼。时隔数日，孟先生第三次踏入酒店大门时，那位服务员脱口而出:“欢迎您又一次光临。”孟先生十分高兴地称赞这位服务员:“不呆板，不机械，有水平!”

这位服务员当受如此表扬。她并非学舌鹦鹉，见客只会一声“欢迎光临”，而能根据交际情境的变化运用不同的客套话，表现出她对工作的热爱和交际的艺术。

电话交际有讲究

在现实生活中，电话已经成为重要的现代化通讯手段。人们越来越频繁地利用电话进行交流。电话已成为我们常用的一种办事方式。但接打电话也需要一定的常识和素养，如果不懂得接打电话的礼节和要求，就会直接影响社交的质量。

与朋友通话应尽量在对方比较空闲的时间，尤其是国际电话，应搞清对方所在地的时差，避免使对方在熟睡时被电话铃吵醒。

打电话时，不妨先征求对方的意见，如:“现在有空吗？我想和您谈谈，可以吗?”既体现了你的礼貌、教养，又尊重了受话人的时间要求。

电话交谈的时间，最好不要超过五分钟，如果占用较长时间，最好征询对方方便与否。切忌自己喋喋不休说个不停，而不管对方愿不愿听。

打电话前要准备好必要的资料，以免造成在交谈中匆匆翻阅资料而使对方等待的局面，这样会让人认为你是一个没有效率的人。

与陌生人接通电话后，第一句话应先报出自己的名字和身份；其次，寻人称呼要明确，特别是往一个不太熟悉的单位找人，不宜直接用简称，否则很容易发生误解。

打电话时，说话应注意语调的清晰、柔和。语调过高会使对方感到尖刻、生硬；语气太轻，会让人感到你有气无力；语调过长则显得懒散庸碌；语调过短又显得心不在焉。

不要在嘈杂的地方与人通话。嘈杂声、嬉笑声以及吐痰、咳嗽声，这些令人生厌的声音不仅影响电话接收效果，而且影响对方的情绪。

如果接到找其他人的电话时，要及时转接，一直放着电话是对别人的不尊重，如果要找的人暂时不能来接听，就必须委婉地让对方留言，并按对方所述内容做记录，最后再复述一遍，千万不能说“他正忙着。”因为这会让人感觉自己不重要，让人十分难堪。

电话铃响后，应及时去接。拿起话筒要自报单位、姓名，再问“您是哪位”。如果不是找自己的也应注意礼节，要向对方做充分解释，如:“他刚回家，我帮你留话好吗?”

与上级、长辈通电话时，要格外注意礼节。谈话结束后，要听到对方确实把话筒放下了，才可以把电话挂掉，以表示对他人的尊重。像商场、宾馆、酒店等单位接到顾客的咨询电话，也要等顾客挂了之后，才能放下话筒。

第5章

巧言说服，口才好的人最有说服力

俗话说：“旁观者清，当局者迷。”在现实生活中，有时人们对自己存在的一些问题往往觉察不清，需要旁观者去劝导说服。口才好的人就有很强的说服力。他们能轻松地获得他人的认同，说出对方愿意听的话。能用自己的“嘴”说动他人的心，让他人赞同他、支持他。他们会巧用有效的劝导说服，解开他人的心结，消除他人心间的愁云，排除他人思想上的烦恼，减轻他人精神上的痛苦。生活中，你的为人处世是否让别人感到诚实可信？说话的内容和语气是否让人能够静心倾听？夸赞别人的语言是否能让对方自然地接受？与人交谈是否经常与他人意见相左？如果能够妥善地处理好这些问题，那么在与他人的交往中，你在别人的心中就有一定的影响力。

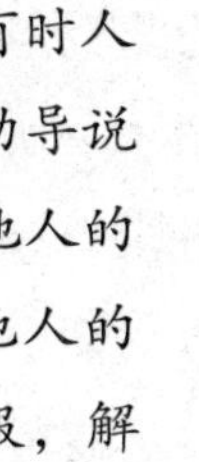

说服的话要值得听

社会上，总有这么一种人，对他的朋友犯错误感到非常的痛心。由于他们经常在一起，平时也经常说服朋友，然而他的朋友却不采纳他的“忠言”，以致“身败名裂”。当有人询问时，他会慨叹地说：“我早已不知跟他说过几千遍了，他就是不听，我又有什么办法！”

当然，一个人的失败，不应该由他人来负责。但这位先生说了“几千遍”的“忠言”，很可能是一种“单调的重复”，没有什么说服力。因此，当我们跟别人谈了一次之后，必须把自己说过的话再重新回忆一次，检查一次，看在什么地方没有表达清楚，什么地方强调的不够，理由还不大充分。更重要的是要把对方的话拿出来细细地咀嚼，把对方许多不以为然的地方，拿回来细细地推敲。要不断虚心地反问自己：“这一点我不是已经说得非常清楚了么，为什么还不明白呢？”“为什么他总是坚持己见呢？”

最初，常会觉得对方“不可理喻”、“莫名其妙”、“不可思议”……甚至因此慨叹、生气、摇头……但是就在这个时候，冷静的思考，仔细的分析，反复的研究和探索会帮我们很大忙的。

渐渐地，在苦恼和困惑中找到了一条出路，发现我们的哪一句话引起了对方的误会；或者，知道对方对我们的动机有所怀疑；或者，对方提出的问题都不是主要的理由，因此他们所说的理由都是很容易驳倒的。但是，就在这些很容易驳倒的理由后面，还隐藏着一个或几个最充分、最重要的理由。这个理由，他不肯说出来，或是不敢说出来。一个人常常不肯说出他的真正理由，因为他还不信任我们。也许他不相信我们对他的真心和十足的诚意，不相信我们有替他解决疑难问题的能力，不相信我们能够全心全意地为他着想，不相信我们能够替他保守秘密。

只要他还不相信我们，他就不会把他的内心秘密向我们坦白地全部托出，那么，我们就不会明白他的用意，不会明白他的动机，我们也就无法说服他们。

从以上的情况看，我们想说服别人，首先必须具有强大的人格方面的力量，必须有光明磊落的心胸，必须要时时都能够为别人着想，使别人产生信赖感。倘若这样，相信你的“忠言”是会起作用的。

成功的说服者都十分注重培养自身的见识、良好的修养，巧用言语沟通，用真情打动对方，让其在心理上首先接纳自己，做出对自己有利的判断，这样才能将说服的这一最终目标实现。

不同的人用不同的说服方式

社会上，有这么一种人，一方面，只坚信自己，不相信别人比他更聪明、更正确；另一方面，又非常缺乏自信，生怕自己的理由被别人驳倒，生怕自己的信心被别人动摇。因而不敢说出真正的理由。

他们的心里有一种很妙的想法:“我讲出来，你就驳不倒。”当然，他们对自己也并不十分坦白，他们会想出种种很漂亮的理由支持自己这样做，但无论他怎样说，无论他怎样想，骨子里面就是因为他认为：不说出理由是最安全的。有许多人就在这种自欺欺人的“政策”之下，过了一生，做了许多不值得做的事。这种人确实是很难说服的。

说服这种人要有真诚的态度，足够的机智，并且要去了解他的思想及内心世界。这就要靠我们平时对别人的生活多留心，熟悉各种人的思想与行为的规律，能够深入地分析别人的内心活动。

很多人在和他人谈话，特别是在说服别人时，最容易犯的错误就是以斩钉截铁的话表达自己的看法，或用批评对方无知的态度打击对方的自尊心。这样往往达不到说服的效果，而且会破坏人们之间的关系。而有一些人却表现出色，处处受欢迎，因为他们能非常巧妙地说服别人，即便是遇到一些棘手的问题，他们也能巧妙化解。

林女士做公交车售票员十多年了，颇受乘客与单位领导的好评，因为无论遇到什么情况，她从来都没有发过火，她的声调永远是柔和的，嗓音永远是优美的，最重要的是她的语气是婉转的，让人听着就舒服。

一天傍晚，正逢下班高峰期，公交车上拥挤不堪，而这时又上来一位抱小孩的妇女。林女士像往常一样对乘客喊道："哪位同志给这位抱小孩的女同志让个座？谢谢了。"也许是太拥挤了，她连喊两次，仍无人响应。

林女士就站起来，用期待的目光看了看靠在窗口处的几位年轻乘客，提高嗓音说："抱小孩的女同志，请您往里走，靠窗口坐的几位小伙子都想给您让座儿，可您得先过去。"

话音刚落，"呼啦"一声，几位小伙子都不约而同地站起来让座。这位女同志坐下之后，只顾喘气定神，忘记对让座的小伙子道谢，小青年面有冷色。

林女士看在眼里，心里顿时明白，她忙中偷闲，逗着小孩说："小朋友，叔叔给你让个座儿，你还不谢谢叔叔。"一语提醒了那位妇女，连忙拉着孩子说："快，谢谢叔叔。"那位小青年听到小孩道谢，忙笑着说："不客气，不客气。"

要想轻松说服别人，就要理解人们的合理需要，爱护人的自尊心，只有这样才能把话说到别人心坎里去。如果不能根据交际对象的心理，选择恰当的语言形式，话一出口先挫伤他人的自尊心，必然会引起对方的不快，甚至争吵。在这方面，林女士可谓是"高手"，试想如果林女士在请人让座时说："那么大的小伙子一点也不自觉！没看到别人抱着小孩吗？"此种口气不引起一阵争吵才怪。或是在劝抱小孩的妇女应及时道谢时说："别人给你让座，你也不知道说谢谢。"后果当然也不会好到哪里去。

在使用委婉语时，要注意避免晦涩艰深，谈话的目的是要让人听懂，如果一味追求奇巧，会使他人很难听明白，甚至容易造成误解，必然影响表达效果。要做到语言含蓄需善于洞悉谈话的情景和宗旨，还要练就随机应变的本领，这样才会使你的语言得心应手，富有新意。

当我们猜中别人心里所想的时候，别人可能会脸红，可能会感到非常狼狈，甚至会恼羞成怒，把错误坚持到底。这种情形当然并非我们所愿意看到的。

但是我们必须了解：当一个人内心坚固的堡垒一旦被人摧毁时，是会非常震动和痛苦的。这时，我们就需要设法减轻他们的痛苦，或使他们忘记痛苦，拥有快乐。这就要靠我们有一颗至诚的心，真正能够为别人着想，不但能够指出他们的错误，而且还能为他们指出光明的前途。

还有一种人更难说服，这种人对他心中的真正理由，不是不肯说，也不是不敢说，而是不知道，是真的不知道。

对别人的说服工作，如果你用的方法及言语很正确，对方仍然表现出茫然不解，或不以为然时，我们就要开动脑筋了。这就需要我们立刻转风驶舵，改变初衷，换一个更好的方式。

大家知道同样的一种内容，可以有千百种表达的方式和方法。同样意思的话，可以有千百种的说法。我们要随时反省自己：我们的话，对方能够接受吗？是讲得太深奥了，还是讲得太肤浅了？是把问题提得太高了，还是把问题提得太低了？我们的话是太武断了，还是太含蓄了？我们所用的词汇是太文雅了，还是太粗俗了？

说服这件事情，仔细研究起来，是非常复杂的。有时，我们可能因为用错一个字眼，无端地惹起对方的反感。在我们这个社会中，各个阶层、各种宗教、各种信仰的人，都各有一套说话的习惯，各有一套习惯的用语。讲究口才的人，对这方面的知识都相当看重。要和别人建立更深入的关系，最好能善于把握对方惯用的语言。

总之，我们的话一出口，就像一个人要远行一样，未必一帆风顺。如果这个说法没有效果，或效果不好的时候，就要换个说法，直到对方完全了解，完全赞同。事实上，有些比较困难的说服工作，绝不是一次或几次的谈话就可以收到效果的，有时候需要很久的时间，有时候还需用事实、用行动去做我们言语的后盾。

在说服别人的过程中，我们必须不断地深入了解自己的问题，并且丰富自己对人对事的认识，否则，如果我们只是单调地重复我们已经说过的话，那么除了令人讨厌之外，恐怕是得不到什么说服的效果的。

因此，当我们要说服别人的时候，每一次见面，每一次谈话，必须增添一点新的材料，多一点新的理由，加一点新的力量。一句话，有了新的发展，把阵地又向前推进了一步。

打消对方的防范心理

在你和要说服的对象较量时，彼此都会产生一种防范心理，尤其是在危急关头。这时候，要想使说服成功，你就要注意消除对方的防范心理。

如何消除防范心理呢？从潜意识来说，防范心理的产生是一种自卫，也就是当人们把对方当作假想敌时产生的一种自卫心理。因此，消除防范心理最有效的方法就是反复给予暗示，表示自己是朋友而不是敌人。这种暗示可以采用种种方法来进行：嘘寒问暖，给予关心，表示愿给予帮助等等。所以必须在语言上下工夫，聪明的女性善于运用说服力极强的“将心比心”战术。力求使说的每句话都让对方肯听、爱听，打动他的心灵。

有个出租车女司机把一男青年送到指定地点时，这个男青年掏出尖刀逼她把钱都交出来，她装作害怕的样子交给歹徒300元钱说：“今天就挣这么点儿，要嫌少就把零钱也给你吧。”说完又拿出20元零钱。见女司机如此爽快，歹徒有些发愣。女司机趁机说：“你家在哪儿住？我送你回家吧。这么晚了，家人该等着急了。”见司机是个女子，又不反抗，歹徒便把刀收了起来，让女司机把他送到火车站去。见气氛缓和了，女司机又不失时机地启发歹徒：“我家里原来也非常困难，咱又没啥技术，后来就跟人家学开车，干起这一行来。虽然挣钱不算多，可日子过得也不错。何况自食其力，穷点儿谁还能笑话我呢！”见歹徒沉默不语，女司机继续说：“唉，男子汉四肢健全，干点儿啥都差不了，走上这条路一辈子就毁了。”火车站到了，见歹徒要下车，女司机又说：“我的钱就算帮助你的，用它干点正事，以后别再干这种见不得人的事了。”一直不说话的歹徒听罢突然哭了，把 300 多元钱往女司机的手里一塞说:“大姐，我以后就算饿死也不干这事了。”说完，低着头走了。

在这个事例中，女司机巧妙地运用了将心比心的说服技巧消除对方的防范心理，缓解了双方的紧张关系，最终达到了说服对方的目的。

在说服他们之前，要尽量安慰他们，同情他们，渐渐地把他们的心灵引向一个鸟语花香、风光明媚的世界，让他们的身心都处在一种温暖的愉快气氛中。然后，像冰雪在春天解冻一样，使他深藏在心中的连他自己都看不见的真正的理由，渐渐地融化，渐渐地流泻出来，显露它的真面目。所以，真诚地安慰和同情可以溶化别人心中的冰雪。

在我们周围，我们常常遇到这样的朋友或亲戚，也许自己的家庭中，就有这样的兄弟或姐妹，我们常常觉得他们是不可理喻的，无论如何也讲不通、说服不了的，我们对他们简直是“爱莫能助”。不过，如果我们懂得怎样去说服他们，不心急、不暴躁，多用点心思，多动点脑筋，也不是全无办法的。当你经过这样一番努力，你对于他们的心灵，和他们思想与行为的关系，就会了解得更细致、更透彻。那么，你说服别人的能力就大为提高了。倘若你能够说服这种不可理喻、最难说服的人，那么说服其他人就更容易了。

在我们朋友之中，不乏善于替人剖析问题、排忧解难的人，他们都是在经常关心别人，在设法解决别人问题的努力中，积累起丰富的说服别人的经验。

劝说者仅根据一厢情愿，而不顾对方的意愿或客观条件，是不可能取得劝说成功的。劝说者根据对对方心理特点的了解，经历了对方相应的心理反应或变化，再考虑劝说技巧的选用，才为让对方心服口服地创造条件。

假如对方觉得你虽然说得头头是道，但是用的是“恐吓战术”或徒以口舌取胜，就会觉得你是不值得信赖的，他的态度必然就倾向于闭锁性和对抗性。这显然离劝说胜利的目标还有相当大的差距。

从消除心理障碍入手

战国时代的策士都是驾驭言语的高手。《战国策》里记载了这样一则故事：靖郭君是齐国的贵族，原来很受齐王重用，在国内很有权势。后来他与齐王发生了矛盾，担心有朝一日会与齐王闹翻。于是，打算在自己的封邑四周筑起城墙，以防止齐王的进攻。这一举措显然太不明智了，以一个家族的力量与强大的齐王相抗衡，无异于以卵击石。筑起高高的城墙，不但挡不住齐王，反而会使双方的关系进一步恶化。因此，众门客纷纷劝阻，无奈靖郭君十分固执，不但不听，而且命令守门的人不得为说客通报。

正当众人束手无策焦头烂额之时，一个齐国人自告奋勇，上门求见。他向靖郭君保证，见面时只说三个字，多一字愿受烹刑。由于他许诺的条件十分奇特，靖郭君总算同意了他求见的要求。进门之后，他十分严肃地凝视着靖郭君，看了很长时间，然后，慢慢吐出三个字："海、大、鱼。"说完转身就走。靖郭君听后大惑不解，忙叫住他追问，那人却不肯多说。直到靖郭君声明前面的约定作废时，他才做了进一步的解释。他对靖郭君说："先生没看见海中的大鱼吗？何其逍遥自在！鱼网捕不住它，鱼钩钓不到它。然而，一旦离开大海，在沙滩上搁了浅，就连小小的蝼蚁也能群起而攻之，把它当作口中之食。如今齐国就是您的大海，若有齐王的宠信，您何须筑城？倘若失去了齐王的支持，即使把城墙筑得再高，又于事何补？"靖郭君听了不由得连连称是，就此放弃了筑城的计划。

这位说客所讲述的道理，其实也算不得十分深奥，从前几位进行规劝的人想必也都考虑过了。为什么他们规劝时，靖郭君听不进去。这位客人一说，靖郭君就听进去了呢？关键在于说服技巧。

从交际心理学的角度看，"规劝"这一行为方式本身带有某种暗示。即对方犯了错，提出规劝的人真理在握，特来帮助对方，为对方指点迷津，这一暗示与听话人的自尊心相抵触，很容易引起听话人的反感。就靖郭君而言，这种抵触心理表现得尤为强烈——不仅拒谏，而且闭门谢客。因此不难想象，众门客之所以劳而无功，有很大一部分原因，可能就在于他们不懂得分析听话人的心理。心理障碍不消除，再有说服力的言辞也不得入其门。

这位齐人的游说工作，正是从消除心理障碍入手的。首先，他用“海大鱼”三个字增添了一些神秘色彩，激起了靖郭君的好奇心。按常理说，会话时，话语应该围绕特定的话题展开。“海、大、鱼”三字，从字面上看，和当时双方共同关心的话题——筑城无丝毫联系。这样一句莫名其妙的话，不能不使靖郭君心痒难搔，好奇之心大起，好奇心一起，则主客之势互易。本来是靖郭君摆开了架势，严阵以待，准备拒谏。现在却是放下架子，好言安抚，虚心求谏。

不过，要克服靖郭君的心理障碍，光引起他的好奇心是远远不够的。如果没有其他策略相配合，仍然不可能说服他。这位齐国人所采用的第二个重要步骤便是迂回出击。虽然靖郭君有了求谏的表示，他却并不急于谈论筑城的故事，因为“筑城”是一个敏感的话题，过早触及这个话题是危险的，很可能会唤醒靖郭君的戒备心理，使他重新回到原先那种封闭状态中去。所以，这位老练的说客开始时仍然若即若离地大谈“海”和“大鱼”的故事。直到他把“大鱼”对“海”的依存关系充分论述清楚，并清晰地描绘出了大鱼“荡而失水”为蝼蚁所食的血淋淋的残酷景象之后，才画龙点睛地道出这则寓言的真意所在。这对靖郭君来说，无疑是醍醐灌顶，当头棒喝，不由得他不幡然猛醒，马上放弃筑城的计划。

给别人一个台阶下

有许多口才很好的人，往往用自己的唇枪舌剑把对方口头上所说的意见驳倒，就以为自己说服了别人，但却不知道别人心里还藏着什么疑难未解之处。

这样的“说服”，只是口头上的说服，心里并没有服。别人口服心不服，就不能算是说服。别人对你的话没有心服，就不会按照你的话去做。所以，我们应该经常关心他们的生活和他们接近，倾听他们的谈话，注意他们各方面的表现，研究分析他们的行为动机和他们的心理活动规律。这些，正是我们说服别人的准备工作。

若是想提高自己说服别人的能力，必须把关心别人、了解别人当作一种经常努力的工作。

许多人把面子看得比什么都重，所以，会说话的人在说服别人的时候，懂得给人留面子，在必要的时刻给对方一个台阶下。

为了不伤人面子，你可以在谈话中给对方铺台阶，可以假定双方在一开始时没有掌握全部事实，例如，你可以这样说:“当然，我完全理解你为什么会这样想，因为你那时可能还不知道有这回事。在这种情况下，任何人都会这样做的。”或者，“最初，我也是这样想的，但后来当我了解到全部情况，我就知道自己错了”之类的。

一位顾客来到一家百货公司，要求退回一件外衣。她已经把衣服带回家并且穿过了，只是她丈夫不喜欢。她辩解说“绝没穿过”，要求退掉。

女售货员米雪检查了外衣，发现明显有干洗过的痕迹。但是，直截了当地向顾客说明这一点，顾客是绝不会轻易承认的，因为她已经说过“绝没穿过”，而且精心伪装了没有穿过的痕迹。这样，双方可能会发生争执。

于是，机敏的米雪说:“我很想知道是否你们家的某位成员把这件衣服错送到了干洗店去。我记得不久前我也发生过一件同样的事情，我把一件刚买的衣服和其他衣服一起堆放在沙发上，结果我丈夫没注意，把这件新衣服和一大堆脏衣服一股脑儿塞进了洗衣机。我怀疑你是否也遇到这种事情——因为这件衣服的确看得出已经被洗过的明显痕迹。不信的话，你可以跟其他衣服比一比。”顾客看了看证据知道无可辩驳，而米雪又为她的错误准备好了借口，给了她一个台阶——说可能是她的某位家庭成员在没注意的情况下，把衣服送到了干洗店。于是顾客顺水推舟，乖乖地收起衣服走了。售货员米雪的话说到顾客心里去了，使她不好意思再坚持。一场可能的争吵就这样避免了。

正是米雪满足了顾客的自尊心，才成功地避免了这场争吵。所以，要想轻松说服别人，就要理解人们的合理需要，爱护别人的自尊心，只有这样才能把话说到别人心坎里去。

有一位女老师曾遇到过这样一件事：下课了，有位学生向老师反映，昨天她爸爸作为生日礼物送给她的一支黑色派克钢笔不见了。老师巡视了一下全班同学的表情，发现坐在那位同学旁边的学生神情惊慌，面色苍白。

因此，这位女老师明白了一切，但如果当面指出，不仅没有证据，还会伤害这位同学。于是，这位掌握有一定说服技巧的老师想了想说："别着急，同学，肯定是哪位拿错了，黑色的钢笔实在太多，互相拿来拿去是经常发生的事。只要等会儿她看清楚了，一定会还给你的。"果然，下课以后，那位拿了钢笔的同学趁旁人不在的时候，赶紧把钢笔还到那位女同学的笔盒里去。学生们不禁感叹老师真是料事如神。一般人们总是缺乏勇气正视自己的错误和谎言，通常会为谎言寻找各种借口，你若是一个精于交际之术的人，就会知道，面对别人的谎言，直接戳穿他人并不是最好的办法，必要的时候给他一个台阶，而且必须懂得如何把他从自我矛盾中解救出来，才能让他心服口服，体面地收起那套"鬼把戏"。

人们都有一时冲动，做错事、说错话、得罪人的时候，如果你一错再错只会使事态变得更严重。不妨给对方一个台阶下，反而能使对方产生愧疚感，自动改正错误，悄然达到说服他人的目的。

侧面引导，让人心服口服

生活中每个人都要做出很多决定，由于各人对问题的认识、拥有的经验、看问题的方式不同，可能别人要做的决定与我们的想法不同，这时候适当地劝说会让当事人做出更明智的决定。

在生活中，经常会遇到需要劝说别人的事情，这个时候不仅需要有一个好的口才，更需要有一个好的态度，耐心地启发、引导对方思考，让人真正的想通、弄懂。

理由是说服人的关键，也是根本，因此我们在说服别人的过程中最具说服力的方法，就是强调最关键的核心理由。

小李初中毕业就辍学在一家饭店当服务员，工作中她拾到一部顾客遗失在店内的手机，早就渴望有一部手机的她想悄悄将手机据为己有。领班的张大姐发现了，让她上交，可小李说："手机是我拾的，又不是偷的，更不是抢的，不上交也不犯法。"

张大姐说："小李，你知道什么叫'不劳而获'吗？"

"不知道！"小李嘟着嘴回答。

张大姐说："你看，'不劳而获'是不经过劳动而占有劳动果实。说得确切点是占有别人的劳动果实！"

"我可不懂那么多。"小李有点不耐烦了。

张大姐耐心地问："你说，抢别人的东西是不是'不劳而获'？"

"是的。"

"你说，偷别人的东西是不是'不劳而获'？"

"当然是的。"

"那么，拾到别人的东西据为己有是不是'不劳而获'呢？"

"这，这……当然……"小李没话可说了。

张大姐顺势教育道："拾到别人的东西据为己有和偷、抢得来的东西，在'不劳而获'这一点上是相通的，除了国家法律，我们还应有一定的社会公德，再说店里也有工作守则，拾到顾客遗失的物品要交还，你小小年纪，可不能犯糊涂啊！咱自己想要手机，就要靠自己的能力挣钱买，那样用得才理直气壮哩！"

最后，小李主动把手机上交了。

在这里，张大姐并没有直接指出小李拾到东西不上交是错的，而是有意和她弄清楚一个看似与论题无关的"不劳而获"的意义来引导小李。再由大及小，从面到点，步步推进，最后才切入实质性问题：拾到东西据为己有，同偷、抢一样是“不劳而获”。最后又回到小李想把手机据为己有的想法上，说服她想要一款手机就要靠自己的能力去买，而不是占有别人的。

说服别人，要看情况而定，有些时候不要直接从关键点出发，也许那个点恰恰是你们冲突的焦点。如果你直接要求对方不能怎么样，很容易引起对方的逆反心理，不仅让对方难以接受，还会和你对抗到底。最好的方法是从侧面引导，一步步地将他（她）回到你想要说服别人的关键点上，若是理由充分，别人一般都能接受。像上面这个事例就是这样。

说服的过程是说服者对被说服者攻心的过程，也是被说服者心理渐变的过程。运用“层渐递进”的说服技巧，从理论上讲，符合心理学的基本规律，从实践中看，只要运用得恰当巧妙，就能取得理想的说服效果。

巧用“作料”来说服

某塑料厂宣传干事刘某和妻子小雷新婚燕尔。星期天一同去逛街，不料在一林荫道的拐弯处，迎面遇上刘某以前的恋人小张，刘某感到慌乱，而对方也冷冷地看着他们，此时，只见小雷主动走上前打招呼道：“这不是小张姐吗？你好！今天可是一滴水滴在香头上，碰得这么巧。咱姐俩难得见面，正好，一起走吧。”一番话，说得小张破脸而笑，忙摆手：“谢谢，不用了，我还要到那边看看。”小雷不愧为一名聪明伶俐的女性，她的出面不仅解了丈夫的围，而且她得体的称呼，客气的话语，特别是巧妙地加进了歇后语“作料”，说得小张不好意思，心中积怨也顿时化解。

有一对结婚八年的夫妻闹离婚，拉拉扯扯来到司法办公室，调解员了解情况后，看了看他俩说：“看你们一个英俊潇洒，一个美玉无瑕，真是挑水的娶了卖茶的——如此般配，我敢说，天上的牛郎织女都羡慕你们，你们倒为点小事要离婚，你们不觉得太轻率了吗？”

进来时气鼓鼓的夫妻被调解员的一席话，说得不好意思地低下了头。调解员趁热打铁继续劝道：“你们的孩子还小，他需要得到父爱和母爱，如果都胳膊肘往外弯——只顾自己，孩子长大了，知道他们的父母为点小事赌气，抛弃了他，会怨恨你们一辈子的。”

夫妻俩面面相觑，欲言又止。调解员站起来笑吟吟地说：“都回去吧，以后再不要跨进这门，进这门可不是闹着玩的。”一场风风火火的离婚就这么劝住了。

从上例可以看出，这位调解员口才不错，且很会劝服，也善用诙谐幽默的“歇后语”来调和那对夫妻间的紧张气氛，从而成功地化解了一场婚姻危机。

运用逻辑推理的方法说

逻辑的力量，令人神往，令人倾倒。在许多逻辑书中，谈及“逻辑力量”时，总愿意提到斯大林对列宁的精彩演说中的一段极为生动的评论：“使我佩服的是列宁演说中那种不可战胜的逻辑力量，这种逻辑力量虽然有些枯燥，但是紧紧地抓住听众，一步一步地感动听众，然后就把听众“俘虏”得一个不剩。我记得当时有很多代表说：“列宁演说的逻辑好像万能的触手，从各方面把你钳住，使你无法脱身，你不是投降，就是完全失败。”

运用逻辑的力量能由个别的道理推导出一般的道理。人们的认识运动总是从认识个别事物开始的，从个别中概括、推理出一般。

在战国时期，秦统一六国前，秦始皇受人挑拨，曾下令驱逐一切从别国来的客卿，楚人李斯当然也不例外。为此，李斯做《谏逐客书》争辩说：“昔穆公求士，西取由余于戎，东得百里奚于宛，迎蹇叔于宋，求丕豹、公孙支于晋，并国二十，遂霸西戎。孝公用商鞅变法，诸侯亲服，至今治强。惠王用张仪之计，散六国之纵，使之事秦。昭王得范雎，强公室，杜私门。此四君者，皆以客之功，由此观之，客何负于秦哉！”由此归纳推导出“地无四方，民无异国”，“用人唯才，不必本土”的一般结论，使秦始皇撤销了“逐客令”，恢复了李斯的官职。

运用逻辑的力量，还能由已知的道理推导出未知的结果。

南宋初年的一天，岳飞从抗金前线回到都城建康，面见宋高宗。

在谈话间，高宗从容问道：“你最近得到好马了吗？”岳飞早就想向高宗阐述自己的一些看法，只是没有机会，如今听到高宗发问，正中下怀，于是滔滔不绝地谈起来：“臣以前倒是有两匹好马，每天能吃料豆数斗，饮泉一斛，食量比一般的马要大几倍。而且，对食物很挑剔，稍微不洁净就不吃。这两匹马虽说消耗多，但是本事远远高于常马。我从早晨策马出发，那马跑的倒不算怎么快，但是速度越来越快，等到跑上百八十里，那就如同腾云驾雾，风驰电掣般地迅跑，即使到了中午，那马仍有后劲，自中午至酉时（约下午6点），仍能跑二百里。到达目的地后，卸下鞍甲，这两匹马不喘息，连汗都不出，这样的良马是致远之材，真可托以重任啊！”

岳飞讲的是自己心爱的马，但是高宗听得明白，岳飞的话寓意精深，他赞许地点了点头。

岳飞接着说下去：“非常不幸，我的这两匹马先后都死了。目前我所乘的这匹马，倒是好侍候，给什么草料都吃，脏水也能喝。待它跑起来，开始逞能，还没有等我坐稳，便迅跑起来，但是没跑上百里就没劲了，又喘大气又出汗。这种劣马，消耗是少，容易满足，但是爱逞能，没后劲，真是个驽钝之材啊！”

言者有心，听者留意。岳飞借物喻人，启发高宗顺着他的思想联想下去，逻辑推理使高宗悟出这哪里是论马，分明是在说人才，在讽劝高宗爱惜和珍视人才。培养和使用一个将才，需要花费巨大，要给他创造更优越的物质条件，这是由于他所做的贡献比常人大得多。这其中既隐喻着深邃的哲理，也隐喻着对高宗的忠告和批评，高宗当然会欣然接受。于是，高宗连连夸赞说：“你讲得好极了，此所谓‘正取而大受也’。”

拐弯抹角地说

根据不同的对象和语境，有时说服需要一针见血，有时则需要拐弯抹角。拐弯抹角就是通过转换角度，或者借助其他中介来说服对方的方法。

拐弯抹角能激起人思想上的波澜，让人在思索中明白事理，说服力更强。

运用拐弯抹角的方法有几个特点：

（1）需要借助中介，如一个故事、一则寓言等等，就事论理。

（2）巧妙利用时机，不以专门劝谏者的身份出现，以免造成对立局势。

（3）变换角度提出劝谏，在另外的事情上做文章，其中的隐义由对方自己悟出，使其在自我启发中认识错误，这样既免除了对方心理和面子上的顾虑，又便于改正错误和接受意见。

（4）能起着忠言未必逆耳的最佳效果，大大增强了说服力。

请看以下事例：

《战国策》里记有这样一则“南辕北辙”的故事：从前魏王欲攻打赵都邯郸，谋臣季梁知道此事，忙从旅途返回，求见魏王。他对魏王说：“我在返回的途中遇到一个男子，正赶着车向北走，却告诉我他要去楚国。我提醒他，‘若要去楚国往南走才对’，可那男子说：‘我的马是日行千里的好马。’我说：‘马是好马，可是你却弄错了方向。’那男子又说：‘我带够了旅费。’我说：‘你的旅费够了，但你的方向走反了。’可那男子又说：‘我的御夫技术高超！’诚然他具备了所有条件，可他却犯了方向性的错误。楚在南，他却向北，因此，他的条件越好，离楚国的距离就越远。大王，您身为一方霸者，刚刚获得天下的钦佩，却想仗着国富兵强而攻打赵国，你的目的是扩大领土，远播威名。但赵国并非弱小，若进攻不利，反而削弱魏国，可能从此离霸业日远矣。这不就和那个欲去楚国，却偏偏向北走的男子一样吗？”魏王听过故事后，若有所悟，改变了原来的主意。

这里，季梁借用一个成语故事劝谏魏王不要进攻楚国，并指出进攻的结果有害无利，魏王接受了他的劝谏。

调节说服气氛

我们在日常工作中，经常面对意见分歧，经常遇到与自己想法不同的人。怀有分歧、心存反对的人无非就是在方向选择和对利益的认识上有所不同。尽管分歧乃至对立会使人们的关系变得紧张，但黄金准则在这时能帮上忙。就是，你希望别人如何对待一个持不同意见的你，你就应该如何去对待那些持不同意见的别人。

就此而言，当你不同意他人的观点和看法时，或面对那些与你存在分歧甚至对立的人时，站起来与他针锋相对地争论一番并非上策。在日常生活中我们经常看到，即使是那些无关痛痒的事，如果较起真儿来，都会导致针锋相对的激烈场面。在争论中每一方都试图压倒对方，但这并不能解决任何问题，相反却会伤了彼此的和气，严重的还会破坏彼此的关系。

当我们面对与自己意见相左的人时，一种自然的心理反应就是试图通过争论赢得对方。之所以会有这种反应，是因为面对这种不同意见，自己感觉受到了一种威胁与伤害，自尊乃至尊严也被冒犯。我们会变得激动、声高、言辞偏激、好斗、尖刻。如果将这种情绪化的反应扔给对方且对方也“不吃素”，一报还一报，一场恶战势不可免。如果你不愿看到这种火药味十足的激烈场面，那么还是不要挑起异常争论为好。

在说服对方时，调节谈话的气氛很重要。如果你和颜悦色地用提问的方式代替命令，并给人以维护自尊和荣誉的机会，气氛就是友好而和谐的，说服也就容易成功；反之，在说服时不尊重他人，拿出一副盛气凌人的架势，那么说服多半是要失败的。毕竟人都是有自尊心的，就连三岁孩童也有他们的自尊心，谁都不希望自己被他人说服或支配。

“希望”是一个人迈向前程的原动力。有了希望，人生才有目标，才有方向；生命才有意义，才有价值。一个人要是心中没有“希望”，那么他的人生就如同一匹没有缰绳的野马，没有舵手的船只，终日东奔西荡，不知何处才是终点。

因此，在日常生活中，倘若遇到某人对人生毫无“希望”，对前途没有“目的”，周围的人都会尽力协助他、辅导他，使他能以积极的态度走向前程，面对人生。在这种情况下，我们的言辞应是以鼓励、积极、亲切的态度与人交谈，要尽量避免使用叫人丧失“希望”的言辞。

平日里，我们与他人交谈时都是非常有礼貌的，也会以和善的言辞彼此交往。但是，一旦话题涉及个人利益时，每个人的反应也许就有所改变了。尤其是在拒绝别人的要求时，所说的话不是太过急切，就是太过严厉，而使听者无法接受。由此可见，我们在说话时，只要能够不武断、不严厉，不论是安慰别人或是拒绝别人，都可使对方不灰心、不沮丧。因为我们认为“下一次便会更好”，因为我们把“希望”寄托于未来。

每个人并非做每件事都是合理的，有时做出错误的决定，但是只要我们能平静下来反省自己，相信生活的希望是很大的。

不过，也有许多人缺乏这种自我反省和自我控制的能力。他们往往因为做错了一件事，受了一次打击，就手足无措，莫名其妙地把生活弄得一团糟。而对于一切的经过与发展，竟找不出真正的原因。而我们要说服这种人，单是真诚和机智还是不够，我们还要对他们无比的体贴。我们不能和这种人直截了当地讲道理，而要和他们委婉曲折地谈心。我们不只留心他正式发表的意见，还要留心他无意流露出来的感想。

第6章

真心诚意，打开他人的心门

真诚的说话不应是一种技巧，而应是人在社会上的立身之本。在这种本位下，说出的每句话都是闪烁着朴实有光泽的，易于被人接受，而且是一种最值得信赖的交流方式。

在我们与人交谈时，必须秉持着一颗“至诚的心”，不要流于巧言令色、油嘴滑舌之辈，并根据时间、场所和对象的不同，而将自己最好的一面通过“说话”表达出来，如此才能建立良好的人际关系，使自己融入群体之中。

真诚能得到别人的信任

真诚是做人的基本品质，是人与人之间相互信赖和友好交往的基石。每个人都喜欢和诚实正派的人打交道。因为这样有安全感，不会有疑神疑鬼的表现。

为人真诚表现在与人交往中，就是以诚相待，说实话，办实事，做老实人，以心换心，不虚情假意、耍小聪明。

说话真诚的人，能得到别人的信任。北宋词人晏殊素以说话真诚著称。他14岁时参加殿试，真宗出了一道题让他做，晏殊看过试题后说："我10天以前做过这个题目，草稿还在，请陛下另外出个题目吧。"真宗见晏殊这样真诚，感到他可信，便赐他"同进士出身"。晏殊在史馆任职期间，每逢假日，京城的大小官员常到外面吃喝玩乐。晏殊因为家贫，没有钱出去，只好在家里和兄弟们读书写文章。有一天，真宗点名要晏殊担任辅佐太子的东宫官，许多大臣不解。真宗对此解释说："近来群臣经常游玩饮宴，只有晏殊和兄弟们闭门读书，如此自重谨慎，正是东宫合适的人选。"晏殊向真宗谢恩后说："我也是个喜欢游玩饮宴的人，只是家里穷而已，如果我有钱，也早就参与宴游了。"真宗听了，越发赞叹他的真诚，对他更加信任。

真诚，不论对说话者还是对听话者来说都非常重要。若不真诚待人，等于欺人、愚人，若轻信他人不实之词，可能会耽误大事，造成不良后果。

美国总统林肯非常注意培养自己说话的真诚情感。林肯说过："一滴蜂蜜比一加仑的胆汁能吸引更多的苍蝇。人也是如此，如果你想赢得人心，首先让他相信你是最真诚的朋友。那样，就像有一滴蜂蜜吸引住他的心，也就是一条坦然大道，通往他的理性彼岸。"1858年，林肯在一次竞选辩论中说："你能在所有的时候欺瞒某些人，也能在某些时候欺瞒所有的人，但不能在所有的时候欺瞒所有的人。"这句著名的格言，成了林肯的座右铭。

拳王阿里由于年轻时不善言辞以致影响了他的知名度。有一次，阿里参赛时膝盖受伤，观众大失所望。当时他没有拖延时间，立即要求停止比赛。阿里说:“膝盖的伤还不至于到不能比赛的程度，但为了不影响观众看比赛的兴致，我请求停赛。”在这之前，阿里并不是一个很得人缘的人，却由于他对这件事的诚恳解释，使大家对他有了极佳的印象。他为了顾全大局而请求停赛的确是替观众着想，由此而深深地感动了大家。

成功人士的说话技巧表现在打动人心上，阿里以一句发自内心的真诚之语挽回了观众对自己的不良印象，真是一字千金，一鸣惊人。

《礼记·大学》中说:“诚真意者，毋自欺也。”就是说，要做一个真心实意的人，不要自欺。爱玩弄诈术的人，虽然能欺瞒别人一时，也能获得一些利益。但是，久而久之，就会失去别人对自己的信任，最终不但不能获利，反而损失更大。因此，只要真心待人，人必会以真心回报；以欺诈待人，人必会以欺诈治其身。这是人际关系中的一条准则。

一个人一生的成败，跟他的处世方法和说话方式有很大关系，只要你会说话，并将说话与处世的方法有机地结合在一起，就能建立好人缘关系，你的人生就是彩色的。

真诚的话最感人

说话，是一个传递信息的过程。因此，提高自己的说话自信心，增强自己的说话魅力，不全在于说话者本人能否准确、流畅地表达自己的思想，还在于你所表达的思想、信息能否为听众所接受并产生共鸣。也就是说，要把话说好，关键在于说的话能否打动听者的心弦。

由于说话态度不同，语言既可以成为建立和谐人际关系的强有力的工具，也可以成为刺伤别人的利刃。

语言可以表现出一个人的人格。即使是语言比较笨拙的人，只要具有发自内心关怀对方的心情，其心情就能在话语间充分流露出来。相反，如果没有发自内心关怀的心情，即使用再多华丽的语言，也会被对方看穿。所以满怀真诚是最重要的。

真诚的话是朴实无华的，也是最感人的。有家电视台播放过这样一个节目，中国女足在世界杯足球赛上获得了较好名次后，有记者向运动员提问:“你们得了亚军之后，当时的心情如何？你们是怎么想的?”一位女足运动员不假思索地回答:“我想最好能睡三天觉!”这样的回答真有点出人意料，但它质朴，没有任何修饰成分，全场顿时爆发出一片赞许的笑声和掌声。如果这位运动员“谦虚”一番，讲一通“我们还有很多不足”之类的话，似乎并不能产生如此强烈的反响。

1991年11月，中国电影的最高奖“金鸡奖”与“百花奖”在北京同时揭晓。著名演员李雪健因主演《焦裕禄》的男主角，而同获这两项的“最佳男主角”大奖。李雪健在获奖后致答谢词时说:“苦和累都让一个好人——焦裕禄受了；名和利都让一个傻小子——李雪健得了。”他话音刚落，全场掌声雷动。李雪健这里虽然只说了不到30个字的获奖感言，却非常具有感染力，言语中既歌颂了焦裕禄的高尚品质，又体现了自己谦虚的心怀，纯朴实在，给人留下深刻的印象。

生活中，有的人长篇大论或慷慨激昂，可就是打不起听者的精神；而有的人虽寥寥数语，却掷地有声，产生魔力。何故？因为后者了解人们的自尊心，能设身处地地站在对方的立场上，以对方的眼光来观察问题。因此，他们的谈话充满真诚，很能打动人心。

1952年，美国前总统尼克松曾在政治上出现严重的危机，当年他是年轻的参议员，艾森豪威尔将他作为竞选伙伴。当他为竞选奔忙时，《纽约时报》却抛出抨击他在竞选中秘密受贿的文章。新闻飞遍全国，顿时舆论哗然，压力越来越大。使他化险为夷的奇迹，是他做了一次震撼美国的演说。

尼克松被迫在电台发表“半小时”讲话。全国电台将各种镜头、话筒都对准了尼克松。当尼克松在电视屏幕上出现时，整个美国都安静下来了。他采取了一个罕见的行动，把自己的财务史全部公开。从自己的家产，一直谈到他的欠债。这样，尼克松首先得到了听众的同情。紧接着，他详细说明了自己的经济收入情况，连如何花掉每一分钱都告诉听众。他还告诉大家，“这次竞选提名之后，确实收到一件礼物，这就是得克萨斯州有人送给我孩子的一只小狗。”当他讲完时，到处都响彻欢呼声。有 100 万人打电话、电报或寄出信件，从邮局汇来的小额捐款达 6 万美元，全国听、看这次演讲的听众和观众竟达 6000 万人。演讲使事实得以澄清，还得到了大批的同情者。

尼克松的演说，就是以真诚和朴实赢得了大众之心。

说话贵在以心换心

说话贵在以心换心，坦白、真诚。当对方心存疑虑之时，以肝胆相照的坦率言辞能促使对方畅所欲言。成功人士大多性格豁达，语气率直，表现出坦诚的性格和品质。项羽的“力拔山兮气盖世”、刘邦的“大风起兮云飞扬”等等，都显示了粗犷坦率的语言风格。

1940 年秋的一天，在海安韩府的客厅里，爱国老人韩紫石接待了新四军司令员陈毅。当时，江苏省政府主席兼苏鲁战区司令韩德勤正在制造摩擦，不断向新四军挑衅。韩紫石老人对党的统一战线政策，对新四军能否不计前嫌，与国民党真诚合作，共同抗日，尚存怀疑。谈笑间，他念出一个上联试探陈毅：“陈韩陈韩，分两层（陈）含（韩）二心。”陈毅仰天大笑，朗声答道：“谁说我们分两层含二心？我陈毅不仅对你韩紫石大人是一层一心，对他韩德勤那个韩也是一层一心。”接着，陈毅随口对出下联：“国共国共，同一国共一天。”韩紫石老人听罢，心头暗喜，对陈毅的坦率心胸和雄才大略深为敬佩，当即书赠对联一副：“注述六家胸有甲，立功万里胆包身。”韩紫石老人后来为抗日做了许多工作。

英国作家哈尔顿，他为编写一本《英国科学家的性格和修养》的书，采访了达尔文。由于达尔文的坦率尽人皆知，哈尔顿便不客气地直接问达尔文："您主要的缺点是什么？"达尔文回答："不懂数学和新的语言，缺乏观察力，不善于合乎逻辑地思维。"哈尔顿又问："您的治学态度是什么？"达尔文又答："很用功，但没有掌握学习方法。"听了这些直接的回答，谁能不为达尔文的坦率鼓掌呢？按理，像达尔文这样的大科学家，完全可以不痛不痒地说几句话，或为自己的声望再添几圈光环。但达尔文却能做到一是一，二是二，把自己的缺点毫不掩饰地袒露在人们面前，这种说话技巧，换来的是别人真挚的信赖和尊敬。

为人真诚，还表现在要诚实地待人，当对方真诚地与你交往，关心你，爱护你的时候，要以同样的真诚，甚至更多的真诚去回报对方。在他人取得成功时，真诚地送上几句祝福，表示祝贺，在需要他人帮助时，真心地附上你的微笑，对方会更乐于答应你的请求。与人交往只要我们是在用心、用真诚对待别人是会得到相应的回报的。滴水之恩，当以涌泉相报，这样将心比心，相互之间的情谊才会根深蒂固。

真诚坦率感染人心

说话遮遮掩掩、吞吞吐吐，想说又不痛快地说出来，这不是成功人士的做派。想说就说、干脆利落、洒脱旷达、直抒胸臆，充分显示出成功人士的潇洒。

抗战期间，著名作家张恨水在成都大学演讲时说的一段话，体现了他爽快的性格。张恨水说："今天，我这个'鸳鸯蝴蝶派'作家到大学区来演讲，感到很荣幸！我取名'恨水'不是什么情场失意，我取名'恨水'是因为我喜欢南唐后主李煜的一首词《相见欢》：'桃花谢了春红，太匆匆，无奈朝来寒雨晚来风。胭脂泪，相留醉，几时重？自是人生长恨水长东！'我喜欢这首词里有'恨水'二字，我就用它作笔名了。"真是快人快语，把自己的文学流派、性格爱好统统“自报家门”，毫不相瞒。这样的说话显得真诚坦率，听众无不深受感染。

在许多交际场合，人们听惯了不想听的话，但又不能不听，不能不说。因为这些话都徒有形式，没有内容，缺乏感情，听得人心烦却又不能不应付。面对大家都在寒暄，都在客套，都在有口无心的时候，如果能别开生面，表达真情，便能打动人心。

口才好的人与人交谈，一句话就抓住了对方的目光，让对方愿意听乐意说，或者一下子就征服对方，使其产生特别的好感。与人交谈，有时可能“话不投机半句多”；而如果说话投缘，就会“言逢知己千句少”，给交际架起绚丽的彩桥。那么，与人交谈时，如何才能把话说到别人心坎上去呢？选择好话题和真诚是最起码也是最重要的两个方面。

人与人交谈，贵在真诚。只要你与人交流时能捧出一颗恳切至诚的心，一颗火热滚烫的心，怎能不让人感动？怎能不动人心弦？白居易曾说过：“动人心者莫先乎于情。”炽热真诚的情感能使“快者掀髯，愤者扼腕，悲者掩泣，羡者色飞”。

只有用一颗真诚的心与人交往，才能换来彼此的心灵相通，驱除人为的隔膜，坦诚以待。真诚是一笔宝贵的财富，拥有这笔财富的人将是这个世界上活得最自在的人，同样，语言的魅力源于真诚。

说话不是敲击锣鼓，而是敲击人们的“心铃”。“心铃”是最精密的乐器。因此，成功的人总是能用真挚的情感、竭诚的态度击响人们的“心铃”，并刺激之、感化之、振奋之、激励之、慰藉之。对真善美，热情讴歌；对假恶丑，无情鞭挞。让喜怒哀乐，溢于言表；使黑白贬褒，泾渭分明。用自己的心弦去弹拨他人之心弦，用自己的灵魂去感染他人的灵魂，使听者闻其言，知其声，见其心。

由此可见，真诚的语言，不论对说者还是对听者来说都至关重要。说话的魅力，不在于说得多么流畅，多么滔滔不绝，而在于是否善于表达真诚。最能赢得人心的人，不见得一定是口若悬河的人，而是善于表达自己真诚情感的人。

如果一个人能用得体的语言表达他的真诚，他就很容易赢得对方的信任，与对方建立起信赖关系，对方也可能因此而喜欢他说的话，并因此答应他提出的要求。能够打动人心的话语，才可称得上是“金口玉言”、“一字千金”。

说话是一个传递信息的过程，所以要提高自己的说话水平，增强自己的语言魅力，并不完全在于说话者本人能否准确、流畅地表达自己的思想，还在于他所表达的思想、信息能否为听众所接受并产生共鸣。也就是说，要将话说好，关键还在于如何拨动听者的心弦。

心理学家认为，人与人之间存在“互酬互动效应”，即你如果真诚对别人，别人也会以同样的方式给予回报。道声“谢谢”，看似平常，可它却能引起人际关系的良性互动，成为交际成功的促进剂。

在生活中，有些人长篇大论甚至慷慨陈词，可就是难以提起听者的精神；而有些人仅仅寥寥数语，却掷地有声，产生吸引人的魔力。这是为什么呢？

很简单，后者能了解人们的内心需要，能设身处地地站在对方的立场，为对方着想。因此他们的话总是充满真诚，也更容易打动人心。

沟通是我们生活的主要部分。而说话又是我们沟通的一种重要途径。说话是一个传递信息的过程。因此，在说话时，要努力提高自己的说话水平，增添自己的说话魅力，将话说好，使自己的语言能够打动听者的心弦。

统计数据表明，我们大多数人每天花费50%—75%的时间，以书面形式、面对面的形式或打电话的形式进行沟通交流。而在交流中80%是以语言即说的形式进行的，那么说什么以及怎样说便成为我们成功沟通的关键。

情深，才可惊心动魄。语言真诚，即使几句简单的话，也能引起听众的强烈共鸣。学会用真诚打动听众的心，可以帮助人们在交往中捕获人心。

一个人种下什么，就会收获什么。种下欺骗，收获的就不会是真诚；而种下真诚，收获的也一定是真诚。要想打动人心，就必须学会真诚，用简单的话语表达出我们内心的诚意。

因此，话不在多，而在于分量。只有掌握了说话的技巧，即使寥寥数语也可以打动人心。

诚实就像树木的根

说真话，讲实话，是表达感情的前提，是语言成功的条件。

在日常生活中可以说没有人不愿被人真诚相待，可是又有几人能真诚待人?或许我们都曾经体验和看到很多被人欺骗的例子，便条件反射般地把真诚隐藏起来。但如果你尝试着真诚待人你会发现，你付出了真诚，你得到的真诚远比欺骗多得多。你会发现，以真诚体验真情原来并不困难。

日本著名的推销员原一平说过:“做人做生意都一样，第一要诀是诚实。诚实就像树木的根，如果没有根，那么树木也就没有生命了。”原一平自身的成功也证明了这一点。原一平年轻时曾在一家机器公司当推销员。有一次他在半个月内就和30位顾客做成了生意。不久，他却发现他现在所卖的这种机器比别家公司所生产的同样性能的机器价钱要贵。他想：如果客户知道了一定以为我在欺骗他们，会对我的信用产生怀疑。为了妥善解决问题，原一平便带着合约书和订单，逐户拜访客户，如实向客户说明情况，并请客户重新考虑选择。这种诚实的做法使每个客户都深受感动。结果，30人中没有一个解除合约，反而成了更加忠实的消费者。

做生意的规律是，只要你的一个产品有问题，你的全部产品就都会受到怀疑。说话也是如此，只要你十句话中有一句是谎言，你的全部话语就都会受到质疑。以诚感人，要求诚与情密切配合。说话要使人动情，唤起人们的真情。

朋友之间不要说假话

行经万里身犹健，历尽千艰胆未寒。可有尘瑕须拂拭，敞开心扉给人看。要想得到知心的朋友，首先应敞开自己的胸怀。要讲真话、实话，不吞吞吐吐、遮遮掩掩，以坦率来换得朋友的真诚和信任。

朋友之间交往，应敢于说真话，朋友才能为你的诚实所感动，从心灵深处喜欢你，回报给你的也将是他的真话、实话。

人们历来都主张知人而交，对自己不是很了解的人应有所戒备，对已经基本了解、可以信赖的朋友，应该多一些信任，少一些猜疑；多一些真诚，少一些戒备。对可以信赖的人，真真假假，含含糊糊，是不明智之举。我国著名的翻译家傅雷先生说："一个人只要真诚，总能打动人的，即使人家一时不了解，日后便会了解的。"又说："我一生做事，总是第一坦白，第二坦白，第三还是坦白。绕圈子，躲躲闪闪，反易叫人疑心。耍手段，倒不如光明正大，实话实说。只要态度诚恳、谦卑、恭敬，无论如何人家不会对你怎么的。"

说真话，要坦荡无私，光明正大。一旦发现对方有缺点和错误，特别是和他的事业关系密切的缺点和错误，要及时地指出，督促他立即改正。虽然人总是不喜欢被批评，但意识到批评者确实是为自己着想时，便能理解接受，使彼此的心灵得到沟通，友情得到发展。

重在言而有信

人与人之间的交往既需要诚实，更需要言而有信，言行一致。中国古语有云，君子“一言既出，驷马难追”，这也说明了同样一个道理，且至今仍被我们引为行动的基本准则。

语言是人与人之间的重要交际媒介。如果我们在与他人的交际中言而有信，即使把握不了很高超的语言技巧，也能够通过一番努力取得交际的成功；如果我们在交际中失信于人，即使我们有如簧的巧舌，也无从取悦于人。所以，在今天的现实生活中，很需要我们言而有信，切不可以能言而不能行。

我们交际的一个重要目的是为了准确地表达出自己的思想、感情、意图等。因而，当我们对人说“明天中午我请你吃饭”时，决不可把它当作交际应酬之辞一说了之，更不可拿此类约言来敷衍他人。如果我们对朋友说“这件事我绝对帮你办了”，那么我们就要尽最大的努力帮他办好；如果我们没有把握，就最好不要给人以绝对的答复。“我实在无能为力办好此事”、“我试试看吧”和“我绝对可以替你办到”，三种表达方式体现了三种不同程度的意义，这就需要我们视自己的实际能力而选择应该说哪句话。如果我们明显有能力帮忙办到而不积极为他人提供帮助，固然不可取，但如果我们无视自己的实际能力，轻易答应别人而又轻易失信于人，那么，即使我们不是存心骗人，也会引起误会，甚至会伤害他人的感情。

如果我们答应了别人的事，就要扎实履行，若万一因为不得已的原因而无法做到时，我们应该及时通知他人，并诚恳地表达自己的歉意，来尽可能地予以补救。我们无论替人办事，承诺事情，还人钱财，借给他人东西等，都不可因自己的临时失约而令对方措手不及。同时，我们也不可在自己失约之后还为自己做种种辩护，即使在极不得已的情况下失约了，也应该坦白地承认自己的过失和诚恳地向人道歉。失约而又事后据“理”辩解，以求证明自己毫无过失，无论“理由”多么充分，都很难博得他人的同情。另外，我们虽然偶尔能通过诚恳地向他人表示歉意来补救自己的过失，但切不可以此为借口或以此为手段来频频失信于人。否则，我们就会成为不受欢迎的人。

诚实，这是任何时代、任何社会都崇尚的美德。言而有信，不失信于人，这是一个诚实者的最主要的表现之一。因此，我们大家都要像珍惜自己的眼睛一样珍惜自己的诺言。只有做到这样，我们才能博取他人的信任，才能获得交际的成功。

找到打开心锁的钥匙

有时候，在与人交往中，我们想与某些人沟通，而对方却与任何人都格格不入。他的思想显得乖僻，他表情呆板，情绪非常不好，拒绝与外界的任何交流，任何人都无法访问他的心灵世界，不知他在想些什么。因此在交往上发生了困难以至于失败。

在现实生活中，有很多原因都会产生这种沟通障碍的现象。当一个人遇到重大的不快事件时，或受到外界强大的不良刺激时都会产生，比如遭遇爱情、亲情、友情的失落，比如在工作、事业上碰到挫折等等。即便这个人曾经与你沟通得十分融洽，曾经给你留下不少好印象，但是现在不同了，变得难说话、难沟通了。

对于这种情况出现的沟通障碍，就不应当轻言放弃。只要找到你与他之间的许多共同点，就具备了沟通的条件。像这种暂时性的沟通障碍是常见的，需要一定的坚持和努力，并且把握一定的技巧。只要你走进他的心灵，找到了开启他心锁的那把钥匙，那么，很多问题都会迎刃而解的。

在社交中，沟通本身不是件容易的事情，尤其在企业或者公司里，大家来自五湖四海，沟通是件十分复杂的事情。应该正视沟通暂时性障碍的客观性，并且不轻易被这种沟通障碍难倒而放弃。我们需要找到一些打通沟通死结的技巧，同时还需要一种持之以恒的韧性与耐心去解开沟通的障碍。面对种种暂时性的沟通失败，关键问题就要看你如何找到打开这个“自闭者”心锁的那把钥匙了。

你希望沟通的那个人，也许是公司里的老板或经理，也许是一名同事、员工，你虽然希望与他交流沟通，坦率畅谈一番，可他的心偏偏像上锁了似的，无法深入的用心交流。你心猿意马，也会觉得这种勉为其难的对话累，乃至失望，只好算了吧，“你走你的阳关道，我走我的独木桥”，反正彼此河水不犯井水，沟通不成就不沟通了。

虽然这样的想法合乎一个人的一般心理，却也是不可取的，因为你们本身就属于同一个企业、同一个公司，那么就有着许多共同点，一个人的心理状态、精神追求、生活爱好等，都或多或少地要在他们的表情、服饰、谈吐、举止等方面有所表现，只要你善于观察，就会发现你们的共同点。对方只要是与你具有很多共同点的人，你都不应该有这样消极的念头产生，轻易放弃沟通的努力。

对于不同的人，我们要善于根据实际情况找到他具体个性的那块心病，从而才可以配上适合的钥匙，最后去打开他的心锁。

要找到打开某人心锁的钥匙，是一个需要细心洞察、耐心寻找的发现过程，需要“由表及里”，根据一些现象逐步深入分析，最后找到病灶；也需要“因小见大”，通过此人一些细微的言谈举止，去顺藤摸瓜，最后发现背后隐藏的那个“根”。

尽管形形色色的人有着各自不同的心锁，需要配之以不同的钥匙，但纵观各种死结、心锁、疙瘩……我们还是有一定规律可循的。

第一，人都具备一种“自私”的本能，所以人的沟通欲望都往往是为了自己的一些利益而产生。在交友做生意的过程中，如果让对方知道你和他有着共同的利益，双方必须结成利益同盟，才能取得共同的利益，事情也就好办多了。双方在沟通与合作上，只要让对方感觉到你与他有相同的利益关系，往往可以迅速地拉近彼此间的距离，使对方努力去做。这一技巧如果应用得好，往往会获得意想不到的好效果。如果为了别人的需要，有时能主动地牺牲个人利益，这样的人就会受到别人的欢迎和爱护。

第二，人都是一种具有情商的感情动物，要想打动对方的心，首先要做到态度热情，用真诚的语言交流，以消除对方的戒备心理。况且，沟通的实质首先是以感情来交流，而不是以思想观点来沟通的。感情是人人都懂都相近的，思想则有博学与无知之分，且千差万别。所以，切莫把沟通完全寄托在知识上和思想上以及说教上，而要多一点人情味，走人性化道路的沟通一定会容易得多。

第三，人都普遍具有一种喜新的心理，喜欢新鲜的东西。相应的，沟通的手段、方式不要一成不变，那样往往使人厌倦。

当能够学会“具体问题，具体分析”，且掌握了上述人的“三大基本特征”之后，就会知道别人最在意的是利益、感情、新鲜，而非理论、大道理。那么，对方的意愿就会在你的掌握之中。当遇到某人很难沟通时，你就很容易找到打开他心锁的那把钥匙，而且可以反复用“这把钥匙”去打开他的某些心锁。

人与人的交往，贵在“交心”，只有心与心的交往才能产生共鸣。“交心”意味着尊重和理解对方的真实感受与需要。如果他害怕孤独，你就给他慰藉；如果他有所畏惧，你就给他安全感；如果他希望安静，你就让他独自待着等等；必要时，用言行轻轻地拨动他内心深处的那根弦，观察到他的心理状态和情绪反应，你就能轻松地软化他，他的一切防御都将被轻轻地瓦解。

第7章

以情动人，让人内心感动

感情是联系说者和听者心灵的纽带。说话是把自己丰富而真实的感情表达出来，能产生巨大的影响，能产生震撼人心的力量，能唤起别人的热情，能使听众受到感染产生共鸣。“热情是每个艺术家的秘诀，这如同英雄有本领一样是不能拿假武器去冒险的。”说话，情不深则无以感动心灵。

推心置腹与人交谈

白居易说:“动人心者莫先乎情。”炽热的情感使“快者掀髯，愤者扼腕，悲者掩泣，羡者色飞”。

讲话华而不实，只追求外表漂亮，开出的只是无果之花。若缺乏真挚而热烈的情感，只是用“人工合成”的感情，虽然能欺骗别人的耳朵，却永远骗取不到别人的心。因为心弦是不会随随便便让人拨动的。著名的演说家李燕杰说:“在演说和一切艺术活动中，唯有真情，才能使人怒；唯有真情，才能使人怜；唯有真情，才能使人信服。”若要使人动心，必先使自己动情。第二次世界大战期间，英国首相丘吉尔对秘书口授反击法西斯战争动员的讲话稿时，“像小孩一样，哭得涕泪横流”。他后来的发言动人心魄，极大地鼓舞了英国人民的斗志。

真情实感是成功说话的第一乐章。曾经打败过拿破仑的库图佐夫，在给叶卡捷琳娜公主的信中说：您问我靠什么魅力凝聚着社交界如云的朋友？我的回答是:“真实、真情和真诚。”真实、真情和真诚的态度是成功人士的说话妙诀。

与人交谈，贵在推心置腹。有诗云:“功成理定何神速，速在推心置人腹。”坦然缘于真诚，说话贵在坦诚。只要你捧出一颗恳切至诚之心，一颗火热滚烫之心，怎能不使人感动？怎能不动人心弦？

说话不是敲击铜铃，而是敲击人们的“心铃”。“心铃”是最精密的乐器。因此，会说话的人总是用真挚的情感、竭诚的态度击响人们的“心铃”，刺激之、振奋之、感化之、慰藉之、激励之。对真善美，热情讴歌；对假丑恶，无情鞭挞。让喜怒哀乐，溢于言表；使黑白贬褒，泾渭分明。用自己的心去弹拨他人之心，用自己的灵魂去感染他人的灵魂，使听者闻其言，知其声，见其心。

《左传》中有“触龙说赵太后”的故事。赵太后刚掌管国政，秦国就加紧进攻赵国。赵求救于齐，齐王却要求用赵太后最小的儿子长安君作人质才肯出兵，赵太后决不答应。大臣们竭力劝谏，赵太后生气地说：有再说要长安君作人质的，我就啐他的脸。”大臣们因此都不敢再说这件事了，但左师触龙却不畏难。首先他委婉地说明，他是来看望太后的，让太后消了怒气。然后他表示对太后生活起居的关心，语气轻柔，娓娓动听，最终使太后神气缓和了。继之，触龙又引导太后说起儿女情长的话来，他说太后为燕后做了长期打算，而没有为长安君做长期打算，并举例说明无功而封以高官厚禄，只会给子女带来杀身之祸。长安君这次作人质正是为国立功的机会，今后在赵国就站得住脚了。左师触龙的这番话坦诚可信，用真挚情感将心比心，从而达到感情上的融洽，最终说服了太后，同意长安君到齐国作人质，从而解除了赵国的军事危机。

坦诚的说话技巧讨人喜欢，被人接纳。松下电器公司还是一家乡下小工厂时，作为公司领导，松下幸之助总是亲自出马推销产品。在碰到杀价高手时，他就坦诚地说：“我的工厂是家小工厂。炎炎夏天，工人在炽热的铁板上加工制作产品。大家汗流浃背，却努力工作，好不容易制出了产品，依照正常利润的计算方法，应当是每件×元承购。”对手一直盯着他的脸，听他叙述。听完之后，开怀大笑说：“卖方在讨价还价的时候，总会说出种种不同的话。但是你说的很不一样，句句都在情理之上。好吧，我就照你说的买下来好了。”

松下幸之助的成功，在于坦诚的说话态度。他的话充满情感，描绘了工人劳作的艰辛，创业的艰难，劳动的不易。语言朴素、形象、生动，语气真挚、自然，唤起了对方切肤之感和深切同情。正如对方所说的，松下幸之助的话“句句都在情理之上”，对方接受也在情理之中。

具有真情实感，能够平等待人，虚怀若谷，这样的人说的一字一句就如滋润万物的甘露，点点滴入听众的心田。

铁汉也有柔情

人是情感动物。杜甫在著名诗篇《蜀相》中写道：“出师未捷身先死，长使英雄泪满襟。无情未必真豪杰，弹泪未必不丈夫。”林肯出身于一个鞋匠家庭，而当时的美国社会非常看重门第。林肯竞选总统前夕，在参议院演说时，遭到了一个参议员的羞辱。那位参议员说："林肯先生，在你开始演讲之前，我希望你记住你是一个鞋匠的儿子。"林肯看看他，没有生气，没有愤怒，而是用略带伤感的语气深沉地说："我十分感谢你说的话，因为它使我想起我的父亲，他尽管已经去世了，但我会永远记住你的忠告，我知道我作总统无法像我父亲做鞋匠做得那么好。"听了林肯这一席话，参议院陷入一片沉默。过了一会儿，林肯又对刚才那个参议员说："据我所知，我的父亲以前也为你的家人做过鞋子，如果你的鞋子不合脚，我可以帮你改正它。虽然我不是伟大的鞋匠，但我从小就跟随父亲学到了做鞋子的技术。"说完这几句话后，林肯大声地对全体参议员说："对参议院的任何人都一样，如果你们穿的那双鞋是我父亲做的，而它们需要修理或改善，我一定尽可能帮忙。但是有一件事是可以肯定的，我无法像他那么伟大，他的手艺是无人能比的。"说到这里，林肯流下了眼泪，顿时，参议院所有的嘲笑都化成了真诚的掌声。后来，林肯如愿以偿地当上了美国总统。

作为一个出身低下的人，林肯没有任何后台可供依靠。他唯一的资本只有自己扭转不利局面的才华。正是一次伤感的话语，使他赢得了参议院所有参议员的尊重，抵达了生命的辉煌。林肯在关键时刻运用了他的眼泪，让人们看到了他的铁汉柔情。

情感充沛地说

在话语交际过程中，要使对方感受到情感的真实，说话人的话语一定要受到发自内心的充沛的情感支配。作家王潜先生论所谓"零度风格"时告诫我们："说话人装着对自己所说的话毫无情感，把自己隐藏在幕后，也不理睬听众是谁，不偏不倚，不痛不痒地背诵一些冷冰冰的条条儿，玩弄一些抽象概念，或是罗列一些干巴巴的事实，没有一丝丝的人情味，这只能是掠过空中的一种不明来历去向的声响，所谓‘耳边风’，怎能叫人发生兴趣，感动人，说服人呢?”有人说得好:“只有被感情支配的人最能使人相信他的情感是真实的，因为人们都具有同样的天然倾向，唯有最真实的生气或忧愁的人，才能激起人们的愤怒和忧郁。”

正当希腊面临马其顿王国的入侵，而又遭受亡国和失去自由的危机的时候，希腊著名演说家德摩斯梯尼曾经作过一次著名的演说，他的每一句话，每一个词语都充满着发自内心的极为丰富的爱国主义情感。他热情洋溢地说:“即使所有民族同意忍受奴役，就在那个时候，我们也应当为自由而战斗。”从这洋溢着爱国热情的词句中，人们看到了一颗真挚的拳拳之心，因而他的演讲激励了无数的希腊人从聆听演说的广场直接奔赴战场，都没有来得急向家人做一声道别。他的敌人，马其顿的国王腓力见到这篇演说词，也不由得感慨说:“如果我自己听过德摩斯梯尼的演说，连我也要投票赞成他当我的反对者领袖。”“感人心者，莫先乎情。”能让对手击节赞叹，这其中蕴含了多么真挚、奔涌的情感，这炙热的爱国主义情感从心底的火山喷发，产生了惊天动地的力量!

在话语交际过程中，要使对方感受到情感的真实，说话人的话语一定要受到发自内心的充沛情感的支配。

梁启超自谓“笔锋常带情感”，其实在他的言谈讲演中所带的情感不知还要强多少倍。清华学校有一次邀请梁启超做演讲，题目是《中国韵文里表现的情感》。他讲演到了高潮处，便成为表演了，手之舞之，足之蹈之，有时掩面，有时顿足，有时狂笑，有时叹息。当他讲到最喜爱的《桃花扇》中“高皇帝，在九天，不管……”那一段时，他悲从心中来，竟痛哭流涕而不能自已。掏巾拭泪时，台下听众也大多是泣下沾巾了。当他讲到杜甫诗中“剑外忽传收蓟北，初闻涕泪满衣裳”时，又真的在涕泪交流中张口大笑了。讲演完毕，梁启超已是大汗淋漓，状极畅快。

曾在《江城之夏》演说邀请赛中获一等奖的当代演说家张燕平的《陕北行》，情真意切，也同样具有催人泪下的力量。他讲述了当年一些出生入死的老红军战士，不讲资格，不论功劳，仍在这块贫瘠的土地上劳动，过着布衣粗食的生活故事。张燕平用热心讴歌了老一辈外表朴实无华，内心却十分高尚的“黄土的性格”，使台上台下发生了强烈的共鸣。鲁迅先生说：“只有真的声音，才能感动中国人和世界人；必须有真的声音，才能同世界人同在世界上生活。”

声情并茂地说

水面上没有波澜，固然平静，但也让人觉得它太呆板，太没有生气。我们的生活中若是缺少情感的作用，很难想象它将会是个什么样子，或许一切行为对我们将失去意义。

刘兰芳是我国著名的评书表演艺术家，拥有许多听众，她说的《岳飞传》一时间在全国反响巨大。她为什么说得那么好呢？这与她在书中贯注满腔激情分不开。许多说书的艺术家对岳飞风波亭受刑一段过程避而不讲。但是，刘兰芳却从这段“进入角色”，以此打动听众，在演说过程中，她大胆突破，对岳飞受刑进行了满含深情的渲染，充分展示了人物的高风亮节。当她说到岳飞不顾切肤之痛，在生命垂危之时，依然忧国忧民时，听众深为岳飞的英雄气概所感动，止不住热泪盈眶。

正是因为刘兰芳投入了感情，声情并茂，所以每次播讲时，都牵动了千千万万听众的心。一位听众在写给刘兰芳的信中说：“你讲的奸臣得势，忠良受害，真是太感人了。我想听又不敢听，但最后还是含着眼泪听完了。”这样的艺术效果是十分显著的。因为唯有真情，才能换得真情。

热忱的谈话者

热情的态度是做任何事的必要条件。任何人，只要具备了这个条件，都能获得成功。

从古到今，所有伟大的成就都可以称作是热情的胜利。缺少了热情，就无法成就任何事业，因为不管多么恐惧和艰难的挑战，都被热情赋予了一种新的含义。

热情具有非常大的感染力，你的热情能感染你的家人和朋友，没有人愿意跟一个整天都提不起精神的人打交道，没有哪一个领导愿意提升一个毫无热情的下属。热情是最好的“老师”，疯狂地干自己最想干的事，投入100%的热情，把工作当成一种娱乐，并享受在其中，这样的人在不知不觉中常常能取得惊人的成就。

列宁说:“一个鼓动家就是善于对群众讲话，善于用自己的热情之火激动群众，善于抓住突出的、说明问题的实质的人民演说家。”历代政治家、军事家、社会活动家都十分重视发挥自身的说话技巧。革命导师列宁不但是一位非凡的政治家、理论家，还是一位热忱的演说家。斯大林曾赞扬说，列宁说的话具有非凡的说服力，简短通俗的词句，没有半点矫揉造作的色彩，不玩半点令人目眩的手势，不用半句故意刺激听众的辞藻——所有这些，都使得列宁的演说比通常“国会”演说家高明得多。

和列宁一样，我国著名的革命家和军事家贺龙元帅也是一位热忱的谈话者。1940 年 7 月，贺龙在晋绥军区的党员训练班讲党课。讲课之前，指导员带人抬来一张旧木桌，一条木板凳子，桌子上放了两个粗瓷大碗和一双布鞋。这三样东西，一下子便吸引住了学员，大家不明白要干什么。贺龙笑眯眯地说:“我来讲第一课，党的群众路线，就是党和群众的关系喽!”然后他端起一个大碗问学员，里面的小米是做啥子用的，大家异口同声回答：“是做饭的”。又问哪来的，大家回答老百姓种的。贺龙由此继续延伸，讲吃小米容易，种小米难；又讲老百姓吃墨石，让部队吃小米；讲军民关系，讲群众路线；又批评了有的同志违反群众纪律的事，讲得大家心服口服，大家明白了搞不好群众关系就会挨饿、打败仗的道理。说着说着，贺龙又拿起另一个大碗，里面盛满了水，还有一条鱼。贺龙把鱼从碗里捞出来，不一会儿，鱼就不动了。贺龙趁机问，鱼为什么不动了，回答是离开了水。贺龙总结道，军队和群众，是鱼与水的关系，鱼离不开水，军队离开群众，一旦离开就不能生存。根据地的存在，人民军队的壮大，都是因为执行了党的路线，群众拥护的结果。

贺龙的课讲得具有真情实感，它不仅重点突出，层次清楚，而且把一个严肃的课题讲得浅显生动，通俗易懂。如果贺龙没有对人民群众的热爱之情，没有对人民子弟兵的热爱之心，不考虑学员的文化程度、理论水平、接受能力，就不可能讲出这些道理，就不可能对党的群众路线做到如此深刻的阐述。

温和甜美的语言让人愉悦

一句话能把人说笑，也能把人说跳。能把人说“笑”的语言，通常是温和甜美的。古往今来，“和气待人”、“和颜悦色”被视为一种美德。《礼记·仪礼·少礼》说:“言语之美，穆穆皇皇。”“穆穆”指“敬之和”；“皇皇”指“正之美”。《汉书·刘向传》说:“和气致祥，乖气致异。”温和表现为:“说话语气亲切、语调柔和，语言含蓄，措辞委婉，说理自然。”这种说法，易于使对方感到亲切、愉悦。

温和可以弘扬男性的文雅大度和女性的阴柔之美。尤其是在抒发情感时，因为温和地说话使用的是和声细气的音素，所以它具有一种迷人的魅力。由于语音学中音素、音位的原理和人们说话时用声用气的心理状态及规律的不同，和声细气，这种声和气宛如柔和的月光和涓涓的细流，由人的心底流出，轻松自然，和蔼亲切，不紧不慢，能给听者以舒适、安逸、细腻、亲密、友好、温馨的感觉。温和地说话的男人，为人必定厚道、宽容、襟怀开阔；温和地说话的女人，为人必定温柔、善良、善解人意。

林肯当选美国总统，他对政敌的态度引起了一位官员的不满。这位官员批评林肯不应该试图跟那些人做朋友，而应该消灭他们。“当他们变成我的朋友时，”林肯十分温和地说：“难道我不是在消灭我的敌人吗？”

在南北战争时期，林肯到前线去视察联邦军队的防线，陪同他去巡视的是副官霍尔姆斯上尉。林肯爬到战壕上面仔细观察敌军阵地，这时敌军突然射来一梭子弹，这可急坏了霍尔姆斯。他连忙抓住总统的手臂，把他拖下战壕，对他大声吼道：“快下来，这个蠢猪！”上尉自知失言而冒犯了总统，心中猜想肯定会受到纪律处分。但林肯却在分手时，温和地对他说道：“再见，霍尔姆斯上尉，我感谢你救了我，使我感到十分欣慰。”霍尔姆斯听了如释重负。

德国社会民主党议员菲立蒲在议会演讲中，受到其他党派的联合攻击，他也以温和的语言化解了危机。当时他们骂菲立蒲：“流氓，反动派的走狗，闭嘴，滚回去！”但是菲立蒲语气平和地回答说：“谢谢大家的指点，再过 30 分钟我就要走了。为了填肚子啊！”瞬间爆发出哄堂大笑，他也就顺利地完成了演讲。

和蔼亲切的说话态度最受欢迎

在我们日常交际场合，最受欢迎的是和蔼亲切的说话态度。美国最大的电话公司——贝尔电话公司，共有 25 万接线生。他们接线时态度和蔼，吐字清楚，语气亲切，个个都彬彬有礼。该公司从成立那天开始，就注意了电话上的语调问题。当时的接线生是十几岁、二十几岁的小伙子，说起话来粗声大气，令人受不了，后来把他们换了，改用年轻的姑娘们来担任接线员工作，并提出“带着微笑的声音去接电话”的要求，深受广大电话用户的欢迎。

“带着微笑的声音”谁都爱听，这是一种在交际场合最容易获得成功的语调。周总理十分擅长使用这种语调，美国前总统尼克松在其回忆录中写道：

在我们所有的会谈中，周总理总是镇定自若，与赫鲁晓夫的滑稽可笑和勃列日涅夫的矫揉造作恰成鲜明的对比。他从来不提高讲话的调门，不敲桌子，也不以中止谈判相威胁来迫使对方让步。1976 年我重访中国时，特意向周夫人谈到她的丈夫给我最突出的印象：他总是那样坚定不移而又彬彬有礼；他在成功把握较大的时候，说话的声音反而更加柔和了。周总理的沉着冷静，我认为主要归功于他所受的教育和他的经历，但也反映出他那伟大的人格。

中美双方的谈判是一场严峻的政治斗争，尚且可以用“不提高讲话的调门”的“柔和”声音来进行，那么，我们的日常交际活动何尝不能这样做呢？

我们已经知道，渴望与他人亲近、和谐相处的心理状态是人类最基本的需求，这种愿意和他人交往的本能就是亲和力。人类渴望相互亲近，建立友好的关系。

有亲和力，即某人对另外一人具有的友好表示，从心理学的角度看，它是指“在人与人相处时所表现的亲近行为的动力水平和能力”。

如果你对他人的态度一开始就表现出热情、可靠的亲和力，自然能够获得他人更多的认可，因为他们知道你是愿意接近他们的，他们也就自然愿意接近你。

第8章

动人谈吐，让情更深爱更浓

世间男女，都盼望自己的婚姻美满。一个婚姻美满的人要比一个独自生活的天才幸福多了。进入婚姻生活的男女，在漫长的婚姻过程中，应该善用爱情催化剂来加深夫妻之间的感情，进而达到相互理解、相互扶持、相互激励的目的。这样，才会为自己的婚姻开启一个良好的开端，才会增长婚姻保鲜期。成功的婚姻不仅使人感到莫大的幸福，更是一股无形的精神力量；同时也是一种很具体、很强大的助力，给人在家庭以外的各个方面以有力的支持，帮助人在事业上获取成功。

在谈情说爱中所需要的口才，要比平时精致细腻得多，但基本条件是一致的，仍然是需要以同情和了解作为谈话的基础。男女之间进行交际，对异性乱说话或说错话，不但会让双方产生误会，有时甚至会酿成大祸。

点缀爱情，离不开甜言蜜语

爱情是甜蜜的，甜蜜的爱情是用甜言蜜语浇灌出来的。如果说爱情是花园里最美丽的鲜花，那么恋爱中男女间的情话就是那朵鲜花上的晶莹的露珠。它从恋人的心灵深处流出，浸润着浓烈的恋情，在花前月下，在细雨黄昏里，悄然吐露着爱情的甜蜜和芬芳，给这个世界增添了诗情画意。在谈情说爱中所需要的口才，要比平时精致细腻得多，但基本条件是一致的，仍然需要以同情和了解作为谈话的基础。男女之间进行交际，切忌，对异性乱说话或说错话。

热恋时，“鲜花”、“咖啡”和“电影”，几乎所有工作之余的时光都被甜美、温馨的二人世界占满了。然而，随着步入婚姻殿堂，婚后许多实际的家庭生活琐碎问题开始一个个接踵而来，夫妻之间说甜言蜜语的机会也没有了。殊不知，甜言蜜语是生活中的催化剂，能够给生活带来温馨和愉悦。即使老夫老妻也要甜言蜜语。

一个婚姻美满的人要比一个独自生活的天才幸福得多。进入婚姻的男女，在漫长的婚姻过程中，女性应该善用爱情催化剂来加深自己和老公之间的感情，进而达到相互理解、相互扶持、相互激励的目的。这样才会为自己的婚姻开启一个良好的开端，才会增长婚姻的保鲜期。

调查表明，在现在这个信息高度发达的社会中，只有16%的夫妻在婚后每天都会进行情感交流，有41%的夫妻一周能够做到三次情感交流，还有22%的夫妻一周可以做到五次交流。另外，还有21%的夫妻一周只进行一次情感交流。

邻居家的老头和老太太一场大闹。原因是老头称老太太“这女人”。老太太:“我为你生了五个孩子，这么大年纪了你竟然说我是‘这女人’!”不过是简单的一句话，却闹得很不愉快。

女人的要求很简单，有时只需要一句赞美，一个轻吻，一个拥抱。女人是情感动物，请多关心她的内心，女人开心了，一个家也就其乐融融了。不管是男人还是女人，都喜欢听对方说的甜言蜜语。

俗话说:“良言一句三冬暖。”通常人们在婚前都会说些甜言蜜语，结婚后时间一长，也就不讲究这些了。其实，一家人，也需要尊重，也需要赞美，需要讲究语言艺术。在婚后，如果能恰当地称赞对方，婚姻会更幸福。

如果你是一个聪明的女人，就请不要吝啬你的赞美。男人为了事业，为了家庭长年打拼，再多的委屈和辛酸都埋在心底。当他拖着疲惫的身体回到家时，你如能真诚地对他说声:“老公，你辛苦了。”虽然是简单的一句话，但这会让他感到温暖和幸福，让他的疲劳消失。短短一句话，表达了你对他的理解和尊重，还有对他的深深爱意和浓浓情意。

当男人为心爱的女人做了一件自己认为很了不起且应该让女人感动的事情时，当然期待着能得到女人的肯定。这时女人如果能说一句:“亲爱的，你真的很有能力！我很感动!”男人一定会非常得意。

女人们要把自己甜言蜜语的功效发挥到最大值，嘴要到，心也要到。而事实上，老公就是世上离我们最近的那个男人，你和他共同面对人生的生老病死，共同体验生活的艰辛与甜蜜，夫妻之情，几乎就是我们生命的一部分。有这种心情垫底，你在夸赞老公的时候，你的美好感情和对老公的爱敬之心自然会溢于言表。语言的热度和感情的热度，就会在一种良好的循环中交替上升。

称赞老公，要能在平淡之中见深情，源源不断地向他传达你的欣赏和爱慕。至于他值得骄傲的具体之处，还需要我们去耐心发掘。男人必然有许多值得称赞的行为，只是被忽视罢了，这就要事事处处加以留心。这就要求我们对他的一切感兴趣，这是至关重要的，否则就失去了称赞的源泉。这样他每一次漂亮的举动，都能及时得到老婆的赞美，比如:“这事你想得真周到”、“你真厉害，这么繁杂的事都没出岔子”、“没有你，这件事情还真不好办”。这种指义明确的称赞，更容易使你的老公获得感情上的满足。

如果你们的生活中近日没有特别的事发生，称赞老公也是不能落下的功课。这时你不妨使用较笼统的称赞方式，如“我真高兴嫁给了你这样的男人，她们都羡慕我呢”，“家里有你，我什么都不用担心”，感情的火花，就这么激起来了。

没有任何一个丈夫，能够抵挡得住老婆赞美的话语、充满柔情和崇拜的眼神。美好的生活，从称赞开始。

一个女人，如果不善于赞美恋人，就很难获得他的好感，更难得到他的爱情。在恋人心里，赞美如优美动听的音乐，悦在耳畔，醉在心中。赞美，会使他深深地感受到你的心迹：我时刻在关注你，我真心地喜欢你，你在我心中不可取代。

有很多女人总是习惯了听男人的甜言蜜语，却不曾对男人说过什么“肉麻”的话。其实，男人和女人一样，也爱听甜言蜜语。会说话的女人会适时地把自己的甜言蜜语送给他，博得他的欢喜和宠爱。

蝶恋花，蜂爱蜜，这是生灵间相互吸引的磁力。而夫妻间相互尊重、娓娓动听的体贴话，无疑是爱情的巨大磁场。因此，大凡生活美满的夫妻，他们的讲话、言谈、举止，总是充满柔情蜜意、慰藉爱恋的。

夫妻要生活在爱里，甜蜜文雅的言谈是爱的甘露。反之，粗俗、尖酸的言语，死板冷漠的声调，会使生活与爱情之花枯萎。

甜言蜜语可以为你的爱情增辉添彩，充实你的生活。让我们携起手来，将甜言蜜语的种子撒向生活中的每一个角落，学会用甜言蜜语来点缀生活。

恋爱离不开交谈

也许很多女人不相信，恋爱能否成功，并不完全取决于你的脸蛋是否足够漂亮，你的身材是否足够迷人，却和你的口才息息相关。交谈是人与人之间传递思想，交流情感的最基本手段。假如不善交谈，很难设想能在社会这个广阔的舞台上演出有声有色的话剧来。以前是父母为女儿找婆家，为儿子要媳妇。而如今，口才就显得非常重要。“谈情说爱”，这四个字分明告诉你，欲获得

“情”与“爱”，非得“谈”与“说”不行。正所谓恋爱是“谈”出来的。恋爱离不开交谈，这似乎是经验之谈，对初次相见的青年男女来说尤其如此。故人们常说某某正在“谈”恋爱。

恋爱之初的女人应该清楚，交谈是谈恋爱三部曲的第一部。一般说来，“谈”是双方选择、结识的过程；“恋”是双方空间距离的缩短，表现为难舍难分；“爱”则是双方心理距离的消除，会出现卿卿我我的恋情状态。

“哪个男子不钟情，哪个少女不怀春”，爱情似一杯美酒，有醉人的醇香，也有恼人的苦涩。不同恋情的不同“苦涩”固然有不同的原因，可处在谈情说爱季节里的少男少女们，多是由于不会“谈”、不善“谈”，结果把爱情变成了一杯苦酒。“初恋的交谈”，则更是一种艺术，非掌握技巧不可。

两性相恋，两情相爱，交谈的语言是直接表达感情的重要方式，它直接反映着爱情的格调、品位，关系到爱的生存和死亡。由于每个人的性格气质、修养、身份、经历的不同而有不同的交谈特点，或诙谐幽默，或直白平实；或坦诚直率，或含蓄委婉。有时过分的亲昵，肉麻的表白，反而显得缺乏修养，有时候山盟海誓更会让人感到缺乏真情。

交谈是暴露思想的一种方法，通过交谈让对方了解自己，情感交流才能使两颗心不断撞击而碰撞出火花。

谈恋爱失败，有这样几种情况：

(1) 根本不谈或没有诚意，相信道听途说而拒绝对方。

(2) 谈而不露或蓄意夸张，给对方一个虚假的印象。

(3) 急于求成交谈不深，难以了解对方本质的东西，而盲目地爱上一个人；一旦发现对方的“缺点”时又难以容忍。

(4) 只谈共同的语言而不谈分歧的观点。

恋人之间怎样交谈呢?

1. 可贵的孩子气

约会一回来就马上给对方挂个电话。

“啊，是你啊，有什么事吗?”

“没什么，只是想听听你的声音。”

这种孩子气能使对方一下子着迷。

2. 另寻其他不同的表现方法

在交谈时，应找出自己独特的表达方式。

例如，炎炎夏日里两个人步行在街头，应避免："热死我了，让我们找个有空调的地方吧！"

取而代之，应该："哇！好热，我快要被烧焦了。"

或者，采用以下幽默的口吻："现在我真想到北极滑雪！"

3. 委婉的语言

恋人的交谈不仅要注意对方的性格、气质、语境，还要把话说得中听、含蓄、委婉，切莫当场揭短。

委婉的语言才更容易被接受，女人在谈恋爱的时候，如果你巧妙地掌握和动用了"婉言"这一绝妙的交谈方式，你们的情窦深处就会充满温煦的阳光。有些女人在和男人说话的时候，言语像"冰块"一样砸得人痛。甚至像吃了"枪药"似的伤人。这样的女人怎么能得到男人的爱恋呢？如果"换个说法"，把话说得"好听"一些，让他易于接受。

特别是初恋男女，彼此间的心灵还没有彻底沟通，各自都在揣摩对方的心理，品味对方的性格，甚至在衡量对方与他人的优劣长短。只有用婉言才能更巧妙、更有效地打动对方的心，拨响爱的琴弦，提高恋爱的成功率；也只有用婉言，才能在各种不同场合、环境下，产生奇异美妙的爱情。电影《归心似箭》中的玉贞爱上了魏得胜，她并没说"我爱你"，而是向正在为她挑水的魏得胜："挑吧，我要你给我挑一辈子！"

4. 羞涩的魅力

"当今女性态度傲慢，对什么都不在乎。"

"是啊，没有一点女性温柔。"

经常会听到男人这样诉说他们的不满感叹。

对此，有些女人当然不以为然："我们又不是男人的花瓶，男女平等嘛，何必故意献什么'女人式'的殷勤。"

两方都有道理，但女性魅力比起男性的敏锐或是孩子的可爱更胜一筹。专家指出，如果女孩子在谈话中显出羞涩，就会使魅力横溢。

“啊呀，真难为情。”

“别难为我，我呀，走到哪儿都怕生。”

不妨这么说试试看，对方一定会暗想：“她多可爱，真是我想象中的女子。”

5. 弥补失言

恋人间的谈话，应该控制得恰到好处，赞美之辞可以让对方愉悦；若是愚昧地再三提到对方的缺点，保证使愉快的气氛顿时荡然无存。不论男女只要频频指责对方的缺点，极易造成僵持的冷场。

餐厅里叫了杯咖啡，但迟迟未送到，你便不悦地说：“怎么这么久还未端来。”虽然你是无心之言，但听到对方的耳里仿佛责任在自己。也许在此之前对方心情开朗，但一听到这句不中听的话，霎时闷闷不乐，然而覆水难收，话说出口就难以收回，相信你会为那句话感到遗憾。那该怎么办呢？

这时你可以随机应变，立即将话题岔开，赞美对方的优点，将缺点掩饰过去，换言之就是弥补自己失言之过。当你不经心地说出不当之言，别忘了弥补一句赞美之词，便可转移对方不悦的心情。

6. 容忍谎言

这个话题是针对女孩子而说的。你坐在咖啡店的桌前，支着胳膊时，已足足等了他 20 分钟，杯中的咖啡也已凉了。正当你下定决心，准备提包离开时，看见他迈着大步，推门进来。看到你生气的模样，他随口解释道：“真对不起，来晚了。刚下班，经理就找我去。”但你前天还听他说过，经理去欧洲旅游去了，此时你一定这么想：“撒谎，你的经理不是去欧洲旅行了吗？究竟为什么迟到？”假若你装做不知道，“啊，是吗？你真忙。不过真幸运，20 分钟就办完事了。我不会生气了。”

谎言没有败露，于是他放下心来，同时因为欺骗了你，他会感到内疚，所以下次绝不会再迟到了。而且，他会觉得你很信任他。

7. 避免唱“独角戏”

恋爱是“谈”出来的，即使你有出类拔萃的口才，也不要在约会时唱“独角戏”。如果只是你一个人说，往往会给对方带来较为严重的负面心理影响。这种负面心理会化作一种沮丧、退缩的行为，从而进一步影响以后约会的语言表达能力。这样恋爱怎么会成功呢？只有双方你来我往、你言我语，才能有好的谈话气氛，这样就会给谈话的话题选择提供机会和灵感，从而有了你发挥口才的便利条件。感情才会更进一步发展。

8. 不可炫耀

许多女人喜欢在他人面前炫耀自己的家人、朋友。但凡值得骄傲的事，都不厌其烦地说个不停。如果在同性朋友之间谈谈倒也不是什么大不了的事，但在男友面前切忌如此。每位男士听到自己的女友赞美其他男性，心里难免有点不是滋味。因为男性对其他同性总会有排斥感，这是自然的现象，聪明的女孩应该可以体会到他的心情，因此最好的方法是避免谈及这一类型的话题。

在恋爱之初，男女双方在交谈的时候难免会紧张，为了使交谈的思维开阔，方便谈话，避免出现“冷场”，与对方交谈一定要精心设计，巧妙安排，以求达到最好的效果。选择好场景也是很重要的一面。最好不要在僻静的房子里约会，也不要驻足在公园冷清的一角。我们知道话题的多寡取决于周围的环境刺激（信息）量，“边走边谈”其实是最好的选择，这样可以从街面上过往的人群、闪烁的霓虹灯、接踵而至的告示上得来说话资料，从而侃侃而谈了。

从心理学观点看，有活动相伴，人的肌体会得到有效的放松，所以初涉爱河最好一起去看电影、听音乐、打网球、参观艺术展、郊游等等。从而达到缓解紧张、开拓思维、轻松表达的目的。

可见，约会时有意识地安排一些活动，可以防止心理紧张，让恋人们轻松自如地谈吐，愉快而又不失雅趣。

“爱的作料”

斗嘴，不是吵嘴，不是口角。天真无邪的斗嘴是“爱的作料”。

玩过碰碰车的人都知道，那乐趣全在于东碰西撞、你攻我守。这种游戏的新鲜与刺激绝非四平八稳地行车所能比的。在许多青年恋人中，尤其是在有较高文化素养的情侣们中间，有一种十分独特、有趣的语言游戏，很像这种碰碰车游戏，那就是“斗嘴”。台湾女作家玄小佛在她的短篇小说《落梦》中，就描写了戴成豪和谷湄两位恋人间的一段“斗嘴”——

“我真不懂，你怎么不能变得温柔点。”

“我也真不懂，你怎么不能变得温和点。”

“好了……你缺乏柔，我缺乏和，综合的说，我们的空气一直缺少了柔和这玩意儿。”

“需要制造吗?”

“你看呢?”

“随便。”

“以后你能温柔点就多温柔点。”

“你能温和也请温和些。”

“认识四年，我们吵了四年。”

“罪魁是戴成豪。”

“谷湄也有份。”

“起码你比较该死，比较混蛋。”

不难看出，这对恋人彼此依赖、深深相爱，但是两人都具有独立不羁的性格，谁都想改变对方，而谁又都改变不了。然而从两人针锋相对的话语里，我们分明感觉到他们彼此的宽容、彼此的相知，我们会很真切地感觉到浓浓的爱意从他们的内心流溢而出。这段对话十分典型地反映出恋人间“斗嘴”的特点：

一是目的的模糊性。恋人间斗嘴一般并非要解决什么实质性问题、做出什么重要决定，而仅仅是借助语言外壳的碰撞来激发心灵的碰撞，从而达到两颗心的相知与相通。因而恋人们常常为一句无关紧要的话、一件微不足道的事“斗”得不可开交，局外人很难领会到其中的奥妙与乐趣。

二是形式的尖锐泼辣。恋人间的斗嘴从形式上看和吵嘴很相似。你有来言我有去语；你奚落我，我挖苦你，毫不相让，“锱铢必较”。但与吵嘴根本不同的是:“斗嘴”时双方都是以轻松、欢快的态度说出那些尖刻的言词，有了这层感情的保护膜，“斗嘴”就成了一种只有刺激性、愉悦性却无危险性的“软摩擦”，成了表现亲密与娇嗔的最好方式。不难想象，当谷湄说出“起码你比较该死，比较混蛋”时，脸上是带着亲切而顽皮的笑容的。如果换一种冷若冰霜的态度，那么这句话就不再是斗嘴，而变成辱骂了。

斗嘴不仅仅是一种语言游戏，有时它还是消除恋人间摩擦的一种别致而有效的方式。比如你和女朋友出外旅游，很不顺利，不是走错路线，就是耽误了食宿，这时候女友就会撅起小嘴抱怨:“哎呀，怎么跟你在一起就老是碰到倒霉的事呢?”面对指责，你可不能跟她动气:“嫌我不好，你另找别人!”这样谁都不好看，还会伤了感情。你不妨跟她斗斗嘴：

——对啦，我们就是夫妻命嘛!

——什么叫夫妻命？夫妻就该倒霉吗？

——夫妻就是要共患难呀！想想看，要不是有你在身边，我一个人哪里应付得了这些？

相信她听到这些话，气自然会消的。

既然斗嘴是一种有趣的语言游戏，那么它和别的游戏一样，也有一定的“规则”，需要恋人们特别注意。

1. 要把握好感情的深浅

谈话有一个总的原则:“浅交不可深言。”这话同样适用于恋爱中。如果双方还处在相互试探、感情朦胧的阶段，要想以斗嘴来加深了解，可以选择一些不涉及双方感情或个人色彩的一般话题，如争一争是住在大城市好还是隐居山林好，斗一斗是“左撇子”聪明还是“右撇子”聪明等等，这样双方可以不受拘束，“安全系数”也大。如果已是情深意笃，彼此对对方的性格特点都比较了解，斗嘴就可以嬉笑怒骂百无禁忌。

2. 最好不要刺伤对方的自尊

恋人间斗嘴，最爱用谐谑的话语来揶揄对方，往往免不了夸张与丑化。但是这种夸张与丑化，也要照顾到对方的自尊，最好不要涉及对方很在乎的生理缺陷或他（她）很敬重的父母，也不要挖苦对方自以为神圣的人和事，否则就有可能自讨没趣，弄得不欢而散。请看下例：

——你说，你最崇拜谁？

——我最崇拜我爸爸，他是个真正的男子汉。什么伟人、英雄，他们都离我太远。

——那你认为你爸爸就是你心中的上帝？

——那当然，你不服气？

——你这个上帝只不过是个修鞋的，有什么了不起？

——好啊，你看不起我爸，我，我今天算把你看透了……

这样的斗嘴就得不偿失了。

3. 要留心对方的心境

斗嘴因为是唇枪舌剑的交锋，需要有一个宽松的环境、充分的心灵余裕，才能享受它的快乐。因此斗嘴时要特别注意恋人当时的心境。大家都有这样的体验，心情愉快时，可以随便耍嘴皮、开玩笑。可你的恋人正在为结婚缺钱而愁眉不展时，你却来一句:“你怎么啦？满脸旧社会，像谁欠你二百吊钱。”你准会受到抱怨:“人家心烦得要死，你还有心逗乐，我找你这个穷光蛋真倒霉透了。”这样，斗嘴的味道就会变得苦涩了。

也许，正因为斗嘴具有形式上的尖锐而实质上柔和的特点，有时它就比直抒胸臆式的甜言蜜语有了更大的展示恋人之间真实情感与丰富个性的广阔空间。因此许多沐浴在爱河的青年男女都喜欢玩这种语言游戏，在这种轻松浪漫的游戏中，加深彼此的了解，增进相互的感情，调剂爱情生活，使恋爱更加多姿多彩。

用语言为爱情保鲜

与异性谈话，是微妙复杂的，谁都知道口才在谈情说爱中占极重要的地位。一个口才好的人，在谈情说爱的时候，总比一个口才不好的人吃香得多。尽管情爱的发展，并不只靠谈话，但是从最初相识到互相热爱的整个发展过程中，谁能够抹杀言语在传情示爱中的作用？

恋人的话是最不值钱又是最值钱的。无论是一见钟情的少男少女，还是风雨同舟几十年的老夫老妻，绵绵情话总是说了又说，讲了又讲，每每听到爱人说“我爱你”，另一方总能激起万般柔情，千种蜜意。

情话不能缺少语调。如果你认为一个词只包含着一种意思，那就大错特错了，如“好”这个词，既可以表达爽快答应的意思，也可以表达勉强同意的意思，甚至可以表达心里虽然很不情愿，但为顾全对方面子，表面上表示同意而实际上是否定的意思。所以一个“好”字，其真意只能根据说话人的“语调”和“表情”来判断。在用来表达微妙心情的恋爱话里，一个词蕴涵着很多意思，所以热恋中的人会感到彼此的话中洋溢着某种情趣。

1. 亲昵称呼

异性间的爱情关系是人类最自然、最密切的关系，所以在称呼上就表现出它的独特性。称呼的变化标志着“爱情浓度”的变化。青年男女由相识到相亲相爱，是有其自然的发展过程的。最能显示情人间浓厚感情和亲密关系的，就是恋人之间的昵称了。恋人间的昵称因人而异，它们有很高的隐蔽性，一般只在二人世界中使用。

2. 色彩浓烈

恋人之间的谈话，真可谓“万语千言总是情”。恋人们在浓情似火的时刻，通常语言缺少逻辑与理智，说出许多“痴话”、“傻话”来。自古以来，无论男女，为了引起彼此的注意，他们思考各种策略，磨炼机智。“求爱信号”就是其中之一。那种无意识地小声嘟囔着:“明天是星期日，我干什么好呢?”这是一种简单的表示喜欢的方法，其含义也在通知对方:“明天我有时间和你约会。”如果你们俩一起加班的时候，她对你说:“啊，太晚了，你快回去吧，太辛苦了!”这时你如果想抓住她的心，就:“嗯，我……再干一会儿。”这已经是明显地表达了喜欢之意。

3. 娇言软语

诗人说，当爱神降临到青年人的头上，可以使鲁莽汉变得心细，粗暴者变得温柔。相爱的人特别是初恋者，他们彼此总是在互相试探、猜测、幻想，一方的每一句话、每一个叹息、每一个眼神，都能引起另一方的悉心揣摩，久而久之，就使双方变得敏感、细腻。这时候，他们的言谈都充满了含蓄的暗示和突然的倾诉，充满了亦真亦幻的言外之意、弦外之音。因此，这绵绵情话就有了许多机巧、许多滋味，这也是柔肠百转的爱情生出的特殊语言。

4. 诉不完的衷肠

看着恋人们整天耳鬓厮磨，燕语呢喃，总有说不完的情话，总有诉不完的衷肠，有人不禁要问：难道情话就说不完吗？其实情话既是可以说完又是说不完的。可以说完的话，是那些信誓旦旦、卿卿我我之类的话，这些话初听起来让人心醉，让人疯狂，而说得多了，就产生虚伪、夸张之感，变得不再动人。而恋人们总也说不完的，是那些小话题。天南地北、海阔天空，恋人们总是那么津津有味地谈着。

对恋人来说，他们的交谈已不再是传达信息的工具，说话这件事本身是伴随着恋人的情感而来的，那一种语调、笑声、眼神都给双方以愉悦和欣喜。这正是情话的特殊沟通功能，它重视的不是语言的意义，而是说话的声音、语调；它沟通的不是信息，而是感情和心灵。

对恋人来说，听着自己喜欢的人那美妙的声音徐徐在耳畔回响，这本身就是乐趣，就是幸福。

妻子应怎样和丈夫说话

家庭是每个人的城堡，家庭是文明的核心。一个美满的家庭有如沙漠的甘泉，涌出宁谧与安慰，使人洗心涤虑，亲属间相互问候，夫妻间和谐沟通……自然共享天伦之乐。

实际上家庭的幸福取决于女人怎么说，男人怎么做。

太太梨花带雨地说："隔壁那个女人今天穿的那套衣服和我的一模一样。"

丈夫体贴地说："你想再做一套是吗?"

太太破涕为笑，撒着娇："总比搬家便宜吧!"

夫妻间谈话引起误会最多的，一般是不注意谈话的场合、技巧等。当妻子的一方面更重要。有不少做妻子的，对丈夫在外面的情况不甚了解，只要见到丈夫就把心中想说的话，全都一五一十地说出来。如此，由于只想到自己的一面，没有顾及对方的心境，往往是恶感大于好感。长此以往，便能引起夫妻间的不愉快，使彼此双方的感情大受损伤。基于这个原因，做妻子的在同丈夫谈话时，应注意一下谈话之技巧。

一般说来男人最怕女人啰唆，特别是男人们工作忙碌或正在思考什么问题以及身心疲倦之时，如果做妻子的在他面前滔滔不绝地说话，所讲的又是无关紧要的事，男方不但感到烦恼，而且往往还会发脾气。尤其是信口开河的妻子，也是使丈夫感到十分苦恼的。不少女人都有这种毛病，就是说话不用脑子，想怎么说就怎么说，从不考虑时间、地点。在表面上看，她们似乎很坦白天真没有城府，而实际上，却是简单、幼稚的表现。

某天，丈夫在专心看书，而妻子则在一边看电视。这时，电视屏幕上出现一对恋人，那个男人对女人："亲爱的，我一直把你当成是自己的一部分。"

妻子听后，大受感动。于是，她便学着电视上认认真真地对专心致志的丈夫:“喂！你呢！你到底把我视为你身体的哪一部分呢?”

丈夫心里很讨厌妻子开电视机干扰他看书，就毫不理会，一声不吭。

“喂！我在问你呢！到底我是你身体的哪一部分呀?！……”妻子再三敦促他回答。

丈夫不耐烦地回答:“是盲肠。”

小路生了孩子后就做了全职太太，一心一意在家里相夫教子。每天丈夫下班回来，为了表示对丈夫的关心，她都会关切地问一句:“今天怎么样啊?”

丈夫会冷淡地回应一句:“还行。”

接下来，两个人似乎都失去了表达的欲望。

这样的问题太宽泛了，丈夫似乎只能回答简单的两个字或一句话，两个人没有形成有效的互动。而且，“今天怎么样”这样的问题听上去就像是随口问问，不是真的想了解什么情况，所以回答也往往是敷衍，让丈夫每天都要回答这样的问题，他一定会感到厌烦。

如果小路换个方式来做，效果就会好很多。

小路可以读读报纸，看看新闻，然后在丈夫休息的时候就他比较熟悉的话题提出一些具体和开放式的问题。采取这个方案之后，小路果然不再向丈夫提出诸如“怎么样”之类的问题，而是和丈夫谈起了自己小时候爱吃的零食，而这些零食现在已经销声匿迹了。小路的回忆也勾起了丈夫的无限怀念，两个人你一言我一语地谈了很久，都非常开心。最后，丈夫还轻轻吻了小路一下，跟她说:“老婆，你今天真好！”

一个聪明的妻子，要善于对丈夫察言观色，注意自己的谈话内容，并尽量让丈夫高兴。比如夫妻不谈带有刺激性的话题。如果你对丈夫大谈自己从前的恋爱史，那你是最愚蠢的。因为男人的妒忌心理同女人一样是非常强烈的。当丈夫心情不好，或内心思考问题之时，做妻子的却侃侃而谈过去自己恋爱时的浪漫情形，这是最招惹丈夫生气的，同时他还会怀疑你对他用情不专。

夫妻双方要相互体谅，婚姻生活才会幸福和谐。

唠叨是爱情的坟墓

俗话:“良言一句三冬暖，恶语伤人六月寒。”在人际交往中是这样，在家庭生活中也是如此。在安徒生的童话里有一则故事这样写道：

有一对老夫妻，老头子干任何事老婆子都很赞赏。有一天，老头子要把自己家的马牵到集市上卖掉，结果老头子先是将马换成了牛，然后又把牛换成了羊，再把羊换成了鹅，又把鹅换成了鸡，最后又把鸡换成了一堆烂苹果，越换越糟。两个非常有钱的人看老头子做事很滑稽，就对老头子说:“老头子，你回家后，你的老婆会让你吃巴掌的。”但老头子说他老婆肯定不会责怪他，而且还会说“老头子做的事总是对的”，于是这两个有钱人同老头子打赌。结果，两个有钱人都输了，老头子得到了一大堆金币。

在现实生活中，如果家庭生活中夫妻二人能像童话中的人物那样，那么这个家庭必定会充满和谐、温馨、甜蜜的氛围了。

可是，现实生活中，不少家庭中夫妻之间在语言交流的问题上还存在着一些不正确的看法，生活在误区中。现实生活中，爱借用絮絮叨叨来发泄自己不满情绪的人还是很多的。他们会经常抱怨对方这也不是，那也不是。如：早上起得早，就抱怨你影响了一家人的休息；早上起得迟，又责怪你太懒散。这样的唠叨声有时会从早晨起床开始，一直到熄灯歇息为止。

家庭生活中产生复杂的纠纷并不稀奇，特别是作为一个女人，我们不应该不停地抱怨自己的丈夫，而是要主动地体谅丈夫的心情。每个人都讨厌别人无休止地反复地重复同一件事情，这样会使我们感到厌烦和疲倦。因此，不停的唠叨会使我们的婚姻走向灭亡。

生活中有很多女人喜欢唠叨，烦恼的事总是挂在嘴边，不但把自己搞得烦躁不安，而且也把别人弄得心烦意乱。

著名的心理学家特曼博士对1500对夫妇做过详细调查。研究表明，在丈夫眼中，唠叨、挑剔是妻子最大的缺点。

卡耐基在他的《人性的弱点》中说过：唠叨是爱情的坟墓。陶乐丝·狄克斯认为："一个男性的婚姻生活是否幸福和他太太的脾气性格息息相关。如果她脾气急躁又唠叨，还没完没了地挑剔，那么即便她拥有普天下的其他美德也都等于零。"

王慧和赵强是大学同学，他们从大一的时候就谈起了恋爱。大学毕业后一年，他们就结婚了。按理说，他们结束了恋爱马拉松，走进婚姻，应该是幸福的一对。可是，自打结婚以后，王慧的手中就拿起一把无形的尺子，只要见到丈夫就必须要量一量。丈夫洗衣服时，她会："你看看，这领子，这袖口，你连衣服都洗不干净，还能干什么？"丈夫做饭，她会："哎呀，做饭怎么不是咸就是淡，让人怎么吃呀？"丈夫做家务，她会："怎么这么笨，地也擦不干净。"丈夫办事情，她更是牢骚满腹："看你，连话都不会说，让人怎么信任你呢？"诸如此类，家庭噪音不绝于耳。

刚开始的时候，赵强常常是黑着脸不吱声，时间久了，他会说："嫌我洗衣服不干净，你自己洗。"然后把衣服往那一扔，摔门而走。他还会说："我做饭没味，以后你做，我还懒得做呢。"有时候，他也会大发雷霆，和她大吵一通，然后好几天两人谁也不理谁。

过几天，两人和好了，但是王慧仍然改不了自己的习惯，仍然会在他做事的时候唠叨不止，日子就这样在吵吵闹闹中过了几年。终于有一天，王慧又在唠叨他碗洗得不干净时，他再也无法忍受，把所有的碗都摔在了地上，大声吼道："你烦不烦，看我不顺眼，干脆离婚算了，看谁顺眼跟谁过去。"

本来生活中的这些小事就没有对错，但是王慧一直唠叨，就会使赵强忍无可忍。一个人偶尔说错一两句话也是在所难免，而不断的唠叨，把这些常人都有的小毛病加以无限的放大，才会使丈夫无法接受。

夫妻吵架时有一点非常重要，就是必须注意自己使用的语言。类似"你不懂！""你狡辩"这样的话都不可以说，而应当说"我不赞同你的说法，我的想法就是这样"。要记住，不管使用什么语言吵架，都不能没完没了，必须有结束的时候。有人说，吵架时家里就会变成硝烟弥漫的战场，所以你应当尽量避免争吵升级。

对有些爱唠叨的人，哪怕你再谨小慎微，即使这一天完美无缺，对方也会在鸡蛋里挑骨头。若是你不小心授人以“柄”，这就可能成为永远的话题，翻来覆去，让你苦不堪言。即使这样，你还不能冷眼以对，更不能凛然相向。否则无异于火上浇油。

经常听别人唠叨的人，其精神所感到的痛苦比肉体上受到刑罚更为难以忍受。即使最初的非难和责备都是应当的，但若经常唠叨地责备和非难对方做错的事情，不但让对方改正不了错误，而且还会逼他继续错下去。

世界上没有完美的人，所以毫无疑问，完美的婚姻也不存在。年轻人常常对婚姻怀着不现实的期望，将它想象得非常理想。尽管现实生活中也有少数理想的婚姻，但是必须明白这是夫妻双方多年来共同完善的结果。

可见我们不要试图去改变自己的爱人，而要学会包容，学会一起生活，学会从相通的东西中找到两者的共同点，从而找到生活的乐趣。

婚姻生活像一个新的生活旅程，你必须从现在起就做好长时间辛苦的心理准备，才有可能赢得美满和谐的婚姻。结婚后，你渐渐发现了那位年轻的伴侣恋爱时没有显露的毛病——当然，他也发现了你的一些未知缺点。他和你想象中的并不是一个人，你也不是他想象中的妻子。你们之间开始出现分歧、矛盾，也开始相互争吵赌气。但是如果你愿意付出精力，那你一定可以“培养”出良好的婚姻关系。

我们要收起内心的嫉妒，停止口中的唠叨。唠叨会给你的社交形象染上一个丑陋的斑点，你不单要会说，还要懂得及时闭嘴。唯有如此，你才能在社交圈中受欢迎，才会拥有一份永恒不变的爱情、一个美满幸福的家庭。

懂得道歉，夫妻相敬如宾

生活中，无论是普通人还是伟人，无论是家庭生活还是工作学习，人人都希望能够得到他人真诚的道歉和相互的尊重与信任。

俗话说：“勺子没有不碰锅边的。”恩爱夫妻也一样，两人相处的时间长了，难免会遇到不愉快的事，夫妻间总有相互摩擦的时候。如果你不想伤害对方的自尊心，你就必须学会说：“对不起。”

夫妻间闹矛盾是常有的事，吵架之后，不管什么原因，责任在哪一方，只要有一方主动道歉，一般来讲，矛盾便可以解决了。所以双方遇事都大度些，不去计较谁对谁错才是最好的解决方法。

一位做律师的朋友，常常为给那些闹离婚的夫妇们调解而大伤脑筋。他说：“谁能给我一张能可以救那些摇摇欲坠的婚姻关系的妙方？”

另一位朋友在一旁不无幽默地答道：“这个方子只有一句话，你只需说服夫妻俩互道一次歉，试试看，你会明白它的效力。”

于是，这位律师真的这样试了试。也的确有效，这句话的力量似乎能把山搬走。只要是进行调解工作，这位律师朋友就经常使用这个方法。

当一对争吵的夫妻来到事务所，他就会私下对每一方说：“我知道你受了很多委屈，但是请告诉我，你对自己的哪一举动最感抱歉呢？”无论多么勉强，他们总是会承认一些欠缺和不当之处。然后，律师朋友把他们双方召集在一起，让他们把曾经对律师说过的话重复一次。即使双方有多么大的怨恨和气恼，一个道歉的表示，常常会为解决难题打开缺口。“我错了，也许你是对的。”很多人觉得这句话不是不可以说，而是难以启齿。但是，当与配偶意见不合或争论问题时，你们之间会发生争吵。如果你能爽快地承认自己错了，对方是对的，你们之间的沟通就能更加畅通无阻，夫妻关系也能得到深化。

晓敏与丈夫结婚三年了，其间也争吵过。那次，家里装修，他们又吵起来了。本来说好了墙面要刷成绿色和紫色，丈夫却临时改变主意了，“郭晓敏墙刷成白色和蓝色行不行。”晓敏的脾气一向急躁，当时就很大声地说了他几句，丈夫有点生气，说他只不过是想商量一下，晓敏不必那么凶。丈夫平时对晓敏百依百顺，这次却和晓敏顶嘴，让晓敏很是恼火，“离婚”两个字一下子从晓敏的嘴里蹦了出来。

晓敏当时和丈夫结婚的时候做过约定，无论怎样都不要随便说“离婚”。晓敏想起了这个约定，再看看丈夫的样子，也觉得自己有点小题大做。可是，晓敏碍于面子，硬是不跟丈夫承认错误，整个上午也不跟丈夫说话。

快到中午的时候，晓敏有些饿了。晓敏不会做饭，平时都是丈夫在做饭。

她打开冰箱一看，里面的东西全是生的。晓敏肚子饿极了，心里一酸，眼泪就忍不住落了下来。

丈夫在外屋听见了晓敏的抽泣声，探头看了她一眼，然后走过来，虎着脸:“肚子饿了?”晓敏点点头。“那我给你做饭去?”晓敏又点点头。“你招我生气了，快给我道歉。”丈夫终于找到机会了。

从那以后，只要晓敏和丈夫一吵架，丈夫就会冲她先说“你招我生气了，快给我道歉!”晓敏立马识相地顺着台阶而下，乖乖地给丈夫道歉，夫妻俩便和好如初。

吵架结束后，你应该主动而真诚地向他道歉，哪怕吵架的原因不在你。你仍然可以坚持自己是对的，只要你不说出来。然后你就应该和丈夫讨论一下如何避免吵架，这一次你们之间的“互相沟通”没有成功，但你希望以后能够得到改善。

道歉不仅不是一件丢脸的事情，反而更能体现一个人良好的人品与修养。道歉首先要有承担责任的诚心和勇气。其实，只要是你有错，就应该心甘情愿地承认。

男女吵架，女人，特别是妻子也许有许多无理之处，却总想要得胜。这样，男人就要试着给他的爱人找个台阶，否则，本来一点小事，也会闹到非得分开的地步。作为女人，要试着学会主动承认错误，因为男人更爱面子。诚挚地道歉不仅能够和解被损害的关系，而且还可以使和解后的关系变得更为牢固。

道歉，它能够挽救危机，除窘迫、出困境、愈裂痕、和解受损的关系。夫妻相处，难免会有小摩擦。当我们一方有错时，双方都要采取包容的态度，主动承认自己的错误，另一个主动包容对方的错误。只有这样生活在一起，才会幸福美好。

与人交往，难免不说错话，不做错事，也就难免不得罪人，有时甚至会给人家带来精神上的巨大痛苦和经济上的巨大损失。对此，若是能及时认识到自己的错误，诚恳地向人家道歉，并主动承担责任，一般情况下别人都会原谅你的。

第9章

借助体态语言，声情并茂感染人

势态语是一种借助手势、表情、体态、动作来达意传情的特殊语言。它要借助非有声语言传递信息、表达情感，是参与交际活动的一种不出声的辅助语言。人们运用它可以弥补有声语言之不足。早在孔子时代，对势态语便有了论述。如孔子说："说之，故言之；言之不足，故长言之；长言之不足，故嗟叹之；嗟叹之不足，故咏歌之；咏歌之不足，故手之舞之，足之蹈之也。"势态语不仅辅助有声语言表情达意，还能体现人的气质风度，显示一个人风姿美的魅力。

表情的作用

成功的社交口才，既要有动人的谈吐，又要有得体的表情动作，方可趋于完美。语言较多地显示着内在的思想和智慧，举止则更多地显露着外在的风度和形象。恰当地调动姿势和动作来帮助自己说话，会使你的表达更加富有魅力。身体语言能弥补有声语言的不足，它通过有形可视的、具有丰富表现力的各种动作和表情，协助有声语言将内容准确无误地表达出来。视听作用双管齐下，能给听者完整、确切的印象，辅助有声语言更好地表情达意。一个会说话的人一定会是一个善用身体语言的人。

表情对于说话有不容忽视的作用。罗曼·罗兰说："表情是多少世纪培养成功的语言，比嘴里讲得更复杂到千百倍的语言。"表情复杂就复杂在有真假之分。例如在商谈工作的时候，对方笑嘻嘻地听取这方面的意见，完全表现出一副非常满意的表情，使得发言的人很安心地觉得交涉可能成功，可是最后依然是失败的结局。这就说明，为了正确"阅读"表情，我们首先要接受某种训练，学会如何从表情中正确判断对方的真正感情。如下这些表情是比较容易读懂的：蹙眉皱额表示关怀、专注、不满、愤怒或受到挫折等情绪；双眉上扬、双目张大，是惊奇、惊讶的表现；皱鼻，表示不高兴、遇到麻烦、不满等等。

一个会说话的人，他所用的不仅仅是他的嘴。在日常生活中，我们经常可以发现，有些人一开口，别人就静下来听；而另一些人讲话时，听众仍各干各的，甚至打断他的话。这种情况之所以出现，当然有许多复杂的原因，但其中有一个重要原因，那就是有的人懂得使用表情，使用眼、胸、肩等身体的各个部位来配合他的嘴来吸引人，而有的人却不懂得。试想一下，如果一个人在说话时只是嘴在动，而身体的其他部位是绝对静止的，他会对听众有吸引力吗？

会说话的人善于通过自己的面部表情把自己的内心情感最灵敏、最鲜明、最恰当地显示出来；善于通过自己的面部表情对听众施加心理影响，构筑起与听众交流的思想情感的桥梁。

1. 眉毛

眉毛的作用是保护眼睛，但它还能传递人心理行为的信息。人的心情变化了，眉毛的形状也会跟着改变。眉毛的动作，大致有五种表现：

(1) 扬眉

当人的某种冤仇得到伸张时，人们常用“扬眉吐气”一词来形容这时的心情。当眉毛扬起时，会略向外分开，造成眉间皮肤的伸展，使短而垂直的皱纹拉平，同时整个前额的皮肤挤紧向上，造成水平方向的长条皱纹。扬眉这个动作，能扩大视野。但同时也要认识到，一个眉毛高挑的人，正是想逃离庸俗世事的人，通常会认为这是自炫高深的傲慢表现，而称为“高眉毛”。当一个人双眉上扬时，表示非常欣喜或极度惊讶，单眉上扬时，表示对别人所说的话、做的事不理解、有疑问。当我们面临某种恐惧的事件时，可以用皱眉来保护眼睛，也可以用扬眉来扩大视野，两者都对我们有利，但我们只能选择其一。一般的反应是：面临威胁时，牺牲扩大视野的好处，皱眉以保护眼睛；危机减弱时，则会牺牲对眼睛的保护，扬眉以看清周围的环境。

(2) 皱眉

皱眉的情形包括防护性和侵略性两种。防护性的皱眉只是保护眼睛免受外来的伤害。但是光皱眉还不行，还需将眼睛下面的面颊往上挤，眼睛仍睁开注意外界动静。这种上下挤压的形式，是面临外界攻击、突遇强光照射、强烈情绪反应时典型的退避反应。至于侵略性的皱眉，其基点仍是出于防御，是担心自己侵略性的情绪会激起对方的反击，与自卫有关。真正的侵略性眼光应该是瞪眼直视、毫不皱眉的。最常见的皱眉容易被人理解为厌烦、反感、不同意等情形。

(3) 耸眉

耸眉指眉毛先扬起，停留片刻，然后再下降。耸眉与眉毛闪动的区别在于那片刻的停留。耸眉还经常伴随着嘴角迅速而短暂地往下一撇，脸的其他部位没有任何动作。耸眉所牵动的嘴形是忧伤的，有时它表示的是一种不愉快的表情，有时它表示的是一种无可奈何的样子，此外，人们在热烈地谈话时，会做一些小动作来强调他所说的话，当他讲到重要处时，也会不断地耸眉。

（4）斜挑

斜挑是两条眉毛中的一条向下降低，一条向上扬起，这种无声语言，较多在成年男子脸上看到。眉毛斜挑所传达的信息介于扬眉与皱眉之间，半边脸显得激越，半边脸显得恐惧。扬起的那条眉毛就像提出了一个问号，反映了眉毛斜挑者那种怀疑的心理。

（5）闪动

眉毛闪动，是指眉毛先上扬，然后瞬间再下降，像流星划过天际，动作敏捷。眉毛闪动的动作，是全世界人类通用的表示欢迎的信号，是一种友善的行为。当两位久别重逢的老朋友相见的一刹那会出现这种动作，而且伴随着扬头和微笑。但是在握手、亲吻和拥抱等密切接触的时候很少出现。眉毛闪动除了作为欢迎的信号外，如果出现在对话里，则表示加强语气。每当说话者要强调某一个词语时，眉毛就会很自然地扬起并瞬即落下。

2. 鼻子

在谈话中鼻孔稍微张大时，多半表示得意或不满，或情感有所抑制。鼻头冒出汗珠时，表示心理焦躁或紧张；如果对方是重要的交易对手时，必然是急于达成协议。鼻子的形状像鹰嘴，尖向下垂成钩状，阴险凶暴，鹰鼻而眼深者生性贪婪不知足。鼻子的颜色整个泛白，显示对方的心情一定畏缩不前。鼻孔朝着对方，表示藐视对方，轻视别人。鼻子坚挺的人性格坚强，决定的事情一定要做到。摸着鼻子沉思，说明对方正在思考，希望有个权宜之计解决眼前的问题。

有位研究身体语言的学者，为了弄清这个“鼻子”的“表情”问题，专门做了一次观察“鼻语”的旅行。他到车站、码头、机场观察了一个星期。由此得出两点结论：第一，旅途是身体语言最丰富的表现区域。因为各种地区、各种年龄、各种性别、各种性格的人汇集在一起，而且都是陌生人，语言交流很少，但心理活动却很多，所以，大量的心态都流露于身体语言。他说：“旅途是身体语言的试验室。”第二，人的鼻子是会动的。因此，鼻子是有无声语言的器官。他说，根据他的观察，在有异味和香味刺激时，鼻孔有明显的伸缩动作，严重时，整个鼻孔会微微地颤动，接下来往往就会出现“打喷嚏”现象。他认为，这些“动作”都是在发射信息。此外，据他观察，凡高鼻梁的人，多少都有某种优越感，表现出“挺着鼻梁”的傲慢态度。关于这一点，有些影视界的女明星表现得最为明显。他说，在旅途中，与这类“挺着鼻梁”的人打交道，比跟低鼻梁的人打交道要难一些。他的这次旅行观察，对于身体语言学，可能是个不小的贡献。

3. 嘴巴

嘴巴本身就是传递有声语言的器官，但它同时也传递一种无声语言。为什么呢？因为嘴是人身上最忙碌的部位——笑、哭、咬、舔、接吻、吃饭、吸吮、品尝、咀嚼、吞咽、咳嗽、说话、吼叫、抽烟等动作都要靠嘴巴来完成。人的生存需要通过嘴巴输送粮食，交流需要嘴巴说话。同时，嘴巴也是脸上最富于表情的部位——张开闭合、向前向后、向上向下、抿紧放松，这四种基本方式可以组成五彩缤纷的嘴部动作。

人的嘴巴一举一动能够鲜明地表现人的态度来。一个人口唇部分的变化，主要有几种情况：张开嘴而合不上，是个意志软弱的人；口齿伶俐，吐词清楚的人有一副好口才；人的嘴唇往前空撅的时候，可能是防卫心理的表示；人在注意听某些话时，嘴唇两端会呈现稍稍拉向后方的状态；嘴角上翘，这种人豁达、随和，比较好说话，易于说服；下巴缩起的人，干活仔细，疑心病很重，容易封闭自己，不易相信他人；下巴高抬的人，性格骄傲，优越感、自尊心强，目光望向你时，常带否定性的眼光或敌意；说话或听话时咬嘴唇，对方在自我谴责，自我解嘲，甚至自我反省；口齿不清，说话迟钝，但意志坚定，见解不凡，此人必定才能出众；说话时以手掩口，其人性格较内向、保守，不敢过多暴露自己，还有一种情形，表示对方存有戒心，或者在做某种自我掩饰；关键时将嘴抿成“一”字形的人，其性格坚强，交给他的任务他一定能完成，不管付出多大代价。

让微笑的美感流动

笑口常开是社交的真谛，是让别人喜欢你的秘诀。纽约一家百货公司经理曾说过，在录用女店员时，高中毕业却经常微笑的女子，比大学毕业而面若冰霜的女子录用的机会更大。世界著名的希尔顿饭店的创始人康拉德·希尔顿也说:“如果我们的旅馆只是一流的设备，而没有一流微笑的服务的话，那就像一家永不见温暖阳光的旅馆，又有何情趣可言呢?”从这个意义上说，微笑是一种无价之宝，没有微笑就没有财富。

微笑的表情之所以动人，令人愉快，最主要的不在于这种表情在外观上给人以美感，而在于这种表情所传递、表达的可喜的信息和美好的感情。微笑总是给人们带来友好热情的感情，带来欢乐和幸福，带来精神上的满足。

正是在母亲慈祥的微笑中，孩子才获得了纯洁的母爱；正是在恋人深情的微笑中，相爱的心才得以沟通和结合。当你上班来到办公室，领导和同事们都以亲切的微笑迎接你，你一定会感到非常的愉快；当你下班回到家里，父母妻儿们又以亲切的微笑迎接你，你一定会感到无比的温暖。旅行时乘坐飞机，训练有素的空中小姐微笑着为你端来热茶，你的心不免要为之一热。出门坐车，去商店买东西，乘务员、售货员对你笑脸相迎，主动服务，你也一定会为之所动。假如你处处遇到的都是一张张笑脸，那么你一定会感到如沐春风，如饮甘泉，你一定会感到人世间那么美好，人生是那么幸福，你一定会从心底里发出欢唱:“我们的生活充满阳光……”而且，你也一定会在人们的微笑中受到感染，变得爱笑，变得乐观开朗，变得更加美好。

假如情况恰恰相反，在办公室里同事之间漠然相对；回到家里，亲人们又是满脸愁云；出门，乘车、搭船、进商店，碰到的也都是一副副冷若冰霜的面孔，那么你的感受将会如何呢？在现实生活中，这种令人不快的场面并不少见。

也正因为如此，在人际交往中，微笑作为一种富有吸引力的表情，才显得更加可贵。

有个叫威廉·史坦哈的人，在谈他的交际经验时说："我是一个闷闷不乐的人，结婚18年来，我很少对我太太微笑。后来，有人鼓励我微笑，我答应试试。于是，第二天早起，当我跟太太打招呼：'早安，亲爱的。'同时对她微笑时，她怔住了，惊诧不已。我说：'从此以后我的微笑将成为寻常的事，不用惊愕。'结果这竟改变了我的生活，一改过去闷闷不乐的状态，在家中我得到了幸福温暖。现在，我对每个人都微笑，他们也对我报以微笑。我可以带着轻松愉悦的心情去同一些满腹牢骚的人交谈，一面微笑，一面恭听。原来棘手的问题，现在也变得容易解决了。这就是微笑给我带来的许多方便和更多的收入。微笑使我快乐、富有、拥有友谊和幸福。而不会微笑的人在生活中将处处感到困难和不方便。"

日本著名电影演员山口百惠给世界观众留下了深刻印象，在她息影多年后仍有大量的影迷想念她，渴望她复出。山口百惠能够得到如此高的声誉当然与她卓越的演技分不开，但是也不能否认她那天真无邪、可爱动人的微笑以及笑时流露的两颗虎牙所具有的摄人魂魄的魅力，令多少观众醉心于她的表演。

作为一种特殊的"情绪语言"，微笑要求做到四个结合。

1. 口和眼的结合

在微笑中，眼睛的表情是十分重要的，眼睛有传神送情的特殊功能，又是心灵的窗户，因此，口到、眼到、神色到，笑眼传情，微笑才能扣人心弦。

2. 笑和神、情、气质的结合

"神"，就是笑得有情入神，笑出自己的神情、神色、神态，做到情绪饱满，神采奕奕。"情"，就是要笑出感情，笑得亲切、甜美，反映美好的心灵。"气质"，就是要体现出谦虚、稳重、大方和得体的良好气质。

3. 笑和语言的结合

语言和微笑都是传播信息的重要符号，只有做到二者的有机结合，声情并茂，相得益彰，微笑才能发挥出它的特殊功能。

4. 笑和仪表、举止的结合

端庄的仪表、适度的举止，是每个从业人员的基本要求。以姿助笑，以笑促姿，就能形成完整、统一、和谐的美。

微笑应该发自内心，足以温暖别人的心，使冰雪为之融化。没有诚意的微笑不但不能打动人，反而令人生厌。在才智不相上下的人群中，你拥有更多的微笑，成功便在更大的程度上属于你。

怎样才能使自己经常由内心发出微笑呢？怎样才能使自己在微笑中取得别人的好感呢？

（1）要想保持微笑，就要使自己每日的内心活动，都要保持良好的状态。要在心目中，暗示或唤醒能够使自己微笑的意识。要在想象中，看见那些美好的人与事、景与物，听见那些美好的声音。

（2）要在心中充满对人间的热爱和温暖。对朋友、对邻居，甚至对路上的行人都充满由衷的好感。要相信自己的智慧和力量，相信自己能够战胜一切困难。

（3）要懂得身心放松的要领，能够使自己始终保持在一种身心放松的状态中。要保持美好愉快的笑容，也需要一个情况良好的身体。在身体虚弱的时候，微笑也会像缺少水分和阳光的花一样变得枯萎了。

（4）进步是会使人微笑的。如果你每天能够进步一点点，无论哪一方面的进步，都会使你微笑的。清理一下自己的房间，看到了窗明几净，你能不微笑吗？与同事之间的“疙瘩”解开了，想到这里你能不微笑吗？给朋友回一封充满情谊的信，当你将信投入邮箱时，你能不微笑吗？

（5）改正一个错误，也会使人微笑。错误的思想与行为，常常给人带来许多麻烦与苦闷。错误本身也会给人的内心蒙上重重的暗影，使自己对前途充满了忧虑。而一旦改正自己的错误，不只是为微笑提供了丰富的内容，而且还是创造微笑的力量。

（6）多想想那些曾经关怀过你的人，也会微笑。想想你遇见过的恩师挚友或开明领导，好邻居或好房东以及好医生或好护士……朋友之间的好言好语，好颜好笑，一次次友谊的握手，一次次亲切的聚会，如果你常常回忆这些，你也会微笑的。

微笑是一种交际手段。在现实生活中，如果人人脸上都有微笑，会使苦恼的人也感到愉快、安详，气氛也融洽、平和，至少人人的心中都少了许多令人不愉快的情绪，争吵打斗的事情也就越来越少了。这种微笑，好像是一种磁力、一种电波，能够和许多人的心灵相通、相近、相亲。

眼神交流的技巧

语言表情中最重要的是眼神。黑格尔在《美学》中说:“不但是身体的形状、面容、姿态和姿势，就是行动和事迹、语言和声音以及它们在不同生活情况中的千变万化，全部要由艺术化成眼睛，人们从这眼睛里就可以认识到内在的无限的自由的心灵。”

“双目炯炯有神”这句话是人们用来描述一个人精力旺盛、机敏干练的，从这句话可以发现“眼”与“神”之间的联系。眼睛里流露出来的光彩，人们即称之为眼神。眼神是人际交往中最能传神的非语言交往。人的眼神是通过眼睛的开闭张合，眼球的运动，瞳孔的舒缩，视线的变化以及眉毛的配合表现出来的。眼神有热情友好的、含情脉脉的、严厉苛刻的、慈祥的、和蔼的、凶恶的、胆怯的、坚定的、蔑视的等多种类型。

眼神能表现不同的姿态。炯炯有神的目光，是对事业热烈追求的表现；麻木呆滞的目光，是对生活心灰意冷的表现。明澈坦荡的眼神是为人正直、心怀博大的反映；狡黠的眼神，是为人虚伪、心胸狭窄的反映；故弄玄虚的眼神，乃是高傲自大的体现；神秘莫测的眼神，则是狡猾奸刁的体现。坚定执著的目光，是志怀高远的表示；飘忽浮动的眼光，是为人轻薄浅陋的表示。似匣剑出鞘，灼灼逼人的目光，是正派敏锐的写照；如蛇蝎蛰伏，灰冷阴暗的目光，是邪恶刁钻的写照。坦诚者目光似一泓清泉，悠然见底；英武者目光如电掣雷奔，波澜惊绝；典雅者目光似白云初晴，幽鸟相处；俊秀者目光如玉气藏虹，珠胎含月；妩媚者目光似春花始香，夏榴初笑；豪放者目光如天风波浪，海山苍苍……目光是多种多样的，它表达的情感也必然是多种多样的。

眼神能很好地表达出对他人的尊重与否。一般地，仰视表示尊重、敬畏之意，适用于面对尊长；俯视通常用于身居高处之时，既可表示对晚辈的宽容、怜爱，也可表示对他人的轻慢、歧视；而平视适用于在普通场合与身份、地位平等之人进行交往。因此，与人交往时尽量不要站在高处自上而下地俯视于人；面对长辈、上司和贵宾时，站立或就座应选择较低之处，自下而上地仰视对方，往往会赢得对方的好感。当对方缄默不语时，就不要看着对方，以免加剧因无话题本来就显得冷漠、不安的尴尬局面。当对方说了错话或显得拘谨时，不要马上转移自己的视线；否则，他会误认为是对他的讽刺和嘲笑。

眼神，犹如一面聚焦镜，凝聚着一个人的神韵气质。凡是亲耳聆听过周总理演讲的人，无不为他那刚毅、睿智的眼神所吸引，从中得到激励；凡是亲耳聆听过陈毅演讲的人，无不为他那英灼、敏锐的眼神所慑服，从中受到鼓舞。

切记，我们的一双眼睛时刻都在“说话”。互相正视片刻，表示坦诚；互相瞪视，表示敌意；乜斜着眼扫一下，表示鄙夷；正视、逼视，表示命令；不住上下打量对方，表示挑衅；低眉偷觑，表示困窘；行注目礼，表示尊敬、关注；白他一眼，表示反感；双目大睁或面面相觑，表示吃惊；眼睛眨个不停，表示疑问；眯着眼看，表示高兴或者轻视。

在说话进入正题的时候，对方时而移开目光直视远处，这表示他根本不关心你说什么；当你看到对方灰暗的眼光，就应该想到对方有不顺心的事或发生了什么意外的事情；而当你和对方交谈时，对方的眼睛突然明亮起来，则表示你的话触动了他的心灵和兴趣。对方瞪着你不放，嘴里却不由自主地说：“哎，事到如今，听天由命吧！”这种态度表示自己的谎言或罪过即将被揭穿时，不由自主地显示出一种故作镇定的姿态。当某人内心正担忧某件事而无法真正坦白地说出来的时候，他也会有这样的眼语。这种眼语可理解为有自卑感，或对方正想欺骗你。在说话进入正题的时候，对方时而移开目光直视远处的话，这种情况不是他根本不关心你说什么，而是他正在思考事情。特别是你的伴侣，当你谈到严肃的话题时，她时常把眼光移向远处东张西望的话，可以判断，她内心正在进行着各种打算。

还有，如我们和上司打交道时，对其眼睛的观察，能够洞悉其内心的一切：上司从上往下看人，这是一种优越的表现——好支配人、高傲自负；上司说话时不抬头，不看人，这是一种不良的征兆——轻视下属，认为此人无能；上司久久地盯住下属看——他在等待更多的信息，他对下级的印象尚不完整；上司偶尔往上扫一眼，与下属的目光相遇后又向下看，如果多次这样做，可以肯定上司对这位下属还吃不准；上司友好和坦率地看着下属，或有时对下属眨眨眼，说明下属有能力、讨他喜欢，甚至在工作中出现的错误也可以得到他的原谅；上司的目光锐利，表情不变，似利剑一般要把下属看穿，这是一种权力、冷漠无情和优越感的显示，同时也在向下属示意：你别想欺骗我，我能看透你的心思；上司向室外凝视着，不时微微点头，这是糟糕的信号，它表示上司要下属完全服从他，不管下属们说什么，想什么，他充耳不闻。

和朋友接触或被介绍认识的过程中，可以以凝视对方稍久些的方式来表示自己的自信，也能给对方留下一个深刻的印象。

和别人碰面时，可以用把眼光移开的方式解决自己不自在的感觉，这么做可以减轻你所感受到的压力，同时也表示顺服，或承认自己地位较低。

当对方赠给你名片时，接过后一定要当着对方的面，认真看一会儿，这样做，对方会认为你是很尊重他的。

在交谈过程中，应注视对方的眼睛或面部，以示尊重。但当双方缄默无语时，就不要再看着对方；否则，将使对方更显尴尬。当别人说了错话或做了很不自然的动作时，盯着他的脸，或看一眼后马上转移视线，都会使人产生一种错觉，认为你在用眼光讽刺嘲笑他的感觉。

在非言语信息的传递中，眼神具有特殊的作用。正直的人眼睛明亮，心术不正的人眼睛污浊。因此，你在与人交谈时，应该把自己的真诚、热情、感染力通过炯炯眼神传达给对方。这种眼神的交流对进一步的谈话是必不可少的准备。

瞳孔的放大与缩小、眼睑的睁大与闭小，都是内心变化的反应。爱一个人时，瞳孔是放大的；气愤、厌恶、冷漠时，瞳孔是缩小的。专心致志地听，脸部肌肉放松，眼睑是睁大的；反感、不解时，眼睑又会闭小。

眼神接触也有不同含义。一般来说，听话或说话的人如果心中有鬼是不敢正视对方的。这在许多的电影镜头中也会看到。眼神接触少的人也可能是羞怯，但羞怯的是偶尔一瞥的目光，与歹人暗中观察别人的眼神全然不同。女性在交谈中喜欢观察别人；对方不说话时，她们会转移视线。男性则喜欢盯着别人，在对方讲话时会显出漫不经心的样子。据有人观察，交谈时注意的时间约30%-60%之间。如果凝视时间过长，说明双方对人的兴趣超过了话语本身，如情侣间便是如此。

了解了眼神的准确含义，你就能在进一步的交谈时合理地运用目光，以增强交谈效果，减少误会。除去演讲，正常交谈时双方的眼神以水平位置相同或相近为好。因为俯视的眼神会给人盛气凌人之感，会使人产生自卑或抵触情绪。有人在办公桌前坐定，一边办公一边与人交谈，常使对方感到不快。交谈时还切忌斜视，斜视的含义贬多于褒。

恰如其分的眼神可以体现出一个人的道德、修养或情操。交谈时东张西望、左顾右盼最不礼貌。如果说话者如此，则反映出傲慢、缺乏交谈的诚意、修养欠佳；如果听话者如此，则反映出轻视、不专心，都会影响双方感情。谈话时应注意看着对方，但不必总是盯着对方的眼睛，以免使他手足无措。

肢体语言比有声语言内涵更丰富

肢体语言是一种无声语言，它是一种比有声语言更能表现一个人的情感和个性欲望的语言。美国心理学家爱德华·柯尔在他的《肢体语言》一书中说："肢体语言所显示的意义要比有声语言多得多，而且深刻很多。"

人类发出的语言信息，其中肢体语言占有较大比值。肢体语言比有声语言内涵更丰富，更具有多变性、多意性和联想性。肢体语言的符号就像一幅色彩斑斓的图画，人们常说每一个男人的心里都有一个林黛玉的形象，每一个女人的心里都有一个“哈姆莱特”的形象。这就是说，每个人在接触艺术符号的时候，都凭借着自己人生的经验去补充、去完善、去创造。到今天为止，学者们已发现并记录下了200万种非语言的信息。莫拉宾发现一个信息的传达是由7%的语言和38%的声音以及55%的非语言所组成的。戴维斯在《怎样识别肢体语言》一文中也得出了相似的结论：信息总效果 = 文字（7%）+ 声音（38%）+ 面部表情（55%）。因此英国学者莫里思认为:“人类从里到外还是‘动物性的生物’——是一种以动作、手势、行动来表达和沟通的灵长类动物。”

从对方身体各部位的动作来了解人的思想感情，是了解和掌握说话要领的一种技巧。如：正襟危坐表示恭谨，手舞足蹈表示欢乐，振臂昂首表示慷慨激昂，点头哈腰表示谄媚。可以说，不使用动作的人是没有的，同时，动作也是调整体态平衡的一种需要，而且，还强化你抒发此地此时的感情。如：当孩子有错误时，母亲往往在说理时搂着孩子。这一动作充分体现了母爱的赤诚，从而也更容易感化孩子的心灵。

肢体语言有各种各样的表现，是比较复杂而微妙的，但不管如何，不是自然的动作，就是呆笨的动作。多年前，美国纽约市市政厅邀请瑞格去一个集会演说。事前由当地一位不善言辞也不注重体态表情的秘书明威尔做开场白。明威尔由于结结巴巴，使听者的反应从一开始就不大热烈。更糟的是明威尔开始慌乱起来，他的腿不停地改变姿势，从分立变成交叉，甚至将脚尖微微相对，引起前排的妇女阵阵笑声，他赶忙将手抽出来，环抱着，听众又是一阵骚动，结果，这种拙劣的表演把在场的听众的兴致全部打消了。

良好的体态，首先要给人一个精神饱满的印象，弯腰驼背的模样，不仅给人一种颓丧感，而且对说话也不利。目前，西方学者提出演讲者的姿势，强调头抬得高些，背挺得直些，眼光注视观众，这种体态不但充满活力，而且使你的话语带有权威性，因为这种体态显示了演讲者的自信和坚定。当然，也有人出于策略需要，故意装出颓丧不振的样子，以尽量打消对方听话的兴趣。在某种情况下，这也是一种技巧。美国著名律师达罗，有时会在他的对手向陪审团提出证据时要点小花招，他乱动乱摆，甚至让手中的雪茄烟灰逐渐增长，直到人们的眼睛望着他，直到手中烟灰落下来，使对手说不下去。

肢体语言的类型

每个人说话时都有自己独特的肢体语言风格，但都不外乎三种类型，即情感型、示意型、陈述型。这三种肢体语言类型在具体运用中互相协调、互相联系。

1. 情感型

这是表示思想感情机能的身体语言，它分为两种，第一种是不欢迎的意思。比如，有两个人在一块儿说话，你也走过去和他们在一起，如果他们只是很平淡地看了你一眼，那就说明他们对你的到来不感兴趣，你最好主动离开。第二种是欢迎的意思。比如两个人坐在桌旁，他们的姿势很自然地互相对称，这表明其中一人对另一人十分感兴趣。

另外，有时几个人在一起组合成一个势力圈，而对圈内的人来说，则是一个整体。这说明情感型肢体语言具有对立统一的特点。

2. 示意型

肢体语言是可以用语言表达意思的语言。如迎接客人时“请”的姿势就是典型。这种肢体语言在身体各个部位都有所表现。例如腿部：你在酒吧等人，但等了很久都没有人来，这时你的腿开始抖动，甚至还出现频频顿足的动作，而头部也频繁地朝门口扭动，眼睛不时地往来人的方向张望或看手表，这一系列姿态就把你焦躁不安的心态暴露无遗。

还有腰部。弯腰是表示某种“谦逊”或“尊敬”的态度。经常挺直腰板站立、行走或坐下的人，表示其较强的自信心和自制力，也可能表示其性格过于古板。

其他部位都有不少这类肢体语言。挺起胸部，手臂抬高交叉脑后，表示自信、有把握或有优越感；挺起腹部，意在扩大自己的势力范围或威慑对方。反之，抑腹蜷缩则表现出不安、消沉和沮丧。

3. 陈述型

这是对语言表达的思想内容进行补充和说明的肢体语言类型。首先，它有助于增强反馈效应。例如美国人交谈时，头部的动作很频繁。如果想等待答复，他总是动头，每次说完话后也是动头，意思是说自己的话完了，请对方接着说。如果自己以陈述语气继续讲话，那么他就不会动头，并且保持同样的语调。

其次，陈述型肢体语言有助于强化语义。例如一个人面对一群人演讲，当讲到特别重要的内容时，便不由自主地站立起来，甚至上身还向听众倾斜，目的是要强调所讲内容的重要性。

另外，陈述型肢体语言还有助于提高听众的理解，有助于你说话顺利流畅，有助于提醒听众的注意。所以说，陈述型肢体语言是善于言谈者的拿手本领。

巧用肢体语言的功能

肢体语言，作为人类在相互交往中，用身体态势动作来传达思想、表达感情的一种语言形式，它的产生和发展是有其必然性的。

电影表演大师卓别林早年出演的无声电影之所以在全世界受到广泛的欢迎，就在于卓别林准确夸张的肢体语言的配合。这种配合显示了肢体语言的强大功能。

肢体语言在人与人之间传达出“无言的沟通”，它的功能有以下四点：

1. 替代功能

《晋书·阮籍传》记载，魏晋时代被誉为“竹林七贤”之一的阮籍善为青白眼。所谓“青”，就是黑的意思。“青眼”即人喜悦时眼睛正视，黑珠在中间，是相对于“白眼”（眼睛向上或向旁，现出白眼）而言的。阮籍常用“青眼”表示赞许和喜悦；用“白眼”表示厌恶和蔑视。他见到雅士，便作“青眼”；见到俗人，即以“白眼”对之。阮籍居丧期间，嵇喜前往吊唁，他白眼冷对，嵇喜十分难堪，只好不怿而退。嵇喜的弟弟嵇康听说后，便提着个大酒壶，挟着把琴也来吊丧，阮籍立即投之以青眼，表示欢迎。今天我们常用的“青睐”、“垂青”等词，也就是由此而来。心理学家阿盖尔认为，诸如承认、爱欲、挑衅、拒绝、寻衅、优越感、屈从、谦恭、满足、妥协、害怕、悲伤、欢乐、痛苦、哀愁等情绪，通常都可以由肢体语言直接替代加以表达。

2. 表露功能

有时，千言万语难以表达的思想感情，或一时说不出口的心底的话，采用肢体语言巧妙地加以表露，就容易使对方心领神会。

3. 辅助功能

在社交场合讲话要生动有力，给人以深刻印象，那更是少不了肢体语言来辅助。辅助手段如果运用得当，可以加强语势，并能取得较好的信息沟通效果。

4. 调节功能

有人来访，你正在忙，当对方还在滔滔不绝地漫谈时，你会用看看手表或坐立不安等肢体语言，来暗示对方“废话少说，无事快走”。当教师讲解不清时，学生的脸上会出现困惑不解的神色，有的可能摇头以示不悦，这时许多教师会及时理解学生向自己发来的调节信号，并迅速做出积极反应。

肢体语言的上述四种功能，显露了不可低估的“无言的沟通”之意义。如果一个人不会正确破译肢体语言，不善于发挥它在人际交往与沟通中的作用，那就可以确定他成功的大门还没有真正的打开。

好口才的站姿语

站立是人们生活交往中的一种最基本的仪态。“站如松”是说人的站立姿势要像松树一样端直挺拔。正确健美的站姿会给人以挺拔笔直、舒展大方、精力充沛、积极向上的印象。

一个人的站姿要显得健康、自信。标准的人体站姿应该是：抬头，两眼平视前方，嘴唇微闭，面带微笑，下颌微收；放松双肩，稍向下压；挺胸、收腹、立腰；双臂自然下垂于身体两侧，双腿直立，膝和脚后跟要靠紧。一个人站立时不良的姿态表现为：身体僵直，胸部外凸，板腰；垂肩，脊柱后凸，腹部鼓起；胸部下凹及垂肩，脊柱侧凸。此外，缩头探脑，佝偻双肩，双腿弯曲颤抖等，这些站姿都会给人留下不良印象。不良站姿无法显示出一个人的朝气及活力。

无论男性还是女性，站立姿势表现出挺、直、高，那他（她）便是具有了基本的美感。就男性来说，站立时身体各主要部位舒展，头不下垂，颈不扭曲，肩不耸，胸不含，背不驼，髋、膝不弯，这样他就做到了“挺”。站立时脊柱与地面保持垂直，在颈、胸、腰等处保持正常的生理弯曲，颈、腰、背后肌群保持一定紧张度，这样他就做到了“直”。站立时身体重心提高，并且重点放在两腿中间，这样他就做到了“高”。就女性来说，站立时头部微低，显示了她的温柔之美；挺胸，不仅使她显得朝气蓬勃，而且让人觉得她是个自信的人；腹部微收，臀部放松后突，表示她很在意女性曲线美。

在社交场所和任何人群集合的地方，人们三个一群两个一伙地站着谈话，其站姿各种各样。相对站立，这是两个人谈话时常采用的姿态，其中包括两种含义：一是亲密友好，一是彼此发生争吵。又有双人八字形站姿，表明欢迎别人加入。还有多人并肩站姿，说明几个人受到同一约束力。

站立时，对方手臂的姿势也值得琢磨：手臂下垂时，表示他此刻的心理处于松弛状态，心态比较自然，手臂张开时，表示出欢迎和拥抱的姿态，手臂交叉时，既表现一种防卫心理，又具有一定的掩饰作用。即便是颇有声望的政界要人，或社会名声显赫的人物，在与陌生人打交道时，都会程度不一地采用这种姿势。用手握臂时，表示一种自制。有的人置身陌生人当中，为了掩饰不安的心情和缺乏自信心理，会采取这种姿态。手臂上举时，要么表示胜利，要么表示投降，要么表示敬礼、挥手、招手等特定的含义。

站姿可以随着场合进行调整。同别人交谈时，如果空着手，可双手在体后交叉，右手放在左手上。若身上背着背包，可利用背包摆出优雅的站姿。向长辈、朋友、同事问候或做介绍时，无论握手或鞠躬，双足应当并立，相距约10厘米，膝盖要挺直。等车或等人时，两足的位置可一前一后，保持45度，肌肉放松而自然，并保持身体的挺直。如果站立时间过久，可以将左脚或右脚交替后撤一步，其身体重心置于另一只脚上。但是上身仍需直挺，脚不可伸的太远，双腿不可叉开过大，尤其女性应当谨记，变换也不可过于频繁。双腿交叉，即别腿，也不美观。总之，站的姿势应该是自然、轻松、优美的，不论站立时摆何种姿势，只有脚的姿势及角度和手的位置在变，而身体一定要保持绝对的挺直。

好口才的坐姿语

正确的坐姿在说话时给人以端庄、稳重的印象，使人产生信任感。一方面，对坐姿的要求是“坐如钟”，即坐相要像钟那样端正稳重。端庄优美的坐姿，会给人以文雅稳重、自然大方的美感；另一方面，它也给交谈带来方便。坐姿本身就可以向对方传递信息，因此应作为一种交谈手段加以注意。

首先，为了促进交谈，坐椅子时可稍往前坐一点，身体前倾，采取这样的姿势，便于将身体前后摇动，以对对方的谈话内容表示肯定，同时还可以促使对方做决定。如果背部靠在沙发上，则给人以傲慢的印象，同时身体后仰，会使下巴突出，这样容易暴露自己的想法，被对方掌握主动权。

其次，交谈时可以采取稍微侧身的姿势，这样面向对方的侧身坐姿，会产生一种易于接近的作用。

正确的坐姿是：入座时要轻要稳。走到座位前，转身后，轻稳地坐下。然后把右脚与左脚并齐，坐在椅上，上体自然挺直，头正，表情自然亲切，目光柔和平视，嘴微闭，两肩平正放松，两臂自然弯曲放在膝上，也可以放在椅子或沙发扶手上，掌心向下，两腿自然弯曲，两脚平落地面，起立时右脚先向后收半步然后站起。

人的正常坐姿在其身体背后没有任何依靠时，上身应正直而稍向前倾，头平正，两臂贴身自然下垂，两手随意放在自己腿上，两腿间距和肩宽大致相等，两脚自然着地。背后有依靠时，在正式社交场合，也不能随便把头向后仰靠，显出很懒散的样子。

一般来说，在正式社交场合，要求男性两腿之间可有一拳的距离，女性两腿并拢无空隙。两腿自然弯曲，两脚平落地面，不宜前伸。在日常交往场合，男性可以跷腿，但不可跷得过高或抖动；女性大腿并拢，小腿交叉，但不宜向前伸直。

无论哪一种坐姿，都要自然放松，面带微笑。在社交场合，不可仰头靠在座位背上或低着头注视地面；身体不可前俯后仰，或歪向一侧；双手不应有多余的动作；双腿不宜分开过大，也不要把小腿搁在大腿上，更不要把两腿直伸开去，或反复不断地抖动。这些都是缺乏教养和傲慢的表现。

无论何种坐姿，上身都要保持端正。

端坐时应注意，双手不宜插进两腿间或两腿下，而“4”字形的叠腿方式，或是用手把叠起的腿扣住的方式，则是绝对禁止的。有失优雅风度的坐姿，如把脚藏在座椅下，甚至用脚勾着座椅的腿，这都是非礼的举动，均属避免之列。

在谈话中，选用什么样的坐姿，受语境的限制，我们要根据场合选用适当的坐姿。运用正确得体的姿势语言可以配合有声语言更加有效、生动地传递信息，运用得好可以增强有声语言的表达效果，甚至在不便说、不愿说的情况下，巧妙地运用体态语言可以收到“无声胜有声”的效果。

一个人的坐姿是他的修养和个性的体现。得体的坐姿可以塑造说话者的良好形象，否则就会让人反感。

好口才的步态语

人们行走的姿态——步态——是千姿百态、变化万端的，比如有消磨时间的散步、无精打采的慢步、大摇大摆的阔步、闲庭自得时的信步、节奏均匀的慢跑、风驰电掣的疾奔、老态龙钟的蹒跚、犹豫不决的徘徊、偷偷摸摸的蹑行、摇摇摆摆的跛行、姿态优雅的滑行、兴高采烈的蹦跳、心焦气躁的急走、故作姿态的扭摆、夸张行进的正步、急促小奔的碎步等等。这些移动身体的步态，每个人在日常生活中都会用到其中某些部分。

每个人具有独特的走路姿势，这些特征是因为身体的结构而有所不同，但是步法、跨步的大小和姿势，似乎是随着情绪而改变的。假如一个人心情愉快，他会走得比较快、脚步也轻快；反之，他的双肩会下垂，走起路来好像穿着铅底的鞋子一般。走路快且双臂自在摆动的人，往往有坚定的目标而准备积极地加以追求；习惯双手半插在口袋中，即使天气暖和时也不例外的人，喜欢挑战而颇具神秘感，通常他善于扮演“魔鬼的拥护者”的角色，因为他喜欢贬低别人。

一个自满甚至傲慢的人走路时，他的下巴通常会抬起，手臂夸张地摆，腿是僵直的，步伐是沉重而迟缓，似是有意加深别人对他的印象。有的人行走时心情轻松，步子的幅度适中，步速不紧不慢，上身直立，两眼平视，两手摆动自然。这种步姿的含义就是“自如轻松，比较平静”。一个人在沮丧时，往往拖着步子将两手插入口袋中，很少抬头注意到自己往何处走。一个人在这种心情下，走到井边，说不定会朝里边望一望，借以转移目标，暂时忘记烦恼。走路时双手叉腰的人，看起来像个短跑者，往往他想在最快的时间内跑最短的距离，以达到自己的目标。他突然爆发的精力，常是在他计划下一步决定性的行动时看似沉寂的一段时间内所产生的。一个人在行走的时候，上身挺直，步伐矫健，双膝弯曲度小，步姿幅度和速度都适中，步伐和手的摆动有强烈的节奏感，眼睛正视前方。这种步姿的含义就是“庄重、热情、有礼”。

正确的步态表现出一个人朝气蓬勃、积极向上的精神状态，呈现出一种健美的姿态，行走出一阵疾风，给人留下美好的印象。

好口才的手势语

人的肢体语言中，手势是十分突出的。演讲、教学、谈判、辩论乃至日常交谈，都离不开手势，因此有人说手势是第二唇舌。手势语是一种表现力很强的体态语言，它通过手和手指的活动变化使所要表达的思想和情感内容更加丰富，更具吸引力和说服力。

此外，在让座、握手、传递物件、表示默契，以及在谈话进行中，手势能借以加强我们语言的力量，丰富我们语言的色调。所以说，手势是一种独立的、有效的语言。

语言学家们认为，手势是人类进化历程中最早使用的交际工具，是先于有声语言的，手势语在当时的交际中，使用频率之高，范围之广，非今日可比。

早在两千年前就有一位古罗马的政治家、雄辩家说过：“一切心理活动都伴随着指手画脚等动作。双目传神的面部表情尤其丰富，手势恰如人体的一种语言，这种语言甚至连最野蛮的人都能理解。”

1. 手势的作用

说话时巧妙地运用手势，有显而易见的作用：手势语言使所说的话给人以立体感、形象感，帮助对方理解所说的内容。手势语言能强化感情，激起对方共鸣。手势语言还能传达微妙感情，同时提醒自己及时调整表达内容或表达方式。手势能增加说话的魅力，突出自己的个性。如某人演讲的结束语说：“让我们张开双臂，拥抱明天，拥抱未来！”说话时张开双臂，目视前方，显得生动、形象。既是一种情绪的自然流露，又具某种象征意味，极富感染力。手势的运用恰到好处才会发挥其作用，并不是在任何场合、面对任何对象都有作用。尤其是在比较庄重的场合，用手势表情达意，应是无意识的，否则会给人做作的感觉。手势要协调，不能说东指西，令人无所适从。

哇啦乱叫不是说话，乱挥乱舞不是手势。不自然的手势，会招致许多人的反感，造成交际的障碍。

2. 手势的特点

手势有如下三个特点：

(1) 能代笔描绘形象。

人们在日常生活中常常用手表示物体的大小、高矮、长短等。戏剧中手势更多，开门、关门、骑马、上车，都可以通过手势表现出来。

(2) 能传达强烈的感情。

手势可以表示强调，如欢乐时手舞足蹈；愤怒时紧握拳头；懊悔时拍腿顿足；勇敢时拍胸而应；痛苦时捶胸顿足；失望时双手捂脸。有的手势令人远远地感到他的热情和欢喜；有的手势却轻率得像个阿飞；有的手势漫不经心；有的手势使人觉得洋洋自得；有的手势告诉你他非常忙，正要赶着办一件紧急的事情；有的手势又告诉你他有要紧的事情要和你谈，请你等一等。

(3) 能指示方位或借代事物。

问路时，人们常用手指指示方向；在人群中寻找某人时亦用手指点。另外，手势可代替数目，中国人吃酒划拳的手势就是以指代数。

3. 手势表达的方式

说话时，人们用手势来表达态度的方式主要有：用手遮住额头，表示害羞、困惑、为难；用手搔头，表示尴尬、为难、不好意思；双手相搓，说明陷入为难或急躁状态之中；双手摊开，表示真诚、坦然或无可奈何；双手叉腰，说明对方在挑战、示威或感到自豪；双手插在口袋里，表明内心紧张，对将要发生的事没有把握；双手抱在胸前，表明胸有成竹，对将要发生的事已经做好思想准备；交谈中用手指做小幅度的动作，表明其对提议不感兴趣、不耐烦或持反对态度。

心情处于焦虑不安时，一些人习惯将一只手放在桌上或沙发扶手上，不停地轻弹手指；一些人则习惯用手指搓捻纸条或烟蒂；有些年轻女性则喜欢用手绞手绢。面临某一选择而处于犹豫不决或不知所措的心理状态时，一些人会不知不觉地用手搔脖子；一些人则会用手搔后脑勺。当人们对某件事情充满渴望和期待的心理时，常常会情不自禁地摩拳擦掌。

手势是一种无声的语言，如在表示亲密时热情握手；分别时挥手相向；熟人见面招手示意；紧握拳头表示信心和力量；摆手则是谢绝；学生举手发言是礼貌之举；胜利时则拍手欢呼等等。

4. 握手技巧

握手在现代社交中非常普遍，除了传统的表示友好和亲近外，还表示见面时的寒暄，告辞时的道别，以及对他人的感谢或祝贺、慰问等等。握手不仅是中国人最为常用的一种见面礼和告别礼，而且在涉外交往中也普遍适用。

握手的感觉比一般礼节性要求的内容更丰富、细腻。紧紧相握、用力较重是热情诚恳，或有所期待的表示；力度均匀适中，说明情绪稳定。握手既轻且时间短，认为是冷淡不热情的表示；握手时拇指向下弯，又不把另外四指伸直，则说明不愿让对方完全握住自己的手，是对对方的一种藐视。用两只手握住对方的一只手，并左右轻轻摇动，是热情、欢迎、感激的表现；反之，刚触到对方的手掌便立即放开，是冷淡和不愿合作的反映。

握手时手指微向内曲，掌心稍呈凹陷，是诚恳、亲切的表示。握手之时，掌心朝下显得傲慢，掌心朝上则显得谦恭，而伸出双手去捧接对方的手那更是谦恭备至了。

握手时还要讲究先后次序。握手次序要依据双方所处的社会地位、身份、性别和各种条件来确定。一般来说，长辈在先，上司在先，主人在先，女士在先。客人、男士、下级、晚辈，应该先问候对方，见对方伸出手后，立即与之相握。在上级、长辈面前不可贸然伸手。如果对方人多，应该先上级，后下级；先长辈，后晚辈；先主人，后客人；先女士，后男士。

握手还可以表示感谢、祝贺、鼓励、慰问之意。矛盾和解了，有时也多习惯以握手为礼。

手势语也是一种表现力很强的体态语言，是传情达意的有力手段之一。

第10章

说话看对象，讲话注意场合

说话总是双向的，不论是在公共场合发表演讲，还是和别人随意交谈，除了说话者自己外，还有说话的对象。为此，说话人就不能想说什么就说什么，而要看对象，从对象的不同特点出发，说不同的话，从而创造一种和谐融洽的气氛，达到说话的目的。

古人说:“知己知彼，百战不殆。”说话也一样，在开口之前，必须先了解对方，然后针对不同的对象，采取不同的会谈技巧，只有这样才能把话说到别人心里去。

不同的言辞

《鬼谷子·权篇》将“看人说话”的技巧演绎得淋漓尽致:“与智者谈话，要以渊博为原则；与拙者谈话，要以强辩为原则；与善辩的人谈话，要以简要为原则；与高贵的人谈话，要以鼓吹气势为原则；与富人谈话，要以高雅潇洒为原则；与穷人谈话，要以利害为原则；与卑贱者谈话，要以谦恭为原则；与勇敢者谈话，要以果敢为原则；与上进者谈话，要以锐意进取为原则。”这些都是与人谈话的原则。

会说话的人之所以受人欢迎，是因为他们能够根据不同的情况、不同的地点、不同的人物，变换自己说话的语气和方式，通俗一点说，就是有“变色龙”的本领。看到对方喜欢什么，你就要顺着他喜欢的话去说，顺着他喜欢的事去做；看到对方厌恶什么，忌讳什么，就要避开他忌讳的不去说，避开他厌恶的事不去做。这样，对方就会觉得你是他的知心人。相反，如果你以说教的口气同你的老师说话，以傲慢的态度同长辈说话，以咄咄逼人的言辞同上级说话，那么你注定是不会受欢迎的。

会看人说话，《红楼梦》里的王熙凤就是典型的代表人物，她非常善于察言观色。我们来看林黛玉刚进贾府的那一幕。在林黛玉刚进贾府时，王夫人问:“是不是拿料子给黛玉做衣裳呀?”凤姐答:“我早都预备好了。”也许，她根本没有预备什么衣料，但是王夫人就点头相信了。

全国人口普查时，一个青年普查员向一位70多岁的老太太询问“您配偶姓名?”老人愣了半天，然后反问“什么配偶?”普查员又解释:“就是你丈夫。”老太太这才明白。

这位普查员说话不看对象，难怪会闹笑话。所以，欲收到理想的表达效果，就应当看对象的身份说话，对什么人，说什么话。如果不看身份说话，别人听起来就会觉得别扭，甚至产生反感，那势必要影响交际效果。

大多数人在说话的时候也容易犯这样的毛病，不看对象，就急于开口，结果惹得对方不高兴。在社交中要想讨人喜欢，就要学会见什么人说什么话，见到胖人说丰满是美，见到瘦人就说现在流行骨感美人。古人说："知己知彼，百战不殆。"说话也一样，在开口之前，必须先了解对方，然后针对不同的对象，采取不同的会谈技巧，只有这样才能把话说到别人心里去。否则就会惹得对方不高兴，甚至惹出是非。

一位衣着时髦的白领小姐为购买一件时装而迟疑不决时，年轻的女营业员忙上前说："这件衣服品位高雅，销路很好，今天早上就卖出好几件。"可那位小姐听后立即走了。一会儿，一位中年妇女来了，准备买一件新潮的马甲，那位营业员接受了刚才的"教训"，便说："这件马甲很气派，一般人穿着还压不住它，从进货到现在还没有卖出一件，看来只有你最适合了。"这位中年妇女听了气呼呼地走了。上面这位女营业员说话不看对象，结果惹得顾客一肚子的不高兴，自然不会买她的衣服。作为白领，追求与众不同的效果，如果自己穿的衣服大街上到处都能看到，那是有失品位的。而对于中年妇女，最怕别人都穿不了的衣服自己才能穿，那说明自己已经老了，赶不上潮流了。可见，说话不看对象，难免事与愿违。

有这样一个笑话：来自各国的实业家们正在一艘游艇上，一边观光，一边开会。突然船出事了！船身开始慢慢下沉。船长命令大副立刻通知实业家们穿上救生衣跳海。几分钟后，大副回来报告说没有一个人愿意往下跳。

危机之时，船长的女儿对父亲说："我有办法让他们跳海。"果然，一会儿工夫，只见实业家们一个接一个地跳下海去。大副请教这位小姐说："您是如何说服他们的呢？"她说："我告诉英国人，跳海也是一项运动；对法国人，我就说跳海是一种别出心裁的游戏；而警告德国人说——跳海可不是闹着玩的！在俄国人面前，我认真地表示：跳海是一种壮举。"

"您又是怎样说服那个美国人的呢？"

"太容易了！"船长的女儿得意地笑道："我只说已经为他办了人寿保险。"

这虽然只是个笑话，但是却说明一个道理，那就是要"看人说话"，并且应精心地选择说话的内容和方式。

在现今社会，我们交际的圈子越来越大，所面对的交际对象也是性格迥异，很多人不仅自己说话比较讲究方式方法，而且也很希望别人说话有分寸。因此，要学会根据别人的潜在心理说话，把话说到对方的心坎儿上，时刻注意揣摩你的交际对象心里在想什么。只有这样，你说的话才会与对方的心理相吻合，对方才乐于接受。

在为人处世中，我们也要学会与不同身份的人交际说话。针对不同的身份，所选话题也应有所不同，即要选择与之身份、职业相近的话题。例如：当我们遇到老人，就一定要去谈他的小孙子、小孙女，因为在老人的心目中，他的小孙子是最可爱的。因此，我们要学会看人说话。

虽然我们人人都会说话，但说得好与坏，恰到好处与否，却并非是人人皆会的，好的话会给你带来融洽的人际关系，不得体的话语则会成为你前进路上的绊脚石，两者有着天壤之别。人类语言交流的实践证明：表达同一思想内容，在不同交际场合要求采取与之各自相应的语言形式，否则就达不到交际的目的。

只有学会对不同的人说不同的话，我们才能把话说到对方的心坎儿上，这样才能使你“言”到功成！从称谓到措词组句，从语气到表达方式都要不失身份，恰当得体。只有这样你才能够成为最终的大赢家。

如何与陌生人交谈

与陌生人交往时首先要消除彼此之间的陌生感，会说话，能侃侃而谈，又机智幽默，有时令人发笑，有时令人沉思，这样你才会处到好人缘，成为人群中的中心。

许多人和陌生人谈话都会感到拘谨，建议你先考虑一个问题：为什么与老朋友谈话不会感到困难？很简单，因为你们相熟。比如，对对方的兴趣爱好、经历都有一定的了解，哪些话该说，哪些话不该说，心中都有底，所以说起话来，比较轻松自然。

初次与陌生人交谈，由于双方素不相识，没有相互了解的基础，如果不注意讲话的基本要求，双方就很难沟通。

温和友善与彬彬有礼是与陌生人交谈的前提。只要以礼貌友善的态度进行交谈，双方就会很快地进行交流。

如果去拜访一位陌生人，你首先应当对他有所了解。向你们双方都认识的朋友那里探听对方的一些情况。

陌生人之间的交谈应做到：

1. 说话中要适当考虑措辞

有人认为，同陌生人说话没什么诀窍，想怎样说就怎样说。这种认识其实不完全对。当然，说话不是写文章，不可能斟酌字句，但也绝不是想怎样说就怎样说。尤其在比较重要的交往中，怎样说好每句话，主观上还是要经过一番考虑的。

2. 神态应自然大方

与陌生人说话，语气要亲切，言辞要得体，态度要落落大方。为了吸引听者的注意，使言谈显得有声有色和增强感染力，在说话中也可加进一些手势，但动作不要过大，更不要手舞足蹈或用猥琐和低声下气的表情，如企图以鄙薄自己来取悦于对方，这样做，无异是在降低自己的人格，主观上想讨好对方，结果可能适得其反，换来的是对方的轻视。只有以不卑不亢的态度去交谈，才有利于双方平等地交流思想感情，并获得对方的信任和尊重。

3. 说话时要认清自己的身份

任何人，在任何场合说话，都有自己的特定的身份。这种身份，也就是自己当时的“角色地位”。在说话时，首先你就要认清自己是以什么身份和哪个人说话。

4. 向陌生人提出请求时要语气恳切

因为这是你在提出请求，对方并没有义务非得按你所说的去做。即使是请人一起吃饭，你也应该这样做才对：“请您和我共进午餐好吗？”你丝毫没有理由摆出一副施恩于人的样子。

5. 随机应变

看准说话的机会，适时插入交谈，并且不失时机地介绍自己的情况，让对方充分了解自己。如果陌生人能从你的话中了解你豁达的性格，双方会更亲近。

6. 寻找自己与陌生人之间的共同话题

以此找出共同语言，引起共鸣，缩短双方距离。如果你对陌生人的爱好显出浓厚兴趣，通过他的爱好表明自己的爱好，交谈也会顺利进行。

怎样才能使你的第一次交谈获得成功，使自己与陌生人和新交一见如故、相见恨晚呢？关键是要找到“三点”：

(1) 共同点

人与人之间有许多共同的地方，如：共同的兴趣、共同的爱好、共同的职业、共同的背景、共同的利益、共同的朋友等。初次交谈如果找到了对方与你的共同点，就可以消除陌生感、疏离感，彼此会打开话匣子，轻松自如地交谈，犹如相识已久。

(2) 相似点

相似点是通俗的说法，心理学上称作相似性因素，也叫类似性因素，即人与人之间大致相似之处。人与人之间存在的相似性因素很多，有的是明显的，有的是隐蔽的。两个人初次见面，只要留心对方的举止言谈，就不难从中发现一些明显的相似性因素，及时捕捉，便成了初次交谈的常见相似因素。

(3) 兴奋点

兴奋点是指那些能够刺激人们的大脑神经中枢、激发人们的兴奋、激情与兴趣、欲望的事情。陌生人之间初次交谈，如果能抓住对方的兴奋点，就可以迅速地引发对方的表达欲与兴奋感、亲近感，彼此达到一种不吐不快、非说不可的境界，双方的交往与沟通也就水到渠成了。

不同的说话方式

不同的对象，对同一句话会产生不同的反映，甚至会导致截然不同的反映。

传说，朱元璋做了皇帝，他从前相交的一班穷朋友，有些还是照旧过着很穷的日子。有一天，其中一个朋友从乡下赶来皇宫。见面的时候，他说：“我主万岁！当年微臣随驾扫荡庐州府，打破罐州城，汤元帅在逃，拿住豆将军，红孩儿当关，多亏菜将军。”

朱元璋听他说得好听，心里很高兴。回想起来，也隐约记得他的话里像是包含了一些从前的事情，所以，就立刻封他做了御林军总管。

这个消息让朱元璋另外一个穷朋友听到了，他也想去讨个一官半职。

一见面，他就直通通地说：“我主万岁！还记得吗？从前，你我都替人家看牛，有一天，我们在芦花荡里，把偷来的豆子放在瓦罐里煮着。还没等煮熟，大家就抢着吃，把罐子都打破了，撒下一地的豆子，汤都泼在泥地里。你只顾从地下满把地抓豆子吃，却不小心连红草叶子也送进嘴里。叶子哽在喉咙口，苦得你哭笑不得。还是我出的主意，叫你用青菜叶子带下肚子里去了……”

朱元璋嫌他太不顾全体面，等不得听完就连声大叫：“推出去斩了！推出去斩了！”

两个穷朋友说的内容相同，结果却截然不同。这是为什么？

前者懂得，眼下的朱元璋和他不再是过去的哥们儿关系，因此用君臣关系的身份说话，投其所好。尽管隐隐约约提到儿时不光彩的事，然而丝毫不伤害朱元璋的尊严，相反，还讨得他的欢心。

而后者却是死心眼，仍按昔日穷哥们儿的身份直通通的说话。因当众揭了朱元璋小时的狼狈相，伤了其自尊。

说话要讲求得体，要适时、适情、适势、适机，一切以适度、恰当为原则。

说话想要得体，就要看身份、看对象、看场合。那个傻乎乎被斩的家伙，就是没有考虑到朱元璋身份的变化，说话没有分寸，才招致杀身之祸。

有些人被认为“少根筋”，就是因为他们说话不看对象。比如，他们在寿宴上对着寿公寿婆大谈人寿保险的好处；对着孕妇说这年头养孩子没好处，长大了净给自己气受；对新郎新娘说今天喜宴的菜好吃极了，下回别忘了请我，我一定捧场；对着要出远门的人，大谈今年有多少飞机失事的事件。这样的人经常会在不知不觉中伤了人，而自己却毫不知情。

要想在人际交往中左右逢源，就要学会见什么人说什么话，《红楼梦》里的王熙凤就是其一。

《红楼梦》第三回，林黛玉离父进京城，小心翼翼地初登荣国府时，王熙凤的几段话就展现了她“会说话”的超凡才能。

先是人未到话先行:“我来迟了，不曾迎接远客!”尚未出场，就给人以热情似火的感觉。随后拉过黛玉的手，上下细细打量了一回，仍送至贾母身边坐下，笑着说:“天下竟有这样标致的人物，我今儿算见了！况且这通身的气派，竟不像老祖宗的外孙女儿，竟是个嫡亲的孙女儿，怨不得老祖宗天天口头心头一时不忘。只可怜我这妹妹这样命苦，怎么姑妈偏就去世了!”一席话，既让老祖宗悲中含喜，心里舒坦，又叫林妹妹情动于衷，感激涕零。

而当贾母半嗔半怪说不该再让她伤心时，王熙凤话头一转，又说:“正是呢!我一见了妹妹，一心都在她身上了，又是喜欢，又是伤心，竟忘了老祖宗。该打，该打!”至此，她把初次见到林妹妹应有的又悲又喜又爱又怜的情绪，抒发表演得淋漓尽致。

生活中，人是各种各样的。因此，他们的心理特点、脾气秉性、语言习惯也各不相同，这些因素决定了他们对语言信息的要求是不同的。所以，不能用统一的通用的标准语的说话方式来交流，对不同的人群说不同话，因人而异是非常必要的，否则无异于“对牛弹琴”。

一般说来，因人而异要考虑以下几个方面:

(1) 性别差异。对男性采取直接较强有力的语言，对女性则采取温柔委婉的态度。

(2) 年龄差异。对于年轻人应采用煽动性强的语言，对中年人应讲明利害关系让其自己斟酌，对老年人要用商量的口吻以示尊重。

(3) 地域差异。正所谓一方水土养一方人，一方人有一方人独特的性情特点。对于北方人可采用粗犷直率的态度，而对于南方人则要细腻得多。

(4) 职业差距。与不同职业的人交往，要针对对方职业特点，运用与对方掌握的专业知识关联较紧密的语言，增强对方对你的信任度。

(5) 文化差异。对文化程度较低的人采用的语言要简洁，多使用一些具体的例子和数据。而对于文化程度较高的人，则要尽可能表达得专业。

总之，与不同的对象谈话，就要采用不同的谈话方式。或忠诚、坦白、知无不言、言无不尽，或朴实无华、直而不曲，或引经据典、纵横交错，或含蓄文雅、谦虚好学。

看清对方，问得适宜

日常闲聊总免不了提问，但问也不是随随便便的。俗话说：到什么山唱什么歌。同样，提问也应见什么人发什么问。

首先，人有男女老幼之分，该由老人回答的问题，向年轻人提出就不合适，该向男性提出的问题，也不能叫女性来回答。

其次，每个人都有自己独立的性格色彩。有人性格外向、热情直率，对任何问题几乎都能谈笑风生，畅所欲言；有人寡言好思，情绪不外露，态度比较严肃；也有人讷于言辩、孤僻自卑，对任何问题都敏感，甚至有点神经质。对性格外向的人尽管什么问题都可以提，但必须注意问得明白，不要把问题提得不着边际，否则很容易使谈话“走题”；对寡言好思的人，要开门见山，简洁明了，提问要富有逻辑性，尽量提那种“连锁式”问题，“你为什么会这样呢？”“后来呢？”等等，这样可以促使他源源不断、步步深入地谈下去；对那种敏感而又讷于言辞的人，要善于引导，不宜开始就提冗长、棘手的问题，通常以他喜欢的话题，由浅入深据实发问，启发他把心里话说出来，但必须注意绝不能向他提令其发窘的问题。

再次，提问必须掌握最佳时机。提问并不像逛大街、上自由市场那样随时都可以进行。有些提问时机掌握得好，发问的效果才佳。两个过去很要好的朋友都刚刚走上工作岗位，一个偶然的机会他们相遇了，互相询问："你们单位怎样？工作还顺利吧，谈恋爱了吗？"显得既亲热自然，又在情理当中。但是，如果一位姑娘经人介绍与一位从未见过面的小伙子谈恋爱，公园门口两人准时赴约了，沉默了一会儿，姑娘抬起头来问："你谈过恋爱吗？工作轻松吗？工资多少？"其结局就可想而知了。中国人见面打招呼都喜欢问一句"吃了吗？"如果这话用在吃饭时间前后，倒也无妨，但如果下午三点左右在公共汽车上遇到熟人也问这么一句，就难免让人感到有点莫名其妙。

一般来说，当对方很忙或正在处理急事时，不宜提琐碎无聊的问题；当对方正专心欣赏音乐文娱节目或体育比赛时，不宜提与这支音乐或这场文娱节目和体育比赛无关的问题；当对方伤心或失意时，不宜提太复杂、太生硬、会引起对方不愉快的问题。

总之，一把钥匙开一把锁。我们应该注意选择最佳时机，针对不同的对象，采用不同的对策提问，让对方在轻松、自然的气氛中，把思想深处的东西和盘托出。

看准对方的性格特征

人，是有感情的高级智能生物。每个人的嗜好、想法都不一样，在人际交往中，我们可能会遇到各式各样性格各异、嗜好不同、志趣相异的人。

性格，又称性子或脾气，是对人、对事的态度和行为方式所表现出来的一种心理特征。一个人的性格特征通过自身的言谈举止、表情等流露出来，如：那些快言快语、举止简捷、眼神锋利、情绪易冲动的人，往往是性格急躁的人；那些直率热情、活泼好动、反应迅速、喜欢交往的人，往往是性格开朗的人；那些表情细腻、眼神稳定、说话慢条斯理、举止注意分寸的人，往往是性格稳重的人；那些口出狂言、自吹自擂、好为人师的人，往往是性格骄傲自负的人；那些懂礼貌、讲信义、实事求是、心平气和、尊重别人的人，往往是性格谦虚谨慎的人。

对于这些不同性格的人，和他们说话时要具体分析，区别对待。如他喜欢婉转的，就说流利的话；他喜欢亢直的，就说激切的话；他喜欢学问的，就说高远的话；他喜欢家常的，就说浅近的话；他喜欢诚恳的，就说朴实的话。说话方式与对方性格相投，自能一拍即合。

在生活中，我们大多数人都有这样的经验：同样一句话，你对性格外向的人说，他就能够欣然接受；相反，你对性格内向的人说，他就会觉得你这种表达方式不能接受。同样，一句话对性格坚强的人来说和对性格柔弱的人来说，也会产生不同的效果。

罗斯福是一个说话能手。他未成名之前曾参加过一个宴会，他看见席间坐着许多不认识的人，这些人是认得罗斯福的，不过因为他们和罗斯福的地位不同，所以虽然认识罗斯福，也只是冷冷地认识而已，并不因罗斯福地位高而表示殷勤。那时罗斯福刚从非洲回来，正在预备 1912 年选举的第一次旅行。罗斯福看见这些人对他没有表示友好的意思，立刻想出一个办法，故意拿出几个简单的问题，去问那些不相识者。

陆思瓦特博士是筵席上的主人，那时，正坐在罗斯福的身边，罗斯福凑近他轻轻地说："请把坐在我对面那些客人的情形告诉我一些！"陆思瓦特把每个人的性情特点都大略告诉了他。罗斯福了解到每个人的性情以后，立刻就有了适宜的谈话资料。

在接下来的交谈中，罗斯福充分运用自己的口才与人交谈，迅速地赢得了众人的好感。

看性格说话，总体来讲，有以下几个原则：

跟外向型的人说话要学会倾听；跟内向型的人说话要善于引导；与固执的

人说话要以退为进；与狂妄者说话要坚决反击；与自尊心强的人说话要会激将；对自卑的人说话要富于感情；与骄傲自大者说话要一针见血；与自负者说话，也可适度忍让。

下面的例子就是教我们如何利用上面的几个法则。

亚莉克希亚，性格内向，40岁那年才订婚。未婚夫劝她学跳舞。这对她来说，或许太迟了，但是未婚夫的话又不好违背。于是，亚莉克希亚就请了一位老师，这位老师或许说的都是实话，她告诉亚莉克希亚，说她的舞步完全不对，必须从头再学起。这使亚莉克希亚很灰心，因为她20年前已经学过跳舞了。亚莉克希亚无心再继续学了，就辞掉了这位老师。

后来，亚莉克希亚又请了第二位老师。也许这位老师说的不是实话，可是亚莉克希亚听了还是很高兴。她对亚莉克希亚说，“你跳的舞步有点旧式，可是基本步子是对的。”认为亚莉克希亚不难学会几种流行的新舞步。

第一个老师，完全打消了亚莉克希亚的兴趣，第二个老师恰好相反，她的称赞给了亚莉克希亚很大的信心。亚莉克希亚的性格内向，而且缺乏自信。对于像亚莉克希亚这种性格的学生，老师应该采取鼓励的措施。或许第二位老师说的是假话，但是她却了解亚莉克希亚的性格，因此一直采取正面鼓励的措施，使亚莉克希亚的舞步改善了很多，而且使亚莉克希亚内心充满激情。有时候就是这样，或许不需要太多的指导，只需要点燃心中的那团火。

有位名牌大学中文系毕业生，在人才招聘会上，想应聘某公司办公室秘书，青年人在经理面前做自我推销时说话拐弯抹角，半天不切主题。她先说:“经理，听说你们公司的环境相当不错。”经理点了点头。接着，她又说:“现在高学历的人才是越来越多了。”经理还是点了点头，什么也没说。尔后，这位高材生又说:“经理，秘书一般要大学毕业，要比较能写吧？”高材生的话兜了一个大大的圈子，还是未能道出自己的本意。岂料，这位经理是个急性子，他喜欢别人与他一样，说话办事干脆利落。正因为高材生未能摸透经理的性格，结果话未说完，经理便托词离去，高材生的求职也化成了泡影。

所以，开口说话之前，一定要先了解对方的性格。只要我们的话语说到了对方的心坎上，我们就能赢得对方的好感。否则，如果我们不能事先了解对方情况，而一味地蛮干，只会让对方烦感，出现事与愿违的结果。

只有充分了解对方的性格，深谙对方的心理和意图，然后采取合适的对策，投其所好，才能顺利地同对方建立起关系来。现代社会竞争更加激烈，人与人之间的相处更加复杂，因此，我们更应该把这些说话技巧逐渐应用到生活中，做一个受大家欢迎的人。

生活中，人是各种各样的。因此，他们的心理特点、脾气秉性、语言习惯也各不相同，由于这个缘故，就决定了他们对语言信息的要求是不同的。所以，不能用统一的说话方式来交流。

看年龄说话

对于不同年龄阶段的人，我们也要采用不同的说话方式。当我们说到比你年长的人时，当然是指那些上一代的人们。一个比你大三四岁的人，是你同时代的人，与你并无特异之处。因为他的生理、心理、经验，都和你相仿的。可是那些年龄比你大的人，就需要对他服从些谦逊些不可。在你与他谈话时，你须对他的经验表示极大的尊敬。对于小孩，我们要多多鼓励；对于青少年，我们说话要学会尊重他们的意愿，让他们自己学会拿主意等等。因此，在我们说话前，先要认清说话的对象，如果不管说话人的年龄，就开始发表言论，势必会引起他人的反感。如果我们能够在说话前就考虑到说话对象的年龄等一系列因素，就会赢得对方的尊重和好感。

年龄大的人们不喜欢人家说他年长。他们喜欢别人说自己年轻，或是说自己有活力和精气神。这并非说他们在企图隐瞒自己的年纪，事实上他们或许是因为自己生活得很健康而感觉骄傲。

“昨天我步行了 18.5 公里路。”一个老年人说：“呃，一个 67 岁的人，不能说不健步吧！”

当然你只有一句话可以回答：

“琼斯先生，我还当你不到56岁呢！”

“我已经67岁了。”他坚持着。

“我想这是不可能的吧！”你再强调着。

现在设想下，假如他的女儿此时正在参加你们的谈话。她这样说：

“父亲，你晓得你不应该走那么多的路。一个像你这样年纪的人，是应该要格外保重的呢？”

听到这句话后，你们想这位老绅士喜欢和哪一个讲话？即使他的女儿对他的劝告是一个忠告，也是要激起他“自轻”的天性的，而你的说话却激起了他“自信”的天性。

所以在你与一个老年人谈话的时候，你先不必直接提起他的年纪，你只提起他所干的事情。而这些事情并毫不顾忌到他的年纪，这样你的话语就能温暖他的心，而使他觉得你是一个非常可喜的人物。

老年人较之常人更易激动，他们的一生中曾完成过许多值得骄傲的事情，而他们就喜欢谈论这些作为。他们常喜欢人家来求教他的意见和劝告。他们喜欢人家对他有相当的尊敬。因此，你不能用像与年轻朋友谈话时所用的那些惯语，你最好不要喊他们的名字。

其实，与老年人谈话很容易，因为他们很健谈。事实上，当他们年纪大时，常变得啰嗦而单调，讲话滔滔不绝。因此，有时他的谈话会费去你许多时间，其实他们的谈话常是很有趣而又极有益的。

人们所处的年龄段不同，就要采用不同的说话方式。小孩的心理还不成熟，说话时应该避免语气太重，否则会伤害到小朋友的自尊心。只有选对了正确的说话方式，说话才能够如鱼得水。

吴小姐是一家商场的服务员。一天，商场里在搞儿童玩具促销活动，柜台前挤满了顾客，这时一个小孩子伸手抓起一件玩具就跑。不一会儿，小孩连同玩具被有关人员带了回来。这时，围上来许多顾客，他们既为小孩担心，又想看看服务员到底如何处理这件事。

小孩拿商场的东西，多半是不懂事，这种情况如果说重了，怕小孩自尊心受不了，周围人也容易打抱不平。如果不追究，毕竟商场有规定，而且小孩子养成这样的习惯也不好。

这无疑是个难题，吴小姐思考片刻，面带微笑地走到小孩身边，拉起小孩子的手温和地说:“小朋友，你喜欢这件玩具吗?”“喜欢。”小孩答。“小朋友自己拿玩具好不好?”“不好。”小孩子不好意思地低下头。“对了，以后小朋友喜欢什么玩具就告诉阿姨，阿姨给你拿，好吗?”“好。”小孩子高兴地回答，把玩具交给了吴小姐。

这件本来很棘手的事，吴小姐处理得很巧妙、精彩，她用亲切委婉的话语既要回了所丢失的商品，又维护了小孩的自尊心，还不失时机地对孩子进行了一番教育，赢得周围顾客的好评。其实，每个成年人都保持着小孩子的这种心理，听到好听话就高兴，听到批评就不舒服，只不过成年人的情绪不那么外露罢了。所以，在我们说服别人的时候，一定要委婉，避免伤害对方。

有一位女教师在批阅学生的作业时，发现一个小女孩的作业本上有彩色的划痕，于是老师就问那个孩子:“你是怕作业本不漂亮，给它穿花衣服呢?”

小女孩低下了头，不吱声。老师又问:“你知道彩色的笔应该画在什么本子上吗?”

“知道，要画在美术本上，或白纸上。”

“对呀，那今天你的彩色笔怎么到这个本子上串门了呀?”

“我……我……我是无聊才去画的。”小女孩嗫嚅道。

“今天你的做法可不对，你说要告诉你妈妈吗?”

她一个劲地摇着头，说:“不要告诉妈妈，妈妈会不高兴的。”

老师说:“老师可以答应你，可是你也得答应老师，以后画画要画在美术本上好吗?”

“好的。”

老师当着她的面，细心地把本子上的划痕擦掉。微笑中给予善意的批评，诙谐的谈话中给予孩子正确的引导，给她一个认识错误、改正错误的机会，孩子会变得更出色。批评的方式有很多种，但是目的只有一个，那就是让对方接受并改正错误。会说话的女人不会义正词严的批评，而会巧妙地换一种诙谐的方式，让对方在平和中理解自己的用意，愉快的接受。

古人说:“知己知彼，百战不殆。”说话也一样，懂得在开口之前，先了解对方，然后针对不同的对象，采取不同的交谈技巧，只有这样才能把话说到别人心里去。

看社会地位说话

地位，是个人在团体组织中担负的职位和在社会关系中所处的位置。个人的社会地位不同，就会有不同的人生经历、社会职责和交际目的，对口才表达也会产生不同的需求。几乎没有一个人可以在说话的时候不考虑到彼此的身份。不分对象，不看对方的身份，都用一样的口气说话，是一种幼稚无知的表现。

身份不同不会妨碍人际交流，比如下级对上级、晚辈对长辈、学生对老师、普通人对于有名气地位的人，等等，不必表现得屈从、逢迎，但在言谈举止上有必要表现得更加尊重一些。在不是十分严肃隆重的场合，身份较高的人对身份较低的人说话越随和风趣越好，而身份较低的人对身份较高的人说话则不宜太过随便，尤其在公众场合，说话要恰如其分地把握好自己与听者的身份差别。

在生活中，很多人都有这样的常识：跟领导说话的语气和方式肯定和我们跟自己的下属或者同事说话的语气不一样，对领导说话我们要表现出对领导的尊重，对下属说话时，我们要尽量表现出对下属的关心。因此，对方所处的社会地位不同，我们采取的说话方式也不一样。

在西汉末年平帝执政时，王莽已掌握大权，并有篡位之意。当时汉平帝年龄尚小，还没有立皇后。王莽便想把自己的女儿许配给平帝，当上皇后，以稳固自己的权势。

一天，他向太后建议说:“皇帝即位已经三年了，还没有立皇后，现在是操办这件大事的时候了。”太后便答应了。一时间，许多达官显贵争着把自己的女儿报到朝廷，王莽当然也不例外。然而王莽想到，报上来的女孩有许多人比自己的女儿强，不想办法，女儿未必能入选。于是他又去叩见太后，故作谦逊地说:“我无功无德，我的女儿也才貌平常，不敢与其他女子同时并举。请下令不要让我的女儿入选吧。”太后没有看出王莽的狼子野心，反而相信了他的真诚，马上下诏:“安汉公（王莽的爵号）之女乃是我娘家女儿，不用入选了。”

王莽如果真是有意避让，把自己的女儿撤回来就行了，但经他鼓动太后一下令，反而突出了他的女儿，引起了朝野的同情。每天都有上千人要求选王莽之女为皇后。朝中大臣也给说情，他们说:“安汉公德高望重，如今选立皇后，为什么单把安汉公的女儿排除在外？这难道是顺从天意吗？我们希望把安汉公之女立为皇后!”于是王莽又派人前去劝阻，结果是越劝阻说情的人越多。太后无可奈何，只好同意王莽的女儿入选。

王莽抓住这个时机又假惺惺地说:“应该从所有被征招来的女子中，挑选最适合的人立为皇后。”朝中大臣们力争说:“立安汉公之女为皇后，是人心所向。请不要再选别的女子干扰立后这件大事。”王莽看到自己的女儿被立为皇后已成定局，才没有表示推辞。不久，王莽的女儿就当上了皇后。

从上面的例子可以看出：王莽深谙说话之道。他对皇后说的每一句话，无不显示出对太后的敬仰，和对太后的绝对服从。正是因为他说话时，充分考虑到了对象的社会地位，才使他成功地实现了自己的目标。

说话要说到点子上，这就要求我们在说话时，要充分考虑到对方的社会地位。不同地位的人，有着不同的心理。只要充分了解对方的实际需要，我们才能把话说到他们的心坎上。

美国军队中规定，凡是军人不能蓄长发。而黑格尔将军在担任北约部队的总司令时，却蓄着一头长发。有一名留长发的士兵看到画报上登载着一头长发的黑格尔将军的照片，就把它撕下来，贴在不允许他留长发的连长办公室门上。为了表示抗议，他还画了个箭头，并在旁边配了一行小字:“请看他的头发!”连长看了这份别出心裁的抗议书后，并没有立即把这个愤愤不平的士兵叫来训斥，而是将那箭头延长到总司令的肩章处，并也加了一行小字:“请看他的军衔!”

这个士兵只想和黑格尔攀比头发，因而愤愤不平，却没想到两者的身份和地位的悬殊差异，连长则不失时机地提醒了他。

清朝乾隆皇帝有一次到镇江金山游览。当地的方丈派了一个能说会道的小和尚做向导。当乾隆皇帝上山时，小和尚边走边说："万岁爷步步高升。"乾隆听了很高兴。一会儿，下山了。乾隆皇帝有意试试小和尚的口才，便问："你在上山时说我步步高升，现在你看我怎样？"小和尚不假思索，立即答道："万岁爷后步更比前步高！"——下山时后面的脚当然比前一只脚要高，所以也暗含着"步步高升"的意思。这个小和尚能注意说话对象的身份地位恰当用语，体现了他随机应变的智慧。

看对方兴趣说话

兴趣是一个人力求认识、掌握某种事物，并经常参加该种活动的心理倾向。说话时，需要顾及对方对事物的兴趣，顺着他的心理倾向，如对一位潜心研究的学者就不能谈"股票"、"生意经"；对一位经商的人就不能谈"治学之道"。一个具有敬业精神、勇于开拓创造的人，喜欢听事业、工作方面的具体指导和建议；生活困难，穷困潦倒的人喜欢听到扶贫济困、发财致富的信息。不同的兴趣有不同的"兴奋点"，兴趣相投的人聚在一起交谈，可以激发出话题焦点的"火花"，进而产生思想感情的共鸣。

愚蠢的人在说话的时候，只谈论自己，从来不考虑别人，这样的人永远不会得到别人的认同。成功交谈的诀窍就在于：迎合他人的兴趣，谈论他最为喜欢的事情。

每个人都有各自不同的兴趣与爱好，一旦你能找到其兴趣所在，并以此为突破口，那你的话就不愁说不到他的心坎上。

宋小姐是一家房地产公司总裁的公关助理，奉命聘请一位特别著名的园林设计师为公司的一个大型园林项目做设计顾问。但这位设计师已退休在家多年，且此人性情清高孤傲，一般人很难请得动他。

为了博得老设计师的欢心，宋小姐事先做了一番调查，她了解到老设计师平时喜欢作画，便花了几天时间读了几本美术方面的书籍。她来到老设计师家中，刚开始，老设计师对她态度很冷淡，宋小姐就装做不经意地发现老设计师的画案上放着一幅刚画完的国画，便边欣赏边赞叹道："老先生的这幅丹青，景象新奇，意境宏深，真是好画啊！"一番话使老先生升腾起愉悦感和自豪感。

接着，宋小姐又说："老先生，您是学清代山水名家石涛的风格吧？"这样，就进一步激发了老设计师的谈话兴趣。果然，他的态度转变了，话也多了起来。接着，宋小姐对所谈话题着意挖掘，环环相扣，使两人的话题越来越近。终于，宋小姐说服了老设计师出任其公司的设计顾问。人类本质里最深层的驱动力就是希望自己对别人具有重要性，你要别人怎么待你，就得先怎样待别人。那么，如果你想让别人对你感兴趣的办法只有一个，那就是先对别人感兴趣。每个人都有各自不同的兴趣与爱好，一旦你找到其兴趣所在，也就找到了解决问题的突破口。

每个人都有自己感兴趣的东西。我们在说服别人的时候，懂得迎合别人的嗜好，能让对方感觉到受重视、受尊重。

共同的兴趣与爱好最能促进交往双方相互接近，它在人们的心理上往往诱发出一种特定的吸引力。

有一次，相声演员姜昆到地方上演出，该地市属几家新闻单位的记者纷纷前往采访，不料，姜昆一一婉言谢绝，这使记者们十分失望。这时，有一位爱好相声的女记者却再次叩响了姜昆的房门，说："姜昆老师，我是一个相声迷，我对您的演出有些意见……"姜昆一听是为自己的节目提意见来的，便十分热情地接待了她。这位女记者正是利用了她和对方相声的爱好及共有的兴趣做文章，巧妙地打开了姜昆的"话匣子"，顺利地完成了采访任务。

只有别人对你的话语感兴趣，你才能得到自己想要的东西。图维公司是纽约一家面包公司，图维夫人一直试着将面包卖到纽约某家旅馆。可连续四年都失败了。"后来，"图维夫人说，"在研究人际关系之后，我决定改变自己的策略。我先要找出这个人最感兴趣的是什么——什么事情能引起他的热心。”

经过调查，图维夫人发现：该旅馆的经理是“美国招待者协会”的主席，于是不论在何处举行活动，她都必定去出席。当图维夫人再次见到经理时，就和他谈论他的“招待者协会”，这一下打开了经理的话匣子，反应异乎寻常。该旅馆的经理对图维夫人讲了半个小时关于招待者协会的事，他的声调充满热情。经理还在图维夫人离开办公室之前，“卖”给了她一张协会的会员证。在这次谈话中，图维夫人只字未谈面包销售之事。几天以后，那家旅馆中的一位负责人主动打电话给图维夫人，要她送面包样品和价格单去他们旅馆。四年努力未成，一朝明白了与人交谈的技巧，最终得到了那笔生意。

所以，要使人喜欢自己，要想让他人对你产生兴趣，就要记住这一原则：谈论别人感兴趣的话题。

怎样与无礼之人交谈

生活中，无礼之人我们不时会遇到：无礼纠缠、无端寻衅、刻薄挖苦、出口成脏等等。与这些无礼的人、令人讨厌的人交谈，既不能冷眼相对，辱骂对方，也不能大发雷霆，以粗对粗；当然也不应该置之不理；更不能面红耳赤，手足无措，不知如何是好。最理智、最有效的方法是运用以下介绍的交谈辞令巧妙出击，稳妥地保护自己的尊严与人格。

1. 含蓄警告

对于那些具备相当文化素养的人，对其不当行为，采取点到为止的含蓄警告是适宜的，例如：

有个漂亮的女孩儿，发现对面单元的一个小伙子接二连三地用望远镜在窗口窥视她。她非常生气，真想登门骂他一顿才解恨。可转念一想，骂人毕竟不是有修养的人所为，弄不好自讨没趣。最后，她巧妙地查到了那个小伙子的电话号码，并请一位男同事拿起了话筒：

“喂！你好！你对面单元的姑娘昨晚把长筒袜放在哪儿了？”

“你打错电话了。”

“不必谦虚，这电话就是打给你的！”

“……”

对面单元的小伙子“啪”地挂掉电话，因为他分明听到了含蓄的潜台词：“赶紧扔掉你的望远镜吧，别以为人家不知道，这可不是什么有趣的事儿。”

2. 以柔克刚

有位姑娘戴着一顶漂亮的编织帽在舞场同她的女伴们欢快地跳着舞，引来好几个社会嬉皮士打赌：谁有胆量取下那姑娘的帽子？真有一位不知羞耻者上前一把扯下了姑娘的帽子，在场的人们都惊呆了。那位姑娘先是吓了一跳，等弄明白是怎么回事，她先镇定下来，不顾女伴们的阻拦上前论理：“你为什么取我的帽子？”

“因为你的帽子漂亮，我想看看。”

“可这是女士帽，难道你想戴？”

这时旁边的嬉皮士插嘴道：“他想弄一顶给他的妹子戴！”

“我奉劝你最好不要让你的妹妹戴上这顶帽子，说不定她也会像我这样被吓得半死。”那个嬉皮士被这个姑娘话中所含有的讽刺力量给镇住了，只好乖乖地归还了帽子。

3. 摆脱纠缠

一位中年男子在酒吧柜台边看见一位新来的姑娘姿色颇佳，就厚着脸皮上前搭话：“我以前好像在什么地方见过你？”

姑娘红着脸说：“我想没有吧，先生。”

中年男子依旧喋喋不休地说：“怎么会呢？我肯定见过你，也许就在你以前工作过的地方，而且还和你说过话……”

姑娘急中生智地说：“先生，你太武断了，我以前在一个人人怕去又最终不得不去的地方当过美容师，我的顾客们都不能像你这样用话来吓唬我。”

那中年人一时回过味来，再也无心纠缠下去，灰溜溜地到一边“凉快”去了。

4. 最后通牒

有位经理，见一位公关小姐姿色美艳，一味令人肉麻地恭维："小姐，你是我遇见过的最漂亮的女孩子，令人神魂颠倒，我将永远忘不了你!"

公关小姐虽然厌烦至极，但职业本能使她必须有所克制。于是，她灵机一动说："那我告诉你一件使你容易忘记我的事吧!"

"什么事?"

"我的男友是全市业余拳击赛冠军，他是个喝酒外行喝醋内行的家伙!"

经理一愣，半信半疑地说："这么巧?"

公关小姐意味深长地笑起来："信不信由你，说不定等一会儿您就能验证结果。"

这位对公关小姐存非分之想的经理，只得干笑着退却了。

5. 绵里藏针

用表面温和但实际是尖锐讽刺的语言反击对方，使其无法软磨硬缠下去或借口发火。这种方式在一些公共场合比较有效，既不扩大事态范围，又体现自己的涵养。不温不火，让对方哑巴吃黄连，有苦说不出。

在行驶着的公共汽车上，女售票员要求一个男乘客购车票。男乘客说："我没有零钱，下次再买。"售票员说："乘车就要买票，这是规矩。如果确实没有零钱，我也可以给你兑换。"男乘客大光其火，粗着嗓门耍横："我没有钱？笑话。不要说买张车票，就是连你一块儿买了也不成问题，你信不信?"周围的旅客都为这位售票员捏了一把汗，只见她冷静地说："我相信你有钱，但不相信你这么自不量力。"在大家的笑声中，那位男乘客无地自容，只得乖乖地买了车票。

6. 先承后转

不直接挖苦、斥责对方，而是顺着对方的思路谈下去，最后话锋一转，得出一个令对方大出意外的结论。这种方式一波三折，很有攻击力量，让对方猝不及防。

在一次舞会上，一男子邀请某女士跳舞，他说："你知道吗，小姐，我非常爱你。"

"爱我的什么呢?"

“爱你的一切。”

“我的一切包括丈夫和孩子，请问，你也爱他们吗？”

这位女士巧妙幽默的对答，既维护了自尊，又表明了态度，使那男子碰了一鼻子灰，无可奈何地走了。

7. 戏而不谑

有时，如果一本正经地加以警告或训诫，油滑之徒未必罢休，反而会借题发挥，抓住“正经”二字大做文章。在这种情况下，用幽默诙谐的方式嘲弄对方，效果较好。

有一个女话务员，几次接到一个陌生青年的电话骚扰。有一天，他在电话里说自己很喜欢她，随即唱起了“对你的爱，爱不完”的歌。这位女话务员灵机一动，说：“用户同志，为了节约你的电话费，你的爱到此为止。”

8. 正语反说

对于一些无理取闹的人，有时不能从正面去直接交锋，从反面用说反话的方式可以让对方既不失面子，又悟到你的愤怒、不满，往往知趣而止。

一家酒店有一位优秀服务员名叫陈慧莲。有一天她当班时，来了几个小青年。

“你就是陈慧莲小姐吗？我们想看看你究竟漂亮不漂亮！”

对方无礼的语言是明显的挑衅，怎么办？破口大骂？不！陈慧莲微笑着说道：“很遗憾，我长得并不漂亮，和普通人一样，今天你们几位的光临，倒为酒店增添了色彩，感到很荣幸。”

以自谦入话，并透出一种不卑不亢的凛然之气，然后将话题一转，用尊敬的语言谈起对方，用“客”、“光临”、“荣幸”等词，显得彬彬有礼；用“增添色彩”的反话暗示对方身上刺满了花纹，又暗示对方的无礼语言为酒店增添了不协调的气氛，整个语言于反话之中带着正面的指责，具有很强的打击力。这几个人刚才还得意洋洋，这时却卡了壳，半天说不出话来，赶紧规规矩矩地点了菜，低头就餐。饭罢之后，陈小姐按礼节送他们出去，走到门口停住步子，微微躬身道：“欢迎你们再来。现在风大，小心着凉。”这番话里还有一种暗示：因为他们个个光着膀子。

后来，这几个人还来过酒店，个个西装革履，但是却再也不像过去那样无礼了。

总之，社交场合历来是鱼龙混杂的地方。三教九流，各色人等应有尽有。不愉快的事时有发生。如何摆脱无礼讨厌的纠缠，处置其不当的冒犯行为，大致可遵循三条原则：

（1）立即反击。让对方知道自己看错了人，语气既可义正言辞、锋芒毕露；亦可柔中带刚、绵里藏针。但在娱乐性的社交场合，以后者为佳，点到为止，为对方保留面子，避免事态进一步恶化和扩大。

（2）态度鲜明。不要吞吞吐吐、黏黏糊糊或是拐弯抹角，词不达意。否则给对方产生半推半就的误会，以致纠缠不清。

（3）回避。三十六计，走为上策。

第11章

委婉言辞，让人易于接受

委婉是一种既温和婉转又能清晰地表达思想的谈话艺术。它的显著特点是“言在此而意在彼”，能够诱导对方去领会你的话，去寻找那言外之意。从心理学的角度来看，委婉含蓄的话不论是提出自己的看法还是向对方劝说，都能比较适应对方心理上的自尊感，使对方容易赞同、接受你的说法。

委婉含蓄，使对方接受

在社交言谈中，要有驾驭语言的功力，要会自如地运用多种语言表达方式，不断探求各种各样的语言风格。生活中，有时要直言不讳，有时要含蓄委婉些。

战国时期，楚国有一位能言善辩的人，名叫优孟，他善于在谈笑间劝说国君。楚庄王有匹爱马，楚庄王非常看重这匹马。他为马披上锦绣的衣服，将马养在华丽的房舍里，马站的地方设有床垫，并用枣脯来喂它。可是，马因为吃得太好太多，不久就患肥胖病死了。楚庄王非常难过，下令全体大臣给马戴孝，不仅准备给马做棺材，还要用大夫的礼仪来安葬马。

群臣对楚庄王的做法都非常反对，纷纷上书劝楚庄王别这样做。然而楚庄王对群臣的劝说十分反感，并下令说："谁再敢对葬马这件事进谏，格杀勿论！"

由于楚庄王的淫威，群臣们都不敢再进谏。优孟听说这件事后，来到殿门，刚步入门阶就仰天大哭。楚庄王见他哭得这么伤心，觉得很惊奇，问他为什么大哭。

优孟说："这匹死去的马是大王最疼爱的良驹，楚国是堂堂大国，用大夫的礼仪来安葬，礼太薄了，一定要用国君的礼仪来安葬它。"

楚庄王听到优孟不像群臣那样拼死劝谏，而是支持他的主张，不觉喜上心头，很高兴地问道："照你看来，应该怎样办才好呢？"

"依我看来，"优孟清了清嗓子，慢吞吞地说，"以雕工做棺材，用耐朽的樟木做外椁，以上等木材围护棺椁，派士兵挖掘墓穴，命男女老少都参加挑土修墓，齐王、赵王陪祭在前面，韩王、魏王护卫在后面，用牛、羊、猪来隆重祭祀，给马建庙，封它万户城邑，将税收作为每年祭马的费用。"说到这里，优孟已指出了庄王隆重葬马之害。

楚庄王大为震惊，这才知道了葬马的害处如此之大。于是说道："寡人要葬马的错误竟到了这么严重的地步吗？那么该怎么办才好呢？"

优孟接着说："那就让我为大王用葬六畜的办法来葬马吧：用土灶作外椁，用大锅作棺材，用姜枣作调味，用木兰除腥味，用禾秆作祭品，用火光做衣服，把它葬在人的肚肠里。"于是，楚庄王听从优孟的劝谏，派人把马交给掌管厨房之人去处理，不让此事传扬出去。

优孟因侍从楚庄王多年，熟知楚庄王的性情，知道对此时的楚庄王忠言直谏、强行硬谏肯定是没有效果的，所以干脆从称赞、礼颂楚庄王"贵马"精神的后面折射出另一种相反的又正是劝谏的真意，从而把楚庄王逼入死胡同，不得不回头，改变自己的决定。在特定的情况下，采用正话反说的方法，会收到意想不到的奇效。优孟正是采用了正话反说的方式，不直接说出自己的意思，而是从相反的方向委婉含蓄地表达自己及众大臣的意愿，让楚庄王接受。

因此，在语言的实际运用中，许多话是不必说得过于清楚的。具有一定的含蓄性，反而能让语言表达更有魅力。例如，当你去拜访朋友时，主人热情地拿出水果、茶点招待你。如果你直言道："不吃不吃，我从来都不喜欢吃零食的，再说我也刚刚吃完饭，肚子饱得很，哪有胃口吃这些东西啊！"这样不仅让主人扫兴，还会伤害主人的一片热心。但如果表达含蓄一点，效果就完全不一样了："谢谢，多新鲜的水果啊，多香的糕点。可惜我刚刚吃完饭，没有胃口吃了，真是太遗憾了。"主人听了此番话后，心里必定很高兴，这样你也传递出了自己所要表达的意思。

生活中，有些人把说话直来直去、想什么说什么，视为是一种好习惯，认为这样的人坦诚、实在。可是，有时难免会遇到不便直说、不忍直说、不能直说的情境。在这种情况下，如果说了直话，可能会直接影响到人际关系，给自己添麻烦，同时也伤害到别人。因此，为了避免不愉快的事情发生，在某些场合说话还是要讲究一点技巧，尤其女人要学会委婉含蓄地表达自己的看法。

某单位的一个职员到领导家请领导帮忙办事，领导夫人很有礼貌地端果倒茶，热情招待。这位职员办完事后，却仍然待在领导家里不走，高谈阔论起来。

天色已经很晚了，领导的孩子还要早点休息，领导夫人也很疲倦了。在这时，又不能把客人赶走，该怎么办呢？领导夫人到厨房收拾了一会儿家务，然后回到屋里对丈夫说："人家这样晚还来找你，你快点给人家想办法呀，别让人家总在这等着。"然后又对客人说："您再喝一杯茶吧。"这位职员听到这些话后，很知趣地听出了领导夫人的弦外之意，马上告辞了。

这位领导夫人就懂得说话之道，既把自己的意思曲折地表达出来，又尊重了客人，不使他难堪。她曲折地说出自己的意思，却在表面上好像是帮着客人说话，为客人帮忙似的。这种因情因势的表达，言语得体，又达到了自己的目的。

当然，直言直语是人性中一种很可爱、很值得大家珍惜的特质，因为也唯有这种直言直语的人，才能让是非得以分明，让人的优缺点得以分明。只是在现实社会里，直言直语却可能是为人处世中的致命伤。

因此，在日常交谈中，当遇到一些让我们不便、不忍或语境不允许直说的话时，人们要懂得把"词锋"隐遁，或把"棱角"磨圆一些，或从相反的角度深入，使语意软化，以便于听者接受，最终达到表达真意的目的。

借助言外之意促进交际

在交际中，有时人们不便把心里想说的话直说出来，或者为了避免使对方不愉快，便采用委婉的说法或通过某种暗示来传递"言外之意"。有时由于某种需要，嘴里说的和心里想的正好相反，如正话反说之类。如果交际的一方不能理解"言外之意"，交际就很难顺利进行下去，有时还会使对方处于很尴尬的境地。

委婉实际上可以说是一种修辞手法，即在讲话时不直陈本意，而是用委婉之词加以烘托或暗示。因为给人留了回旋的余地，因而就更有吸引力、说服力和感染力。会说话的人通常都会用这种方式来说服别人。

在言谈中，有驾驭语言功力的人，会灵活自如地运用多种表达方式。有些话，非直言不讳不行，但生活中并非处处都要“直”，有时候为了不伤害他人的自尊，含蓄、委婉的语言表达效果会更佳。

人们利用语言进行交际，但说话者要传递的全部信息不一定等于句子的字面意义。俗话说：“锣鼓听音，说话听声”，这“声”就是指语言的句子之外的信息，这种信息就是通常所讲的“言外之意”。

有一次居里夫人过生日，丈夫彼埃尔用一年的积蓄买了一件名贵的大衣，作为生日礼物送给爱妻。当她看到丈夫手中的大衣时，爱怨交集，她既感激丈夫对自己的爱，又觉得不该买这样贵重的礼物，因为那时试验正缺款。她婉言道：“亲爱的，谢谢你！谢谢你！这件大衣确实是谁见了都会喜欢的，但是我要说，幸福是存在于内心的，比如说，你送我一束鲜花祝贺生日，对我们来说就好得多。只要我们永远一起生活、战斗，这比你送我任何贵重礼物都要珍贵。”这一席话使丈夫认识到花那么多钱买礼物确欠妥当，但又没有让丈夫觉得伤心。

因此，说话必须讲究技巧，说话要点到为止，不要伤害别人的自尊心，要善于洞悉谈话的情景，这样才会使你的语言得心应手。

交际中的“言外之意”也就是一种委婉含蓄的语言技巧，生活中的实例也随处可见。如：屋外正在刮风下雨，甲粗心地打开窗户，乙穿得很单薄，想让甲关上窗户，但是嘴里只是说：“这屋子真冷！”到别人家拜访，如果坐得太晚，主人有意辞客，却只对客人说：“是不是给您添点茶水？”

生活中有许多事情是“只需意会，不必言传”的。如果说话者不相信听众丰富的想象力，把所有的意思和盘托出，这种词意浅陋、平淡无味的话语不但不会使人乐，反而会使说话失去魅力。列宁在研究费尔巴哈《宗教本质演讲录》时，摘录了这样一段话：“顺便说说，俏皮的写作手法还在于：它预计到读者也有智慧，它不把一切都说出来，而让读者自己去说出那样一切关系、条件和界限——只有在这些关系、条件和界限都具备时说出来的那句话才是真实的和有意义的。”

在交际中巧妙地传达和正确地理解“言外之意”，有助于提高表达效果，促进交际。但无论说话者、听话者都要谨慎从事，掌握适度，避免听话者获得的信息大于说话者所要传递的信息，出现信息增值，也就是平常所讲的“多心”。

现实生活中，要防止诸如此类的误会，就要求说话人注意避免表达上的含糊不清，意思暧昧而造成信息传递过程中失真，同时还要顾及听话人以及在场的其他人的心理；听话人则应避免“多心”而造成信息增值。这样，信息传递的通道才能畅通无阻，信息才能传真，交际才能顺利进行并获得成功。

委婉道出对方的错误

在日常生活中，保全面子是一件很重要的事。为了顾及面子，有的人小则翻脸，大则会闹出人命。如果你是个对面子冷漠的人，那么你必定是个不受欢迎的人。

科学家伽利略在300多年以前就说过：你不能教人什么，你只能帮助他们去发现。苏格拉底也一再告诉门徒：“我唯一知道的，就是我不知道什么。这就是说，最好不要直接指出人们有什么错，那是要付出代价的。”换言之，别与配偶、顾客等人发生冲突，别直接指责他们的错误，要运用一点技巧，替他们想一想，别惹恼他们。

生活中每个人不可能没有缺点和过失。与朋友、同事相处时，不仅要在他们有了过失时批评并帮助他们，更重要的是帮助他们防患于未然。

我们的音调、手势、眼神都可以用来指责别人的缺点错误，它们可以收到和言辞表达一样有力的效果。我们必须承认这样一个事实，当直接指出对方错误时，只能引起他的反击，因为你已一拳伤害到了他们的判断、荣誉、智力和自尊，也伤害了他们的感情。

所以，假如想使你说的话产生效果，能迅速而有效地改变另一个人的错误的行为或想法，必须持尊重别人的态度。

爱面子是每个人的天性。有的时候别人也许错了，但是他们自己并不会这么认为。或者，他虽然意识到自己错了，也希望得到足够的尊重。所以轻易不要去指责别人，在对方错了的前提下也要设法保住他们的面子。尝试着去理解他们，只有真正智慧和宽容的人才能做到这一点。

有的人在明知是错的情况下还要犯错误，宣传教育对这样的人是没有任何作用的。防止别人犯错误的方法只有两个：一个是让人不敢犯错误；另一个是让人不想犯错误。前者是强制手段，见效很快但是难服人心；后者是沟通的艺术，见效也许不是很快但是作用力持久。要想让一个人对自己的行为真正负责，依赖于他的自尊和良知的觉醒。那么首先要保住他的面子，以免他自暴自弃。

有智慧的人都把别人的自尊放在第一位，然后才设法将事情往好的方向引导。

一天中午，一位老板到工厂进行例行检查时，看到一些员工在挂着标有“禁止吸烟”的牌子下面吸烟。没有比明知故犯更令人气愤的了，这是大多数人的心理。但是这位老板没有像大多数人那样敏感。他走到这些工人们的身边，递给每个人一支烟，说:“小伙子们，如果你们能到外面去抽烟的话，就真要感谢你们了。”

吸烟的人都很不好意思，知道自己违反了规则，自觉地掐灭了烟头。但是老板不仅没有指责他们，反而送给他们每人一支烟。他们的自尊得到了老板的尊敬，于是，更用心卖力的工作。从此以后，厂子里再也没有人吸烟了。

这个故事里的老板就是那个智慧的人。把别人的面子放在首位，这样才能把事情解决得完美。人人都有自尊心。“你能迎合我的自尊心，我自然能为你办事；你伤害了我的自尊心，我绝不会顺从你。”这是人之常情。人人都有自尊心，人人都有好胜心，你要联络感情，处处要重视对方的自尊心。

在社交活动中，适时地为陷入尴尬境地的对方提供一个恰当的“台阶”，使他人免丢面子，是做人的一大原则。与人交往一定要注意给别人留面子；伤了别人的面子，不仅会树敌，而且还会给自己带来损害。

含蓄暗示的语言技巧

许多场合，说话双方的言词并非永远都是剑拔弩张、锋芒毕露、直截了当，有时需委婉含蓄、旁敲侧击，可谓直道好跑马，曲径可通幽，各有妙处。有时候，用动听入耳的言词，温和委婉含蓄的语气，平易近人的态度，曲折隐晦的暗语，更能使对方理解自己，信任自己，从而达到说服的目的，产生出奇制胜的效果。

英国思想家培根就说过:“交谈时的含蓄与得体，比口若悬河更可贵。”在社会交际中，人们往往会遇到不便直言之事，只好用隐约闪烁之词来暗示。

在美国经济大萧条时期，有位 17 岁的姑娘好不容易找到一份在高级珠宝店当售货员的工作。在圣诞节的前一天，店里来了一位 30 岁左右的贫民顾客。他衣着破烂不堪，一脸的悲哀、愤怒。他用一种不可企及的目光，盯着那些高级首饰。姑娘要去接电话，一不小心，把一个碟子碰翻，六枚精美绝伦的钻石戒指落在地上，她慌忙捡起其中的五枚，但第六枚怎么也找不着。

这时，她看到了那位 30 岁左右的男子正向门口走去，顿时，她醒悟到了戒指在哪里。当男子的手将要触及门柄时，姑娘柔声叫道:“对不起，先生!”

那男子转过身来，两人相视无言，足足有一分钟。

“什么事?”他问，脸上的肌肉在抽搐。

“什么事?”他再次问道。

“先生，我是第一次工作，现在找个事做很难，是不是?”姑娘神色黯然地说。

男子长久地审视着她，终于，一丝柔和的微笑浮现在他脸上。

“是的，的确如此，”他回答说，“但是我能肯定，你在这里会干得不错。”

停了一下，他向前一步，把手伸给她:“我可以为您祝福吗?”

姑娘立刻也伸出手，两只手紧紧地握在一起，她用低低的但十分柔和的声音说:“也祝您好运!”

他转过身，慢慢走向门口。

姑娘目送着他的身影消失在门外，转身走向柜台，把手中握着的第六枚戒指放回原处。

这是一起盗窃案。人们对此通常的处理方式不外乎想方设法抓住盗窃者。但是姑娘却没有这样简单处理，而是用一席话彬彬有礼地达到了预期的目的。这种巧用暗示的含蓄方式是值得细细品味的。

要知道，这事是发生在美国经济大萧条时期，很多人找不到工作，姑娘的这份工作尤为珍贵。如果被盗走了一枚戒指，其后果不堪设想。就是抓住了盗窃者夺回戒指，张扬出去，被老板知道个中原委，姑娘也会因工作疏忽而被解雇。何况那是一个落魄者，善良的姑娘也不想因此雪上加霜，伤害这个走投无路的可怜人。

“对不起，先生!”姑娘首先用礼貌称呼语，语气适中，不慌不忙地唤住了这位男子。这样既传递了信息，又创造了一个相互尊重、和谐融洽的气氛。如果当时口不择言，或者语气过重的话，可能会造成那男子三步并作两步，惊慌失措、拔腿就跑，或许还会惊动别的同事，那都不是姑娘所希望的。而且这样的礼貌称呼不仅创造了气氛，无疑还有两层言外之意：一是他有偷盗戒指的嫌疑；二是你放心，我绝不会用粗暴的方式对待你的。

当那个男子接连问了两次“什么事”时，聪明的姑娘已经从他的表情以及问话的腔调中肯定了自己的判断，也洞察到他微妙的内心世界。她感到眼前这个男子不是那种惯偷，而是被穷困所迫，很可能会接受自己的处理方式。姑娘决定继续采取含而不露的暗示法：动之以情，晓之以理来达到目的。

“这是我第一次工作”，暗示我也和你一样，千辛万苦找不到工作，现在是刚刚找到一个工作，咱们“同是天涯沦落人”，应该同病相怜才对，借以引起感情上的共鸣。“现在找个事儿做很难”，意在为前一句话做陪衬，言外之意是如果你把这枚戒指拿走，那我就要失去这份差事，再找工作就很困难了，就像你现在一样。这两句话把自己和那男子感情上的距离拉得很近。最后还用“是不是”这样的是非疑问句，借以引起男子进一步的思考，加强语意力度，扩大暗示效果。

男子传达出愿意归还戒指的信息时，姑娘不失时机地握住他的手，说上一句“也祝您好运”，表达自己由衷的谢意和美好的祝愿，抚慰失意人感情上的失落和内疚。

姑娘巧展口才，终于实现了自己美好的愿望。

由此可见，把善良的愿望用含蓄的语言技巧表达出来，可以收到出乎意料的效果。

含蓄是一种艺术

古人云:“言有尽而意无穷，余意尽在不言中。”在说话中，把重要的、该说的部分故意隐藏起来，或说得不显露，却让人家明白自己的意思的手法，便是含蓄的手法。

含蓄，是一种修辞手法。它是指在讲话时不直陈本意，而是用委婉之辞加以烘托或暗示，让人思而得之。而且越揣摩，含义越深远，因而也就越是有吸引力和感染力。说话委婉含蓄，是一门艺术。之所以说含蓄是说话的艺术，是因为它体现了说话者驾驭语言的技巧，而且也表现了对听众想象力和理解力的信任。

在一个大型机场售票厅里，许多游客正在排队购票。

忽然，一位西装笔挺的绅士粗暴地指责售票员工作效率太低，浪费了他宝贵的时间，并自以为是地对售票员吼道：“你们知道我是谁吗？”

面对绅士锋芒毕露略带威胁式的话语，售票员没有和他争吵，而是微笑着对其他旅客说：“你们有谁能帮这位先生回忆一下，他已经不记得自己是谁了！”

旅客们顿时哄堂大笑起来，绅士则窘得满脸通红。

可见，含蓄主要具有如下三方面的作用：

第一，人们有时在表露某种心事，提出某种要求时，常有种羞怯、为难心理，而含蓄暗示的表达则能解决这个问题。

第二，每个人都有自尊心。对对方自尊心的维护或伤害，常常是影响人际关系好坏的直接原因；而有些表达，如拒绝对方的要求，表达不同于对方的意见，批评对方等，又极容易伤害对方的自尊。这时，含蓄的方式常能达到既能完成表达任务，又能维护对方自尊的目的。

第三，有时在某种情境中，例如碍于第三者在场，有些话不便说，这时就可用含蓄的方式。

在什么情况下说话要含蓄呢？

1. 有些话不便直说时，要用含蓄的方式

传说汉武帝晚年时很希望自己长生不老。一天，他对侍臣说：“相书上说，一个人鼻子下面的‘人中’越长，命就越长；‘人中’长一寸，能活百岁。不知是真是假？”

侍臣东方朔听了这席话后，知道皇上又在做长生不老梦了，皇上见东方朔似有讥讽之意，面有不悦之色，喝道：“你怎么敢笑话我？”

东方朔脱下帽子，恭恭敬敬地回答：“我怎么敢笑话皇上呢？我是在笑彭祖的脸太难看了。”

汉武帝问：“你为什么笑彭祖呢？”

东方朔说：“据说彭祖活了800岁，如果真像皇上刚才说的，‘人中’就有八寸长，那么，他的脸不是有丈把长吧？”

汉武帝听了，也哈哈大笑。

这种委婉含蓄的批评，汉武帝愉快地接受了。

人们谈起《水浒传》里的鲁智深，便会立即想起他那心直口快的“直炮筒”形象。其实，即使是最直率的鲁智深，有时也离不开委婉，说话也有含蓄的时候。电视剧《鲁智深》写鲁智深三拳打死镇关西后，为了逃避官家的追捕，只得削发为僧。剧中有这样一段台词：

法师：“尽形寿，不近色，汝今能持否？”

智深：“能。”

法师：“尽形寿，不沾酒，汝今能持否？”

智深：“能。”

法师：“尽形寿，不杀生，汝今能持否？”

智深：“(犹豫)”

法师：“(高声催问) 尽形寿，不杀生，汝今能持否？”

智深：“知道了。”

要鲁智深不近女色不饮酒，他能做到；要他不惩杀世间的恶人，实在难以做到。但此时若答“不能”，则法师必不许其剃发为僧，他就无处藏身了，因此来一个灵活应付，回答“知道了。”法师面前过得关，又不违背自己的本意，真是两全其美。

2. 有些话不必直说时，要用含蓄的方式

从前，有个酒店老板，脾气非常暴躁。一天，有个客人来喝酒，才喝了一口，嘴里便叫：“好酸！好酸！”老板听后大怒，不由分说，把客人绑起来，吊在屋梁上。这时来了另一位顾客，问老板为什么吊人，老板回答：“我店的酒明明香醇甜美，这家伙硬说是酸的，你说该不该吊人？”来客说：“可不可以让我尝尝？”老板殷勤地给他端了一杯酒，客人呷了一口，酸得皱眉眯眼，对老板说：“你放下这个人，把我吊起来吧？”

这位客人委婉含蓄的说法，既收到强烈的讽刺效果，又显得非常艺术。

有人曾问美国总统林肯：“你当总统的滋味如何？”林肯回答道：“你听说过

一个故事吗？有个人全身被涂上焦油并裹上羽毛，用火车运到城外。”这个人追问道：“这滋味究竟如何？”林肯说：“要不是为了这事的荣誉，我宁可走路。”

真是说得含蓄、得体。一句话既不失当总统的荣誉，又使人体会到当一位大国总统的艰辛。

3. 为了增强交际的效果，要用含蓄的方式

美国有一位传奇式的篮球教练，叫佩迈尔。他带领的迪尔大学篮球队曾获得39次国内比赛的冠军，使球迷们为之倾倒。可是有一年，他的球队在蝉联29次冠军后，遭到一次空前的惨败。比赛一结束，记者们蜂拥而至，把他围个水泄不通，问他这位败军之主此时此刻有何感想。他微笑着，不无幽默地说：“好极了，现在我们可以轻装上阵，全力以赴地去争夺冠军，背上再也没有冠军的包袱了。”

曾两度竞选总统均败在艾森豪威尔手下的史蒂文森，从未失去幽默。在他第一次荣获提名竞选总统时，他承认的确受宠若惊，并打趣说：“我想得意扬扬不会伤害任何人，也就是说，只要不吸入这空气的话。”在他竞选第一次败给艾森豪威尔的那天早晨，他以充满幽默力量的口吻，在门口欢迎记者进来：“进来吧，来给烤面包的验验尸。”几年后的一天，史蒂文森应邀在一次餐会演讲。他在路上因为阅兵行列的经过而耽搁，到达会场时已迟到了。他表示歉意，并解释说：“军队英雄老是挡我的路。”史蒂文森使用巧妙含蓄的语言，用一句句轻松、微妙的俏皮话，说得很委婉，改变了他在人们心目中的形象，使听众感到他并不是一个失败者，而是胜利者，使他在人们心中不可消失，值得纪念。

这便是说话委婉含蓄的美妙之处。

委婉曲折的三大作用

直言快语固然能让人感觉爽快，但是委婉说话更能体现出一个人驾驭语言的能力。委婉并不是太有心机，也不是故意遮遮掩掩绕弯子，而是体现出一个人对交往对象的尊重和体贴，体现出一个人交际的成熟风范。包装一下你的外表，再包装一下你的语言，那么你就是一个善于交往的人了。

1. 委婉曲折可以用来劝谏

委婉曲折地劝谏可以避免因直接叙述给对方造成伤害而形成对抗，能让对方在细细品味我们的语言之中接受我们的观点，取得共同的认识。

比如，为尊者讳，便是造成委婉的一个重要原因。古人对于君父尊长的所作所为不敢直说，而要采取拐弯抹角、委婉曲折的方式来表达。

有一次，秦王和中期发生了争论，结果中期赢了，而秦王却输了。中期若无其事、大摇大摆地走出了皇宫。秦王大怒，暴跳如雷，决心要把中期杀掉，以解心头大恨。这时，在秦王身边有个和中期要好的人对秦王说：

“中期这个人实在是个暴徒，一点也不懂规矩。他幸好遇到大王这样贤明的君主才能活命。如果遇到桀纣那样的暴君，早就没命了！”

秦王一听，也就不好再加罪于中期了。

在秦王盛怒的情况下，要为中期辩护，如果直言劝说秦王不要杀中期，这样只能是火上浇油，适得其反。这时，中期的朋友采用了委婉曲折式，简单的几句话却有着丰富的含义。既有对中期的指责，又有对若杀中期则是暴君的暗示，还有不杀中期则是贤君的称赞，秦王的火气一下子就平息了下来，也就不好再对中期下手了。

2. 委婉曲折可用于嘲讽

由于含义的复杂性，对方完全领会了语句的本义时，已经失去了反击的机会；并且因为表达的间接性，对方又不好发作。这就如同一把软刀子，对方只好默默地独自承受着伤痛。

在公园里，栏杆外盛开的月季沉甸甸地垂下来。一个小伙子紧挨着姑娘讨好她说：“你是世界上最美丽的姑娘。你看，那鲜花在你面前都羞得抬不起头来了，而只有我，才配作烘托你的绿叶。”

姑娘用手指着旁边的仙人掌说：“不！你看，那仙人掌为什么还直挺挺地站在我的面前？”

“怎么能用呆头呆脑的仙人掌来和你相提并论呢？它皮厚，身上净是刺，令人讨厌！”

姑娘莞尔一笑：“是啊，它为什么还不知道害羞呢？”

姑娘表面是说仙人掌，实际上表达了对对方不知羞耻的讽刺。

3. 委婉曲折还可用于避讳的需要

对于某些事情我们不愿意直接说出来的时候，可以采用这种方式。

女儿借了父亲的车子出去和小伙子约会，结果却出了一点小小的车祸。后来小伙子问：“你父亲对此说了些什么？”

“你要我把坏字眼省掉吗？”

“是的。”

“好。那他就什么话也没有说。”

这个姑娘不愿直说父亲净说坏话，而改说“什么话也没说”，反而给人一种宽大为怀的感觉。

当然，使用委婉曲折式应该恰当，特别是不能借此随便含沙射影、冷嘲热讽、挖苦别人。

忠言可以不逆耳

俗话说：“尺有所短，寸有所长。”人一旦犯了错误，并不说明他一无是处；反之一个人做了件好事，也不能说他做的每件事都是好的。因此，我们在发现别人犯了过失时，既然决定要批评或指出，就一定要注意方式、方法，过急或过火必然会招致对方厌烦。然而过轻或过迟，对方则可能根本意识不到。所以，只有及时和含蓄地提出批评或错误，让忠言不再变得逆耳，才能发挥应有的作用。

“良药苦口利于病，忠言逆耳利于行。”这是中国的古训，在历史的潮流中，有不少直言敢谏的良臣义士为这句话付出了生命的代价，在涉及大是大非的问题上，我们必须要敢说，不怕忠言逆耳。但是，在人际交往过程中，却不一定非得如此。说话时绕一绕圈子，讲究些策略，不仅可以使你顺利达成目的，还可以使你增加一个谈得来的朋友。

秦汉之际，刘邦率兵攻破函谷关，进入咸阳，灭了秦朝。他进入秦朝皇宫，见宫室富丽堂皇，美女珍宝不计其数，于是流连忘返，想留在宫中，享受一下做皇帝的快乐。

将军樊哙见此情景便气冲冲地责问：“沛公，你是想得天下，还是想当富翁？此室中所有，皆秦所以亡天下也，沛公赶快回灞上，千万别留在宫中。”刘邦听了，大为反感，不予理睬。

不一会儿，张良劝刘邦说：“只因秦王贪暴，不得人心，你才取得今天的胜利，我们既然为天下除去暴君，理应以俭朴为本，现在刚进咸阳，若又像秦王一样享乐，岂不等于助纣为虐？况且，‘良药苦口利于病，忠言逆耳利于行’，希望您能听从樊哙的劝说。”他们终于说服刘邦还军灞上，揭开了楚汉战争的序幕。

张良与樊哙同为批评刘邦，但张良成功了，樊哙失败了，原因在于张良恰到好处地抓住了刘邦的心理，强调刘邦所关心的成败问题，再加上语气委婉动听，虽是批评意见，刘邦听起来顺耳，因此就欣然接受。樊哙就比较鲁莽，话语暗含讥讽，令刘邦心生反感，因而对他的话置之不理。

良药苦口利于病，忠言逆耳利于行。但是，为什么良药就一定是苦的，忠言就一定是逆耳的呢？现代医学十分发达，许多良药如蜜糖、如水果，早已不苦口。语言科学发展至今，批评的忠言也可做到“顺耳”，人人爱听。

在日常生活中，所有的批评和建议如果只提对方的短处而不提他的长处，对方肯定会感到心理上的不平衡，或者感到委屈。最有效的办法之一就是先讲自己的缺点和过错。

因为你讲出自己的错误，就能给对方一种心理暗示：你和他一样都是犯过错的人，这就会激起他与你的“同类意识”。在此基础上再去批评或给对方建议，对方就不会觉得失面子了，因而也就更容易接受你的批评和建议，你的忠言也通过顺耳的方式传递给了对方。这也算含蓄的一种方法。

在现实生活中，能够接受他人批评的人并不少，但是由于批评或建议者的方式方法不对，导致批评建议不被接受，甚至反目成仇的例子也并不鲜见，中国古代讲究“文死谏、武死战”，为了辩论一件事的是非曲直，往往会导致一批人身首异处。我们说这些忠臣良将的精神是可嘉的，但是他们的方法却未必可取，因为劝谏的目的是让对方听从我们的意见，而不是丢掉我们的性命，而且文臣死谏后，皇帝往往不会改弦更张，那活生生的性命就丢得太可惜了。在现实生活中也是这样，我们劝阻对方，除了避免即将出现的损失和破坏外，还希望能够加深两个人之间的友情。

我们常说:“正因为是朋友我才这样劝你，要是其他人，我才懒得管呢!”可是，如果我们的方法方式不对，我们不但阻止不了错误后果的产生，连朋友也做不成了。这样就太得不偿失了。

人都是有自尊心和荣誉感的，有的人之所以不愿接受批评或建议，主要是由于怕触伤自己的自尊心和荣誉感。为此，我们在给他人批评和建议时，如果能找到一种含蓄委婉的方法，反而更能达到使其改正错误的目的。所以，当我们决定给他人进“忠言”的时候，一定要考虑好对方当时的情绪和心理状态，设计好劝说对方的策略，采取能接受的“批评”方式，使对方心平气和地接受你的意见，并且对你心存一份感激，这就是忠言所要达到的预期效果。

劝说他人的过程中，要把握好劝说的时机和对方性格情感的变化，及时调整劝说的策略，让对方潜移默化地接受你的意见，这样，“忠言”就不再“逆耳”了。

拒绝，但不使人难堪

拒绝不都等于无情无义，也不是一意孤行。有时候拒绝甚至能够成为人格与个性的完美结合。有人说，“拒绝是门艺术”，这话一点也不夸张，毕竟谁都不愿遭到拒绝。因此虽然很多情况下，拒绝其实是对别人的一种尊重，是为事情找到更好的解决方法的最佳途径，但仍须谨慎为之。因为无论如何，拒绝都会给对方带来一定程度的不快和困扰，即使这种拒绝是为了他好。

在你日常的工作和生活中，很可能也会遇到下列的情形：一个素行不良的熟人来缠住你，非要向你借钱不可，但你知道，如果借给他便是肉包子打狗一去不回头；你的顶头上司在增减人员上向你提出一些建议，但是这些建议又不符合公司现实情况。

诸如此类的事你必定要加以拒绝，可是拒绝之后，就要伤和气，引人恶感，被人误会，甚至积怨。

要避免这种情形发生，唯一方法便是要运用些聪颖的智慧。请看下面的例子：

在德国某电子公司的一次会议上，公司经理拿出一个他设计的商标征求大家意见。

经理说:“这个商标的主题是旭日。这个旭日很像日本的国徽，日本人民见了一定乐于购买我们的产品。”

营业部主任和广告部主任都极力恭维经理的构想，但年轻的销售部主任说:“我不同意这个商标。”经理听了感到很吃惊，全室的人都瞪大眼睛盯住他。

年轻的销售部主任没有同经理争论那个带红圈圈的设计是否雅观，而是说:“我恐怕它太好了。”

经理感到纳闷，脸上却带着笑说:“你的话叫我难理解，解释来听听。”

“这个设计与日本国徽很相似，日本人喜欢，但未必其他国家的人会喜欢，毕竟我们的顾客不单纯是日本一个国家。那不喜欢的顾客岂不是就不会买我们的产品了，这不同本公司要扩展对华贸易营业计划相抵触吗？这显然是顾此失彼了。”

“天哪！你的话高明极了！”经理叫了起来。

向有权威的人士表示反对或拒绝，你一定要有充分的理由，还要注意技巧。年轻主任用一句“我恐怕它太好了！”先抚平了经理的不快，使他不失体面。后来他用更充分的理由，提出反对经理的意见，经理也就不会感到下不了台。

语言是灵活多变的交流工具，运用得好才能让它成为有效的拒绝手段。我们只有在最恰当的时候，选择最恰当的拒绝方式，才能让“拒绝”带来的冲击力降到最低。因此，在了解具体的拒绝方法和建议之前，首先必须了解拒绝的几个基本原则。

1. 能做的事情尽量做

或许你会感到奇怪，这到底是接受的原则还是拒绝的原则？其实只要仔细想一想就不难理解，这的确是属于拒绝的原则。对于那些可以帮忙的事，我们会有这样一个潜在标准——自己可以完成，而且乐于完成。因此如果我们怀着宽容的态度，对于这种标准之内的事情都尽心尽力去做，那么一旦发现面临的事情不属于这个标准范畴，自然也会毫不犹豫地选择拒绝而不必产生愧疚感。所以说，这一原则其实是让我们学会明确地区分出哪些是必须拒绝的事情。

2. 说出拒绝的理由

拒绝在某种意义上，其实就是一种辩论。别人会想尽方法试图说服你接受，而我们则必须利用各种理由反击，向他说明自己不能接受的原因。如果我们要让对方心服口服，就必须说出一个值得信服的理由。当然，选择权在我们手上，即使没有理由，同样可以选择拒绝；只是这样的结果，一定会让对方感到极度不悦，毕竟遭受毫无理由的拒绝，任谁都不会开心的。

3. 态度坚决明确

“对不起，我真的帮不上忙”和“这问题恐怕很难解决”相比，后者显然会给被拒绝者带来更大的想象空间。当我们试图用一种很婉转的态度拒绝别人时，通常不会收到太好的效果。因为模棱两可、暧昧不清的拒绝，并不会让对方丧失希望，正所谓希望越大，失望越大。与其让对方抱着不切实际的幻想空等，倒不如在最初便狠心拒绝，或许会帮助他找到更好的解决方法。

4. 简洁明了

有些拒绝者为了抚慰对方“受伤的心灵”，常常在拒绝之后，说一大堆安慰的话，或为自己的拒绝说出一连串冠冕堂皇的理由，其实这些都是画蛇添足。因为太多理由可能反让人觉得你在借故推托搪塞。面对拒绝者众多的理由，被拒绝者可能会积极帮前者“想办法”，也可能会直截了当地指出其中的矛盾之处。所以理由不要多，一个就够了；解释也不用过度，大致说明一下，并且表示抱歉即可。

5. 不要因为拒绝而伤害对方

我们对别人说“不”，是维护自己权益的行为。但是在维护自己权益的同时，也应当尽量照顾到对方的感受。虽然拒绝要态度明确，但仍须通过各种语言的艺术，尽量降低“不”字对对方的伤害。例如：可以适当地运用幽默感来缓和气氛，尽可能让被拒绝一方不至于感到难堪。

拒绝也要根据对方性格采用不同的方式。有的人喜欢你直截了当地告诉他拒绝的理由；有的人则需要你用含蓄委婉的方法拒绝。所以在拒绝他人时要见机行事，语言一定要温和，即使坚持不答应但也不致撕破脸皮。过犹不及皆是害，和别人打交道尤其如此。只要你能够做到适中和节制，你就能得到他人的青睐与尊重。

第12章

伶牙俐齿，不可不知的说话技巧

如果一个人具有良好的说话能力，那么无论是立身处世，还是交友待人，都会挥洒自如，展现出无穷的魅力。

说话的能力不是天生的，没有哪个人一生下来就能说会道。能够把话说到位，说到点子上，并且说得动听，这项技能是在不断的磨砺中练就的。你只要用心去学，就能成为说话的高手，拥有一副妙语连珠、出口成章的好口才。

努力提高语言表达能力

拥有出色的说话能力并不像想象的那么困难。语言有规则，技巧可运用，只要你用心去学，就一定能妙语连珠。

美国哈佛大学最杰出的心理学教授威廉·詹姆斯先生曾经写过这样几句足以影响我们一辈子的话。他说："无论你研究的是哪个领域，你对它的热情就足以保你成功。只要你渴望有个结果，你差不多就一定能做到那个结果。只要你想做好，你就会做好。只要你想富有，你就会富有。只要你想博学，你就会博学。只要你必须是真心希望这些事情，而且是最希望的事，其他事比较之下微不足道，有这样强烈的动机才行。"读罢这位教授的至理名言，我们没有任何理由可以否定或怀疑，通过努力我们可以成为能言善辩的口才高手。

如能适当运用自己的语言表达能力，就有希望成为社交场上的中心人物，人们才会被你的独特个性吸引。

在我们训练自己说话胆量、增添自己说话信心的过程中，可能会碰到许多困难与障碍，可能会使我们丧失信心。每当遇到这种情况，我们最好能多想一想会出现的问题，自己跟自己进行一些思想斗争，自己给自己施加一点思想压力。一旦自己说服了胆怯的自己，征服了懒惰的自己，就能坚定信心，继续前进。

这里介绍几种自己说服自己的理由：

第一，现代社会的发展需要现代化的人才。具备一定的口语表达能力，不仅是对创造型、开拓型人才的要求，也是对各行各业的其他人的要求。当经理、教师、律师、推销员、采购员，主要是运用语言进行工作，口才的重要性自不待言；当乘务员、招待员、售票员、公关小姐、秘书的，也应该能说会道。许多做服务工作的人员经常和服务对象发生争吵，除了服务态度上的原因以外，不善于讲话常常是引起争吵的导火线。所谓"良言一句三冬暖，恶言伤人六月寒”，说的就是这个道理。

第二，发展的大好时机更需要杰出的口才。哪里需要做事，哪里必然就少不了论战与诘辩。在真理与谬论的短兵相接中，纵使你满腹经纶，但如果是“茶壶里的饺子——有货倒不出”，就无法驳倒谬论，无法赢得群众。大量的事实也证明：口才不佳，寸步难行；能言善辩，事半功倍。

第三，信息时代，使广泛而迅速地进行各种信息交流成为社会发展的重要保证。口头语言是最常用、最方便的信息传递方式，因此，没有口才的人是不能适应现代经济社会需要的。西方国家把口语表达能力作为衡量人才的重要标准，许多企业招聘各类人员都要进行口试，他们认为口语表达能力是影响发明、创造能力的重要因素。美国国际收银机公司董事会主席亚林先生曾在《演说旬刊》上写过一篇“商场上的演说与领导关系”的文章，他提到:“在我们公司的历史上，许多人都因为在演讲台上表现优异而受到瞩目。许多年前，有一个年轻人本来负责我们在堪萨斯的一个办事处，因为发表了一次不凡的谈话，现在他已是我们的副总裁，负责销售部。”可见，口语表达能力是创造型、开拓型人才所必备的能力之一。从某种意义来说，扼杀口才，就等于是扼杀人才，此言并非危言耸听。

21 世纪的人，应该具有“敢想、敢说、敢作、敢为”的当代人精神风貌。为了担负起时代的重任，让我们刻苦锻炼口才，勇于面对挑战，尽快成为一个社交高手吧!

大多数成功的人都是能言善辩的，而不成功的人大多不善言辞。如果你学会了怎样说话，你就成功了一半。如果你觉得自己已经是一个成功的人，也会因此变得更加成功。

与人交谈，既有思想的交流，又有感情上的沟通；任何语言上的贫乏、枯燥无味、粗俗浅薄，都会使人感到厌恶。如果女人的谈吐既有知识、趣味，又能用丰富的表情和优美的声音来表达，那将会收到意想不到的效果。

如果一个人具有良好的说话能力，那么，无论是立身处世，还是交友待人，都会挥洒自如，展现出无穷的魅力。

让别人愿意听你说话

与人交谈的话题对能否给别人留下好的印象是非常重要的，如果你初遇一个人，他只是和你聊一些你不感兴趣的话题，你会喜欢他吗？恐怕不大会吧。说话，通常不是说给自己听，而是说给别人听，既然如此，你又怎么能不去考虑一下别人听了这些话，会有怎么样的解读呢？

一个真正懂得说话的人，不见得字字珠玑、句句含光，但是他总是能说出对方想听到的话。

有些人说话虽然在内容上不占优势，但他的说话方式却会给人一种非常迷人、令人舒服的感觉。毕竟说话者有其本性，每一次对话会因为说话技巧的不同而有各种不同的回响、反应。那么，使对方愿意听我们说话并把他步步引入对话的绝佳境地有什么技巧呢？

1. 风格明快

生活中大多数人不喜欢晦暗的事物，即使草木也需要阳光才能生长。同样，给人阴沉感的谈话，会让人有疑虑感、厌恶感及压迫感。反之，说话简洁明快，则容易让人接受。

2. 声音独特

在社交场合中，如果一位女性拥有良好的举止仪态，说话的声音也很甜美，那就会更加增添她的女性气质，使她的语言充满感染力。

有的人说话声音矛头，给人一种舒服的感觉。她们谈话时，非常注意说话的声音，而选择说话的声音，完全依靠她们的天赋、个性及所要表达的情感而变化。有条件的话，你可自我充当对象，把自己的说话的声音录下来再仔细地听，你可能会吃惊地发现，自己说话竟有那么多毛病。这样经常检查，发音的技巧就会不断提高。

3. 语气肯定

每个人都有自尊心，很容易因为某些微不足道的事就感到自尊心受损。如此一来，你要在谈话中稍不注意说话的方式方法，他（她）会立即反射性地表现出拒绝的态度。所以要对方听你说话，首先得先倾听对方要表达些什么。所谓“说话语气肯定”并不是指肯定对方说话的内容，而是指留心对方容易受伤害的感受。

4. 语调自然

自然的声音总是悦耳的，在交谈中我们应该注意，交谈不是演话剧，无论你是什么样的语调，都应自然流畅，故意做作的声音只能事与愿违。当你交谈的对象不是一个人，而是许多人时，应采用以下的技巧：当前一个人声音很大时，你开始说话时就可以压低声音，做到低、小、稳；当前一个人音量较小时，你的开始句就要略提高嗓门，清脆响亮，以引起大家的注意。单调如一的声音，如同催眠曲，令人厌烦。可以放慢速度强调一些主要词句，在一般内容上稍微加快变化。随着内容和情绪的变换，说话的音量和音调也应该发生变换，可侃侃而谈如淙淙流水；也可慷慨激昂似奔泻的瀑布。在不同声音段里，要有高潮、舒缓、喜忧，才能引人入胜，扣人心弦。

5. 习惯用法

人类生存在当今的语言环境中，对于语言拥有自己的运用标准，一旦不符合标准，就会产生不协调的感觉，其中包括语气与措辞。在人际关系中，确实有必要根据实际情况或对方是谁而分别使用适当的语言。如果不分亲疏远近，一律以和同事谈话时的措辞来谈，那么对方将不会老老实实地听我们说话。

“太好了！”“好棒哟！”“真可怕！”这些都是一般女孩子说话时常会冒出来的感叹词。当然，这也是一种感情洋溢的表现。一句话若没有抑扬顿挫，则流于平淡，引不起对方的兴趣，若能添一些感叹词，则能增加彼此之间谈话的气氛，但要适可而止，过多的感叹词，亦会抹杀言词的重要性，使对方不能分辨你的意思。

6. 思路清晰

当之前的谈话争论不休，而且没有头绪时，你站出来讲话，就要力求语句简短，声音果断，有条理。

在大众场合发言时，你要想清楚自己讲什么，怎么讲，讲到什么程度。再者最好不要夹在中间，要么赶在前面，要么最后再讲，这样才能使人印象深刻。

开口的方法和技巧

在生活中有许多人不敢说话，或者说很难通过交谈把自己的意思表达出来。这里，我们就讲讲几种不敢说话时怎样开口的方法和技巧。

1. 以礼开口

在当今时代，我们必须与他人建立和睦友好的人际关系，彼此互敬互爱，共同为社会发展尽力。这一切的存在，都依赖于一个先决条件——诚恳的态度、端庄的举止。

人的态度和举止在人与人之间的交际中占有十分重要的地位。如果一个人举止粗野、蓬头垢面，即使学问满腹，也会使人“敬而远之”；相反，如果一个人态度诚恳、举止文雅，给别人的第一印象温文儒雅、落落大方，那么即使他不开口说话，人们也乐意与之相处。可见，只有在高明的说话技巧和高雅的行为举止相得益彰时，才能使彼此达到理想的交流。

在日常生活中，我们常常要求别人守秩序、有礼貌，对自己却不能严格要求，这是十分有害的。人类社会是一个互为服务的群体组织，我们怎样对待他人，他人也会怎样回报我们。因此，我们处处以礼待人，诚诚恳恳，那么我们在交谈中也就容易开口了。

⑴ 表情要自然，语气要和蔼、亲切。

不论与谁交谈都应平等相待。与客户交谈应不卑不亢、落落大方，还要讲究方式方法；和晚辈、下级交谈，不要态度傲慢、居高临下；对上级、长辈交谈不要卑躬屈膝、低声下气。为了表达某些内容，可以适当做一些手势，但动作不宜过大，不要手舞足蹈，更不要用手指着对方讲话。

(2) 与对方交谈的距离要适度。

有这样一个故事，在一次谈判结束后的鸡尾酒会上，一位日本谈判代表端着一杯鸡尾酒和美国谈判代表在随意闲谈着，日本人老喜欢贴近着跟美国人说话，所以，身体不自觉地向着美国人移去，而美国人却不喜欢人家靠着他说话，于是，也就不自觉地往后退。就这样，一个往前移，一个往后退，结果就变成了日本人追着美国人在大厅里转圈子。

故事尽管有点夸张，但是从礼仪上说，说话时与对方离得过远，会使对话者误认为你不愿向他表示友好和亲近，这显然是失礼的。

(3) 保持优雅的举止礼仪。

在交往中，大都涉及个人的举手投足、言谈举止之类的小节，但正是这些小节关系着个人及组织的形象，大到国家和民族的利益，正所谓:“小节之处见精神，言谈举止见文化。”

一个人优雅、得体、自然的举止，不是为了某种场合硬装出来的，而应是日常生活中的修养所致，是一种长久熏陶，顺乎自然的结果。这就要求我们要时常有意识地调整、训练自己的举止，从最基本的站、行、坐、蹲、招手、点头、表情等做起。

2. 用眼开口

众所周知，眼睛是人们心灵的窗口。其实，眼睛还是人们心灵语言表达的重要工具。通过眼神，我们可以看出一个人的思想动态；借着眼波，我们可以交换彼此的感觉与意识，可以传送感情。

“言有尽而意无穷”、“只能意会不能言传”，放在说话技巧上都恰到好处地说明了眼睛无法取代的作用。因为有时言语无法完全表达清楚我们的心思与用意，这就需要借彼此眼波交流来达到心灵间的沟通。如果我们要拒绝他人或者责备他人，或是不便于用言语来表达某种思想，不妨试试使用这种以眼代言的方法，也许能够达到较理想的目的和效果。

在我们的日常交谈中，人们多半只注重说话的技巧，却常常忽略了面部的表情，尤其是把握不了视线的高度，以至于发生一些有失礼仪的事情，造成许多不必要的误会。

既然眼睛是人类心灵的窗口，那么我们的一切言谈，不论是询问、请求，还是劝诫、说服，都可以从眼神及表情上表露出来。这里要注意一点，人的视线应该是随着说话的语气而高低有异。比如，若是有求于他人或是答谢他人之恩，我们的视线应由下往上注视，因为当自己以一种祈望的眼神向对方求助、感谢时，也就自然抬高了对方的地位，这样才能得到对方的同情与回敬。

3. 委婉开口

如果我们的朋友或长辈在公众言谈中不慎有所差错，而我们又不便在众目睽睽之下当面指责他们时，可借用委婉开口的方法，使朋友或长辈慢慢有所察觉，从而纠正自己的过错。如此一来，不但能收到我们预期的效果，更能替他人解围，真可谓一举两得。

大千世界中的每个人都有自己独特的性情、独特的兴趣和不同的生活态度，在相互交际中不可避免地会产生观念上的冲突。如果我们能在不否定他人见解的前提下得体地表达自己的意思，那么就会达到交际上的成功，可见委婉开口是一个很有用的说话方式。

当对方表达了他的观点而我们无法苟同时，我们不妨先肯定和赞许他的观点，然后以谦虚的口气说一下自己的进一步建议，这样就很容易为对方所理解和接受。对我们来说，这样做不但表现了自己的风度，又坚持了自己的立场，何乐而不为呢？

4. 间接开口

生活中有许多场合令人无从开口，比如说在批评和赞美他人的时候，如果“开口”不当，则会引起一些麻烦、误会乃至出现不堪设想的后果。这里介绍一种可供借鉴的方法，即间接开口法。

在一般人的观念里，总认为“第三者”所说的话较具客观性，较为公正。因此，我们可以针对这种心理，借用“第三者”的口吻，来代替我们表达自己的意见。以此来批评或劝诫他人，容易得到对方的理解；以此来赞美或安慰他人，也容易获取对方的信任，而且更重要的是帮我们解决了“开口”的“突破口”。

比如，有时我们为了博得他人的好感，往往会赞美别人一番，但自己直接说“你真聪明”、“你的智商高得惊人”之类的话，不免让人觉得是在奉承、讨好，有点儿不舒服。如果我们换一种方式来表达：“王老总一直佩服你脑子灵活，果真名不虚传啦！”这样，对方必会认为此言乃是真话，非常高兴，并主动与你联络感情，使交往得以顺利进行。可见，间接开口法运用得巧妙是很有效的。

5. 感谢开口

生活中，我们经常会听到这种抱怨，“我并不介意做所有的事，只要他每次能说声‘谢谢’”，或者“我为他做了那么多，他连声‘谢谢’都不会说。”也许很多人不是不想表达他们的感激之情，只是不知道该如何开口，只好选择了沉默。

“谢谢”一词再简单不过，却常常被一些人轻视，或因其太简单而被忽略，以致他们在不知不觉中与好人缘失之交臂。

当别人帮助了你的时候，千万记得说声感谢，一个会说“谢谢”的人，才最得人心，最容易成功。如果想成为一个受欢迎的人，就把你的感激表达出来吧，不要把它藏在心里，那样永远也不会被人知道。

总而言之，如果我们正确、恰当地使用上述几种开口的方法，无疑会慢慢增添几分说话的自信心，找到打开话匣子的钥匙。

在聊天中训练说话能力

家里、办公室、社交场合都是训练说话能力的场所。和人聊天，谈天说地、讨论今天的天气情况，都是训练口才的机会。

我们清楚地看到，善于谈话的人，真是能把生活弄得随时随地都很快乐。他们在业余的时间，和他们的朋友，或是他们的家庭，可以快活地过一个晚上，使大家比去电影院看电影得到的乐趣还多。

善于谈话的人，到处都受人欢迎。他能使许多不相识的人携起手来，他能使许多本来彼此不发生兴趣的人互相了解，互相感觉很需要。他们能够排难解纷，消除人与人之间的误会。他们能安慰愁苦烦闷的人，他们能鼓励悲观厌世的人，能够消除别人的疑虑和迷惑，能够使别人更聪明、更快乐、更振作有为。

在工作及事业上，能言善辩之人，可利用自己的口才来说服人，使业务顺利进行，事运亨通。一个出色的成功人士，说话能力是他成功的必备条件。因此，提高自己的说话能力是非常重要的。

是的，我们很想练习一下自己的口才。拥有了一张能说会道的嘴之后，才不会做一个言不达意的愚人，才不会在生活上、工作上遇到很多困难，才能促进自己事业的成功，使自己的生活顺利而愉快。

"冰冻三尺，非一日之寒"。希望有好的口才，就要不断地练习。

练习口才，每天都是练习的机会。因为你每天都要与人打交道，都要说话。千万不要以为日常的说话，不需要什么口才。例如，练习书法的人，必须每个字都要写好。一个书法好的人，一动笔，就是一个好字。口才也是一样，练习口才的人，每谈一句话都要说好。口才好的人，一开口，就是一句好话，好听的话。

不要看轻日常的对话，日常那些极为简单的话，口才好的人，和口才不好的人，说起来也大不相同。甚至"哼"一声的效果都大不相同。

当你在家的时候，你能给七岁的小女儿讲一个小熊的故事吗？如果不能，就得去找一本儿童文学书看看，再加些有用的知识来讲给你的女儿听，使之觉得有趣，又喜欢听。

还有，你可利用家庭经济问题、子女教育问题、房间布置问题等等，好好地跟你的家人谈一谈，提供些有益的意见，帮助他们解决或大或小的家庭困难。

人与人之间和睦相处，关系融洽，家庭和社会才能得到真正的幸福与和谐。这样你不但可以训练口才，还可以帮助自己建立起朋友间、同事间、夫妇间、家人间的良好关系。

你的家庭是你练习口才的第一场所。练习了一个时期之后，就可以出去找你的朋友。相信你不只有一个朋友，人有许多朋友，而每个朋友都有许多问题：

梁某最近被人敲了一笔钱；张某的学校走了个好教员；王某的商店，后天要开业了；赵某的旧摩托车卖掉了，要买一部新的；李某的大儿子就要结婚了……

每个人都有各自的快乐与苦恼，失败与成功。你能够找他们好好地谈谈吗？这时你为了训练口才，就得去了解你朋友的各种情况，想出如何帮助、开导、启发的谈话内容来。这样，无形之中你同情的人、你了解的事渐渐地多了起来。陌生的人，对你不像以前那样陌生了。你每天在街上遇见了很多人，虽然没有打招呼，甚至对你连看都没有看一下，可是你总觉得对他多少有一点了解。这时，你不妨去找一些陌生人谈谈话。

只要你肯先开口，只要你知道怎样开口才是最合适的，没有人会拒绝你友好的笑容和悦耳的声调。

语言要简洁精练、通俗易懂

在社交中，要想收到良好的效果，社交的语言要简洁、精炼，使听者在较短的时间里获取较多有用的信息。反之空话连篇，言之无物，必然误人时光；语言还要力求通俗、易懂，如果不顾听者的接受能力，用文绉绉、艰涩难懂的语言，往往既不亲切，又使对方难以接受，结果事与愿违。

“言不在多，达意则灵。”要语不烦，字字珠玑，简练有力，能使人不减兴味；冗词赘语，不得要领，必令人生厌。不少演讲大师惜语如金，言简意赅，留下珍贵的篇章，成为“善辩者寡言”的典型。

1863 年 7 月 1 日，美国南北战争中的一场决定性战役，在华盛顿附近的葛底斯堡打响了。经过三天的鏖战，北方部队大获全胜。战后，宾夕法尼亚等几个州决定合资在葛底斯堡建立国家烈士公墓，公葬在此牺牲的全体将士。

1863 年 11 月 19 日，公墓举行落成典礼，美国总统林肯应邀到会演讲。这对林肯来说，有很大难度，因为这次仪式的主讲人是艾弗雷特，林肯只是由于总统的身份，才被邀请在艾之后“随便讲几句适当的话”。艾弗雷特不仅是个著名的政治家和教授，而且是当时被公认为美国最有演说能力的人，尤其擅长在纪念仪式上的演讲，在这个典礼上，他那长达两个小时的演讲，确实精彩极了。

在这种情况下，怎样讲才能和观众建立良好的交往关系，并最终赢得他们的掌声呢？林肯决定，以简洁取胜。下面就是林肯的演说：

十七年前，我们先辈在这个大陆上创立了一个新的国家，它孕育于自由之中，奉行一切人生来平等的原则。

我们正从事一场伟大的内战，以考验这个国家，或者任何一个孕育于自由和奉行上述原则的国家是否能够长久地生存下去而献出了自己的生命，我们来到这里，是要把这个战场的一部分奉献给他们做最后安息之所。我们这样做是完全应该而且非常恰当的。

但是，从更广泛的意义上说，这块土地我们不能够奉献，不能够圣化，不能够神化。那些曾在这里战斗过的勇士们，活着的和去世的，已经把这块土地圣化了，远远不是我们微薄的力量所能增减的。我们今天在这里所说的话，全世界不大会注意，也不会长久地记住，但勇士们在这里所做过的事，全世界却永远不会忘记。毋宁说，倒是我们这些还活着的人，应该在这里把自己奉献于勇士们已经如此崇高地向前推进但尚未完成的事业。倒是我们应该在这里把自己奉献于仍然留在我们面前的伟大任务——我们要从这些光荣的死者身上吸取更多的献身精神，来完成他们已经完全彻底为之献身的事业；我们要在这里下定最大的决心，不让这些死者白白牺牲；我们要使国家在上帝保佑下自由的新生，要使这个民有、政治、民享的政府永世长存。

结果林肯大获成功。尽管他的演讲从上台到下台不过两分钟，可掌声却持续了 10 分钟。林肯的演讲不仅赢得了在场一万多名听众的热烈欢迎，而且轰动了全国。当时的报纸评论说：“这篇短小精悍的演说是无价之宝，感情深厚，思想集中，措词精练，字字句句都很朴实、优雅。行文无疵，完全出乎人们的意料。”就是艾弗雷特本人第二天也写信给林肯道：“我用了两个小时总算接触到了你所阐明的那个中心思想，而你只用了两分钟就说得明明白白。”后来，林肯的这篇出色的演讲词被收藏到图书馆，铸成金文存入牛津大学，作为英语演讲的最高典范。

林肯这次演讲获得巨大的成功，给了我们一个启示：简洁明快的语言会使说话更添魅力。

高尔基曾说："简洁的语言中有着最伟大的哲理。"在当今的信息时代，人们的生活节奏大大加快。人们不喜欢那些穿靴戴帽、庞杂冗长、繁文缛节的空话套话。说话要达到简洁、明快，就要千锤百炼，使自己的词汇富足、思路清晰。

为词语贫乏，表达必词不达意、啰唆干瘪；思维模糊，表达必语无伦次，枉费口舌。所以，在说话时应要求自己长话短说，要"筛选"、"过滤"出最精辟的、恰如其分的表情达意的词句，尽可能以省略的语言表达出深刻的内涵。

简洁明快的语言能增添说话的魅力，是因为如下原因：

第一，简洁明快的语言是认识能力和思维能力高超的表现。话语的简洁常常体现出说话人分析问题的快捷与深刻。

第二，简洁明快的语言是果敢决断的性格表现。自信心强、办事果敢的人都说话干脆果断，不拖泥带水。

第三，现代社会节奏快，时间观念强，说话简洁会给人一种生机勃勃的现代人的感觉，所以，简洁明快的话语还是时代风貌的反映。

第四，简洁的话语既能不占用听者太多的时间，又能使听者觉得说话者很尊重他，所以，说话简洁的人受人欢迎。

语言除应简洁、精练外，还应通俗易懂，否则很可能达不到效果。

口头语言通过耳朵传入大脑。因语词有同音异义，一音多义，如用晦涩难懂的话，势必影响听的效果。而且听众文化素养有很大差别，应该"就低不就高"。所以对广大群众讲话，更应该明白晓畅，通俗易懂。

口头语言与书面语言有较大的差异，有的人在讲话中过多地使用书面语，而不是口头语，也使人听了很不是滋味。比如有一个青年在演讲中描述他听到母亲被迫害致死时的心情说："我的心海荡起悲哀的浪潮，两只眼睛犹如双泉，盈满晶莹的、清澈见底的泪水，最后我的两行泪水像断线的珍珠纷纷落下。"台上讲者痛哭失声，台下却发出一阵笑声。这样的讲演自然是不成功的。其失败原因在于，他不讲究语言的实际效果，而一味地追求形式上的华美。因为，不口语化、通俗化，而文学味太浓，遣词造句过于华丽和艰涩，必然会令人笑话。

无论在艺术领域内，还是社会生活中，纯朴、自然，都可称得上最美的境界之一。老舍在谈到说话艺术时也曾形象地比喻说：“真正美丽的人是不乱施朱粉、不乱穿衣服的。”作为人类社会生活重要组成部分的言语交际活动，社交语言需要用讲话者和听者双方都习惯、共同感兴趣的“大白话”来表达，这样才容易沟通感情，交流思想。若追求华丽新奇，过分雕琢，听者就会认为这是在炫耀文采，从而对你的讲话一只耳朵进，一只耳朵出。所以，使用语言正像鲁迅说的：“有真意、去粉饰、少做作、勿卖弄。”否则，话说得再漂亮也不会有什么力量。

语言是说话的最基本要素，所以我们有必要广泛学习语言，以使会话更加通俗易懂。

苏东坡对语言的使用有颇为精妙的见解：“凡文字，少小时须令气象峥嵘，彩色绚烂；渐老渐熟，乃造平淡；其实不是平淡，乃绚丽之极也。”我们应当把追求语言的简洁精练、通俗易懂作为学会讲话的基本功，不断地加强训练和学习。

有效的提问可以促进交谈

交流永远是要双方互动的，如果只有一个人说话，永远都算不上是交流，更谈不上是有意义的交流。所以，有效地互动才是交际成功的前提。那么，怎样才能在交流过程中有效地与人互动呢？这需要懂得用各种不同的方式跟别人交流，打开别人的话匣子。

如果既要让别人开口，又想自己掌握和控制谈话，那么你就要学会提问。有效的提问可以促进交谈，使双方的表达更加顺畅。一个得体恰当的提问往往能引起对方积极的回应和愉悦的情绪。不过，别小看了提问，我们当中很多人其实并不懂得如何开启话题。

小刘在一次聚会上碰到了医生小肖，对他产生了好感，准备和他聊聊。于是，她大胆地走过去，说："你觉得医院和诊所的医资水平有多大差距？"

小肖顿时不知道该如何回答她，只好尴尬地说："哦，一时也说不好。"

小刘的问题在于问话实在是太复杂了。这样的问题让小肖需要很多精力和时间来回答。在初次见面的时候一般人不会有这样的耐心去回答这样的问题。

还有一个例子：

燕子找到了一份在饭店做服务员的工作，却只上了一天班就被老板辞退了。其实她的条件并不是很差，也没有做错什么事，只是不小心问了一句不该问的话。

那天，燕子刚一上班，店里就进来了三位客人，她随即拿了菜单，去让客人点餐。第一位客人点的是糖醋里脊，第二位客人点的是宫保鸡丁，第三位客人点的是京酱肉丝，但是，他特别强调要用干净一点的杯子倒啤酒。

很快，燕子将这三位客人所点的菜，用盘子端了出来，一边朝他们坐着的方向走来，一边还大声地向这三位客人问道："你们谁要用干净一点的杯子盛酒……"就凭燕子的这一句问话，老板当然会毫不客气地向她下辞退令，因为她的问话很使老板脸上无光。

这些例子生动地告诉我们，交流要掌握分寸和技巧，不合时宜的提问会引起对方的厌烦；不合适的问题也会招致别人的反感。因此，会说话的女人就像是一个会打乒乓球的人，一定要把球打出去还要让对方接得到，这样一来一往，才能够算得上是真正的交流。

在对话过程中，发问的技巧很重要。对不同的人，可提问不同的话。

作为听话者，为了表示你对说话人的尊敬，说明你在积极认真地听他讲话，不时提出一两个不太深奥的问题，要求对方做更加清晰、全面的解释，会令正在说话的人感到高兴，认为你谦虚好学，因而加深对你的印象。

假定你的谈话对象是一位医生，而你在医学方面完全是个门外汉，你可以说："近来乙型肝炎好像又开始流行，你们大概又忙于给一般人打预防针吧？”这个问题既是大家都关心的，又是对方的工作问题，经你一问，对方便开口了。由此可以接着谈下去，从乙型肝炎的症状谈到饮食卫生，谈到治疗药品……只要你不感到厌烦，你就一直追问下去。如果遇到房地产经营者，你可以问近来地价的起落；遇到电器行业的负责人，你可以询问哪种牌子的空调机最实用；遇到教师，你可以问他学校的情形，学生的素质和倾向。总之，问话是打开交谈之门最好的办法，而在问话时应就对方知道的问题或最内行的问题提问。

以下是提问的 10 个类型：

1. 一般提问

据社会学家的分析，任何发问都适用于一般提问方式。这种提问方式可以调动对方回答的积极性，满足对方渴求社会评价嘉许与肯定的心理。一般提问方式如果能配以赞许的笑容，效果就会更好。

2. 真诚提问

不要故作高深、盛气凌人、卖弄学识，要给人以真诚和信任的印象，形成坦诚信赖的心理感应和交谈气氛，交谈才能正常愉快地进行。

3. 续接提问

如果一次提问没有达到问话目的，运用续接提问是较为有效的。例如，你可以继续问“你是如何想办法的”、“为什么会这样呢”，或者以适当的沉默表示你正在等待他进一步回答，使对方在宽松的气氛中更详尽地讲述你想知道的内容。耕柱子受到墨子的批评后显得不高兴，墨子于是请他坐下，诚恳地问道：“假如我马上上太行山，用牛或马驾车，你认为是驱赶牛好呢，还是马好呢？”“当然是驱赶马好。”耕柱子说。墨子又问：“为什么要赶马？”“这很简单，”耕柱子回答，“马值得驱赶，它可以跑得快。赶牛再用力，它也是慢慢吞吞的嘛。”墨子笑了笑说：“我就是因为觉得你是值得鞭策的，所以才批评你、鞭策你。”耕柱子十分感激墨子，对自己的言行深感内疚。这个故事中，墨子用续接提问的方法，让耕柱子明白了他的良苦用心。

4. 因时提问

提问要看时机。亚里士多德说过：“思想使人说出当时当地可能说的和应当说的话。”说话的时机，就是说话的环境。它包括两人所处的自然环境、社会环境、语言环境和心理环境。一般说来，当对方很忙时，不宜提与此无关的问题；当对方伤心或失意时，不要提出引起对方伤感的问题；在业余时间里同医生、律师等谈话，也不要动辄请教有什么病该怎么治，或有什么纠纷该如何处理，对于这类过于具体的问题，人们在大部分情况下是不愿涉及的。所以提问要像屠格涅夫所说的那样：“在开口之前，先把舌头在嘴里转10个圈。”这样你的提问才能得到满意的回答。

5. 因人提问

人有男女老幼之分，有千差万别的个性，有不同的工作岗位和生活环境，有不同的知识水平和社会阅历等等，所以，提问必须以对象的具体情况为准。对象不同，提问的内容和方式自然会有所区别。

6. 适当提问

提问讲究得体，便于对方回答。提问能否得到完满的答复，在很大程度上取决于怎样问。适当的提问，能使人明知其难也喜欢回答。当我们需要对方毫不含糊地做明确答复时，适当提问是理想的方式。

7. 诱导提问

这种提问方式是巧妙地诱导对方说出自己的心里话，同时它也是一种“迂回”对策。

8. 启示提问

这种提问方式重在启示。要想告诉对方一个道理，但又不方便直接地说，通过提问引起对方思考直至明白某个道理。运用启示提问可以采用声东击西、先虚后实、借古喻今等方式。

9. 攻击提问

提问要看对象，尤其是注意被提问者与自己的利害关系。如果对方是竞争对手，这时候提问目的是为了直接击败对手，你不妨采用攻击性提问。攻击提问的目的是为了击败对方，所以要求这种问话方式具有简洁明了、击中要害等特点。

10. 选择提问

提问要有所选择，不要提出明知对方不能或不愿作答的问题。一开始提问不要限定对方的回答，也不应随意搅乱对方的想法。

提问是开启对方话题的“金钥匙”。提问要形象、贴切，不可生搬硬套，提问是主要，说明问题是次要，说明问题只是为提问服务。

社交场合说话要注意方法

我们与人交往时，说话的内容固然重要，但别人对你的评价如何，你给别人的印象是好是坏，很大程度上是由你的语言表达方式决定的。

因此，我们应该承认，在社会交往中注意自己的说话方法，是开口说话至关重要的一个环节。

有的时候，谈话的重点会在我们轻松自在的说话中明显地表达出来；有的时候，我们以平和的心态与人说话，也会留给对方深刻的印象；有的时候，我们怒气冲冲地与人讲话，也能获得别人的好感；甚至有时候我们与人说话时心不在焉，却依然能够表达自己要讲的意思。

这是为什么呢？这就是因为在不同心态下用不同的说话方法，可以决定我们能否把该强调的重点充分地表达出来。

当然，一个人在与人说话的时候，始终保持一份好的心情，肯定能加深别人对他的好感；反之，说话时装模作样、自命不凡、优越感太强的人，便不会得到别人的认同，朋友也会离他越来越远。

说话应该做到条理分明，因为有关你的工作能力、教育程度、知识水平、兴趣爱好、审美追求等许多方面的情况，皆是通过你的言谈表现出来的。一个说话东拉西扯而没有层次的人，很难让人明白他究竟想要说什么。

所以，一个人说话不能掌握正确的方法，不能强调重点，言语没有分寸，他的社交活动肯定劳而无获，不会有什么好结果。

那么我们在人际交往中，是否也无意伤害过别人呢？

现在，你不妨先用下面这些问题来检查一下自己。

开始与别人交谈时，会希望别人快点说完吗？

和不熟悉的人说话时，会觉得不知道说啥吗？

与对方交谈时，你还会想其他事情吗？

是否时常会有找不到话题的时候？

不喜欢别人为你介绍陌生人吗？

是否时常会有想不出好措辞的时候？

是否常常想中断对方的谈话？

即使和亲朋好友谈话，也会有没有话题的时候吗？

当你讲话时，是否感觉到其他人的坐立不安？

对方是否常常会中断你的谈话？

与人交谈时，争执的情形多吗？

你觉得用家常话会很难和别人交谈吗？

是否觉得自己不会幽默？

在会谈的时候，你是否会认为提早结束比较好呢？

是否常常请求对方赶快说明情况？

是否一讲起来就没完没了？

常想教导别人吗？

是否时刻在维护自己的形象？

以上这些问题，如果你有七个以上的回答是“是”，那么你就有必要在日后注意下说话的技巧了。掌握正确的说话方法，能使我们判断出自己的想法是否合乎情理，同时也能让别人对我们有一个正确的评价，时间一长，自然能给人们留下良好的印象。

说话技巧是社交的重要基础

在交谈中，说话的技巧是相当重要的。人们常常会发现，同样的一席话，以不同的方式、语气和顺序表达出来，其效果就大不一样。一个不敢说话的人，如果他能学习掌握和运用多种多样的说话技巧，克服自己说话中的一些细小的毛病和弱点，就很能够增强自己说话的信心，提高自己的说话胆量。

那么，怎样才能掌握正确的说话技巧呢?

了解听者的心理和情感，是掌握说话技巧的基础。我们只有在了解听者的心理和情感的基础上，才能正确地选择在某个场合该讲什么，不该讲什么，哪些话能够打动听众的心坎，能使听者产生共鸣，真正使谈话达到水乳交融的境地。

心理和情感是内心世界的东西，一般是捉摸不定、较难把握的。但是，在有些场合，人内心深入的东西又常通过各种方式而外露。如果我们善于观察听者的一举一动，并能据此加以分析和推测，那么，我们基本上是可以掌握听者的心理和情感的。譬如，在你讲话时，听者发出唏嘘声，那么就说明听众不喜欢你所讲的那些话；如果听者两眼注视着你，那么就说明你讲的内容非常吸引人；如果听者左顾右盼，就说明他心里可能很着急，思想不集中，但又出于对你的尊敬而不愿离开……当然，有许多人善于抑制自己的感情，不让它外露，即使这样，也往往会露出蛛丝马迹。

在交谈中，双方的心理和情感汇合在一起，就形成了谈话的气氛。这种气氛对谈话的效果有很大的影响。我们必须对其给予足够的重视。如果参加谈话的所有的人或大多数人的心理和情感与说话者一致，那么，气氛就会变得轻松愉快；反之，气氛就会变得紧张或死气沉沉。在轻松的气氛中，说话者往往心情愉快，妙语连珠，听者也会积极配合，使双方的交谈变成真正的交流。在紧张或死气沉沉的气氛中，人们常常会有窒息感，当然不会有好的交谈。另外，我们不仅要重视谈话气氛，而且还要善于制造有利于谈话的气氛。要懂得尽管气氛是参与谈话的许多人的心理和情感的汇合，但其中的权威人士，如领导者的心理和情感，对气氛的形成有很大影响。如果我们领会了权威人士的心理和情感，那么，我们就可以影响其他人。

在了解了听者的心理和情感之后，应该尽量使说话者与听者保持一致。如果听者对你讲的内容不满意，你就应该换一个话题；如果听者心里很烦乱，你就应该先安慰他，然后再转入正题……这样，你就不仅能把听者的注意力吸引过来，而且还能使谈话的气氛变得和谐、融洽。如果双方不一致，你谈你的问题，他想他的心事，谈话还会有什么效果呢？

我们在同别人谈话时，还应根据听者的心理及时调整自己的心理和情感，应注意自己的神态举止、说话的声调和措词，要使别人一见到你就愿意同你谈话，乐于听你谈话。

说好“场面话”

为人处世免不了要与人打交道。在社交中，我们会常常碰到一些心理特征、脾气秉性、语言习惯、职业年龄等各不相同的人。怎样才能打开对方的话匣子，增进相互之间的了解，什么样的“场面话”才能与对方一见如故呢？这就需要根据对方的个性与心理，运用不同的说话技巧。

特别是初次见面的交谈更要注重“场面话”技巧的运用，因为初次见面的第一句话是留给对方的第一印象，这第一句话说好说坏，关系重大。说好第一句话的关键是：亲热、贴心、消除陌生感。常见的有以下三种方式。

1. 攀认式

赤壁之战中，鲁肃见诸葛亮的第一句话是：“我，子瑜友也。”子瑜，就是诸葛亮的哥哥诸葛瑾，他和鲁肃是同窗挚友。短短的一句话就定下了鲁肃跟诸葛亮之间的交情。其实，任何两个人只要彼此留意，就不难发现双方有着这样或那样的“亲”、“友”关系。例如：

“你是复旦大学毕业生，我曾在复旦进修过两年。说起来，我们还是校友呢！”

“您是体育界老前辈了，我爱人可是个体育迷；您我真是‘近亲’啊。”

“您来自苏州，我出生在无锡，两地近在咫尺。今天得遇同乡，令人欣慰！”

2. 敬慕式

对初次见面者表示敬重、仰慕，这都是热情有礼的表现。用这种方式必须注意，要掌握分寸，恰到好处，不能乱吹捧，不说“久闻大名，如雷贯耳”一类的过头话。表示敬慕的内容应因时因地而异。例如：

“您的大作我读过很多遍，受益匪浅。想不到今天竟能在这里一睹作者风采！”

“今天是教师节，在这个特殊的节日里，我能见到您这位颇有名望的教师，不胜荣幸。”

“桂林山水甲天下，我很高兴能在这里见到您——尊敬的山水画家！”

3. 问候式

“您好”是向对方问候致意的常用语，如能因对象、时间的不同而使用不同的问候语，效果则更好。

对德高望重的长者，宜说“您老人家好”，以示敬意；对年龄跟自己相仿者，称“老（姓），您好”，显示亲切；对方是医生、教师，说“李医师，您好”、“王老师，您好”，有尊重意味。节日期间，说“节日好”、“新年好”，给人以祝贺节日之感；早晨说“您早”、“早上好”，则比“您好”更得体。

说好第一句话，仅仅是良好的开始。要谈得投机，谈得融洽，有两点还要引起注意。

第一，双方必须确立共同感兴趣的话题。有人以为，素昧平生，初次见面，何来共同感兴趣的话题？其实不然。生活在同一时代、同一国土，只要善于寻找，何愁没有共同语言？一位小学教师和一名泥水匠，似乎两者是话不投机的。但是，如果这个泥水匠是一位小学生的家长，那么两者可以就如何教育孩子各抒己见，交流看法；如果这个小学教师正在盖房或修房，那么，两者可就如何购买建筑材料、选择修造方案沟通信息，切磋探讨。只要双方留意、试探，就不难发现彼此有对某一问题的相同观点，或在某一方面有共同的兴趣爱好。有些人在初识者面前感到拘谨难堪，那是因为他没有发掘出他们共同感兴趣的话题而已。

第二，注意了解对方的现状。要使对方对你产生好感，留下不可磨灭的深刻印象，还必须通过察言观色，了解对方近期内最关心的问题，掌握其心理。例如，知道对方的子女今年高考落榜，因而举家不欢，你就应劝慰、开导对方，说说“榜上无名，脚下有路”的道理，举些自学成才的实例。如果对方子女决定明年再考，而你又有自学、高考的经验，则可现身说法，谈谈高考复习需注意的地方，还可表示能提供一些较有价值的参考书。在这种场合，切忌大谈榜上有名的光荣。即使你的子女考入名牌大学，也不宜宣扬，不能津津乐道，喜形于色，以免对方感到脸上无光。

总之，在说“场面话”的时候，既可以让对方感到情真意切，又可以让对方抱有希望，还会给自己留有退路。

改掉不良的说话习惯

如果一个人的脸上长有疤痕，可以从镜中看见，可以使用化妆品或药品加以治疗弥补。同样，谈吐方面的缺陷也可以改变，只要治疗之前，自己能够清醒地认识到自己的这些缺陷。如果不清楚自己说话的缺陷，也可以试着拿一面镜子对照自己说话的姿态：是否手势过多，是否翘起嘴角，是否表情难看，是否过于冷漠、紧张、僵硬，是否强抑声调……

一个好的交际形象，目光应该是坦然的、亲切的、有神的，对对方的言行要做出积极反应，把自己的想法和感受通过点头、微笑、手势、神情、体态等随时表露出来。但是很多人在交谈中都会有一些不良的说话习惯，不容忽视。

1. 说话用鼻音

用鼻音说话是一种常见且影响极坏的缺点，当你使用鼻腔说话时，就会发出鼻音。如果你用大拇指和食指捏住鼻子，你所发出的声音就是一种鼻音。如果你说话时嘴巴张得不够，声音也会从鼻腔而出。在电影里，鼻音是一种表演技巧，如果演员扮演的是一种喜欢抱怨、脾气不好的角色，他们往往爱用鼻音说话。如果你使用鼻音说话，鼻音对于女人的伤害比对男人更大，你不可能见到一位不断发出鼻音，却显得迷人的女子。如果你期望自己在他人面前具有极大的说服力，或者令人心荡神移，那么你最好不要使用鼻音，而应使用胸腔发音。正确的方法是：平时说话时，上下齿之间最好保持半寸的距离。

2. 声音太尖细

一个人受到惊吓或大发脾气时，往往会提高嗓门，发出刺耳的尖叫。一般女性犯此错误的居多，所以要多加注意。因为尖锐的声音比沉重的鼻音更加难听。你可以用镜子检查自己有无这一缺点：脖子是否感到紧张？血管和肌肉是否像绳索一样凸出？下颚附近的肌肉是否看起来明显紧张？如果出现上述情形，你可能会发出刺耳的尖声。这时你就要当机立断，尽快让自己松弛下来，同时压低自己的嗓门。

3. 说话忽快忽慢

一般来讲，说话的速度很难掌握，即使是一些职业演说家或政治家，有时也不容易把握好自己说话的速度。说话太快，别人就听不懂你在说些什么，急急忙忙地讲话，会让听者误认为你的话没有经过充分思考，会令听者怀疑你所讲内容的准确性。而且听得喘不过气来。说话太慢，人们就会根本不听你说，因为他们缺乏一种耐心。据专家研究，当我们朗读时，其速度要比说话快，但说话不能像朗读，而且说话的速度不宜固定，你的思想、情绪和说话的内容会影响你表达的快慢。说话中把握适度的停顿和速度变化，会给你的讲话增添丰富的效果。

为了测量自己说话的速度，你可以按照正常说话的速度念上一段演讲词，然后用秒表测出自己朗读的时间。如果你说话的速度每分钟不到上面那个标准，就可以试着调整说话速度，看是否会收到良好的效果。

4. 说无意义的话

无意义的话充斥在我们讲话中间时，我们的讲话就会显得不甚连贯，听上去显得犹豫不决。在短暂的停顿时间，任何用来填补空白的絮叨话，都算是无意义的话，白白让听众分散注意力。

5. 习惯语过多

几乎每个人都有自己的习惯语，如“那个”、“你知道不”、“是不是”、“对不对”、“嗯”等。如果一个人在说话中反复不断地使用这些词语，一定会损害自己说话的形象。习惯语的种类繁多，即使是一些伟大的政治家在电视访谈中也会出现这种毛病。

当然，谈话中“啊”、“呃”等感叹声音过多，也是一种习惯语的表现。著名演说家奥利佛·霍姆斯说：“切勿在谈话中散布那些可怕的‘呃’音。”如果你有录音机，不妨将自己打电话时的声音录下来，听听自己是否有这一毛病。一旦弄清了自己的毛病，那么以后在与人讲话的过程中就要时时提醒自己注意这一点。

下面介绍几种克服习惯语的方法：

(1) 默讲。出现习惯语的原因之一，是对所讲的内容不熟悉，讲了上句，忘了下句，此时就要用习惯语来获得一点思考的时间，以便想起下句话。事前默讲几遍，对内容、措辞十分熟悉，正式讲话时就能减少或不出现习惯语了。

(2) 朗读。克服习惯语的朗读法，就是将自己的口语，从不清楚变为清楚、流利的语言。如果内部语言流畅贯通，就不会出现习惯语。出声朗读一些语言大师的作品，有助于用规范的语言来改善自己不规范的语言。

(3) 耳听。广播员、演员的语言，一般都较为规范，没有习惯语。平时听广播、看电影时，可边听边轻声跟着说。久而久之，你会惊喜地发现：自己的口语精练了，习惯语少了，连说话水平也会提高。

(4) 练习。听听自己的讲话录音，会对自己讲话中的习惯语深恶痛绝。这样，往往能使自己讲话时十分警惕，口头禅也会随之变少。

6. 讲粗话

讲粗话是说话的恶习。随便什么事情，只要成了习惯，就会自然地发生。讲粗话也是如此，一个人一旦养成了讲粗话的习惯，往往出口不雅，自己却意识不到。讲粗话是一种坏习惯，是极不文明的表现，但要克服这种习惯也并不是一件易事。比较有效的办法是，找出自己出现频率最高的粗话，集中力量首先改掉它。首先是改变讲话频率，每句话末停顿一下；其次讲话前提醒自己，改变原有的条件反射。出现频率最高的粗话改掉了，其他粗话的克服也就不难了。

请别人督促也很重要。当然，这里的“别人”最好是了解自己的人，这样督促起来可以直截了当。由于有时自己讲了粗话还不知道，请别人督促就能起到提醒、检查的作用。督促还有另一层心理意义，那就是造成一种不利于原有条件反射自然发生的外界环境，以促进旧习惯的终止。

7. 手脚动作过多

手脚动作过多，意即说话时动作过于频繁。可以检查一下自己，是否在说话时不断出现以下动作：坐立不安、蹙眉、扬眉、歪嘴、拉耳朵、摸下巴、搔头皮、转动铅笔、拉领带、弄指头、摇腿等。这都是一些影响你说话效果的不良因素。当你说话时，动作过于频繁，听者就会被你的这些动作所吸引，根本不可能认真听你讲话。

很多人在交谈中都会有一些不好的讲话习惯。因此，只有纠正这些不好的讲话习惯，才有希望成为社交的焦点人物，人们才会被你的独特个性吸引。

第13章

用心倾听，沟通他人心灵的语言艺术

有一句民谚说：“聪明的人，借助经验说话；而更聪明的人，根据经验不说话。”西方还有一句著名的话：雄辩是银，倾听是金。中国人则流传着“言多必失”和“讷于言而敏于行”这样的济世名言。这些都给了我们这样一个建议：在有些人际交往中，尽可能少说而多听。在现代社交中，倾听是搞好人际关系的一个有效手段。越是善于倾听他人意见的人，他的人际关系也就越理想。因为你的倾听，对方可以把它理解为对自己的尊重和褒奖，这种尊重和褒奖其实就是一种说话。它等于告诉对方：你说的话对我很重要，我在认真地听呢！这就在无形中使对方获得了一种荣誉感，满足了对方表现自我的欲望，增进了相互间的感情。

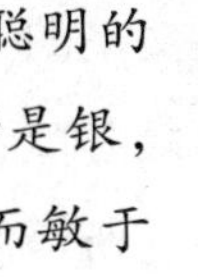

倾听者的良好素质

现代社会中，我们希望人人都能勇于开口，大胆说话。但凡事都有个分寸，如果我们不会把握这个分寸，那就只能适得其反，弄巧成拙。

生活中有许多是非之争是因为谈话多了；话说得愈多，出毛病的机会也就愈多。教人少说废话多做实事，这是古今中外哲人学者的共识。它饱含着深刻的辩证法则。真正有学问的人大智若愚，从不乱说话，相反那些腹中空空，没有几点文墨的人却喜欢自吹自擂。所以，我们应记住一条原则：在任何地方和场合，最好能少说话。若是到了非说不可时，那你所说的内容、意义，所选用的词句，所伴随的姿势以及说话的声音，都不可不加以注意。在什么场合该说什么话，用什么方式说，都值得注意。无论是在探讨学问、接洽生意、实际应酬或娱乐消遣中，种种从我们口里说出的话，一定要有中心，要能具体、生动，要十分精彩。

在类似座谈会的场合中，大家都是踊跃发言，而不注意听清楚别人的意思。所以，经常产生彼此的误会，各想各的，都站在自己的立场，擅自解释别人的意见，表面上看起来，大家讨论得十分热烈，事实上非常散乱。因此，真正有见识的人，会在脑中把众人的论点分析、整理出来，而当座谈会进行到中段以后，才提出他归纳后的要点，让大家有个一致的方向。然后，再说出自己的意见，使整个讨论的方向更为明确，这种人才是最会表达的人。

为保证说的每一句话为人所重视，不惹人讨厌，唯一的资本是少说话，静静地思考，耐心地听别人说。

在听别人说话的过程中，一位高明的谈话者往往能够体现出许多良好的素质。他有一颗精细的心，能够体察别人的感情；他富于同情，能乐人之乐、忧人之忧；他有深厚的涵养，能体谅别人的难处，宽恕别人的错误，容忍别人的缺点；他有良好的耐性，能够长时间地听取别人零乱、不成熟，甚至是语无伦次、前后矛盾的意见。他还具有发掘和吸收别人观点的热忱和能力，当别人因有顾虑而欲言又止的时候，他能诚恳而友善地鼓励他们讲下去；而别人偶尔说出有趣的话，他就发出会心的笑；当别人讲出一些不错的道理时，他就连连点头；当别人试图说出一些难以表达的思想时，他就凝神细听，并且随时就没有听清楚的问题向别人请教；当别人的讲话告一段落时，他就把别人所讲的内容整理得条理清楚，并加以吸收。

由于有以上的良好素质，高明的谈话者往往能深刻细致地了解各式各样的人。他的语言，往往可以非常有效地打动人的心坎。这样，无论什么人见到他，都愿意把他当作知心朋友，愿意向他吐露自己的心事，把自己藏在心中的剧烈痛苦、烦恼都向他倾吐出来，希望得到他的同情、安慰和帮助。

此外，一个高明的谈话者还必须谦虚谨慎。无论别人怎样敬仰他、佩服他，他都应该态度谦恭，虚怀若谷。一个狂妄自大、目中无人的人，是没有多少人愿意与他交谈的；同样，一个心地狭窄得只容得下他自己的人，也是不受欢迎的。

乔·吉拉德是首屈一指的汽车推销员，然而，他也有过一次难忘的失败经历。

有一次，有位顾客来找乔商谈购车事宜。他向顾客推荐一种新型车，进展非常顺利，就在成交的节骨眼上了，对方却突然决定不买了。

那天晚上，乔辗转反侧，百思不得其解。他忍不住给对方拨通了电话："您好，先生，今天眼看您就要签字了，为什么却突然走了呢？"

"先生，你知道现在几点钟了？"

"真抱歉，我知道是晚上 11 点钟了，但我检讨了一整天，实在想不出自己到底错在哪里。"

"很好，你现在用心听我说话了吗？"电话那头说。

"非常用心。"他答道。

"可是，今天下午你并没有用心听我说话。就在签字之前，我提到我的儿子即将进入大学，我还跟你说到他的学习成绩和理想，可你根本没有听！"

对方继续说道："当时你在专心听另一名推销员说笑话，可能你认为我说的这些与你无关，但是我可不愿意从一个不尊重我的人手里买东西。"

乔从此知道了，用心倾听对于做任何一件事都是那样的重要。

在社交场合受大家欢迎的人，人人都爱与之交谈的人，并不仅仅在于他能说会道，而重要的是他会听。因为交谈中只有既讲又听才可以满足双方的需要，也只有如此，才能使交谈顺利进行。如果只顾自己讲，不想听对方说，则一定是交谈中的"自私者"，当然会被人拒之门外。

掌握倾听的技巧

会说话的人，不但自己会说会听，而且有办法使别人说，有办法使别人高谈阔论，有办法使别人畅所欲言，开诚布公，甚至于推心置腹。倾听别人说话表示敞开自己的心扉，坦诚地接受对方，宽容和体贴对方。会倾听他人说话，能使彼此心灵融通，获得成功与友情。

那么，如何才能学会倾听呢？这就要求人们在人际交往中要熟练掌握倾听的技巧。

1. 倾听时要有良好的精神状态

良好的精神状态是倾听质量的重要前提，如果沟通的一方萎靡不振，是不会取得良好的倾听效果的，它只能使沟通质量大打折扣。你可以这样做：面向说话者，同他保持目光的亲密接触，同时配合标准的姿势和手势。无论你是坐着还是站着，与对方要保持在对于双方都适宜的距离上。所以说，专心地倾听不仅要求有健康的体质，而且要使躯干、四肢和头部处于适当的位置。良好的精神状态要求倾听者集中精力，随时提醒自己交谈到底要解决什么问题。

2. 以相应的行动回答对方的问题

相应的动作是一种信息传递方式，代表着接受、容纳、兴趣与信任。对方和你交谈的目的，是想得到某种可感觉到的信息，或者迫使你做某件事情，或者使你改变观点，等等。这时，你采取适当的行动就是对对方最好的回答方式。

3. 及时用动作和表情给予呼应

作为一个好的倾听者，也并非是完全不开口说话，聪明的倾听者往往会积极地参与对话。这里的积极参与不是指插嘴打断别人的讲话，而是其他一些比较轻松自然的应对方式，譬如：偶尔点点头、附和一两声、换个姿势、微笑一下或用目光交流等等。当别人在说话时，眼神最好不要飘忽不定，作为一种信息反馈，沟通者可以使用各种对方能理解的动作与表情，表示自己的理解，传达自己的感情以及对于谈话的兴趣。

4. 适时适度的提问

沟通的目的是为获得信息，是为了知道彼此在想什么，要做什么，通过提问可获得信息，同时也从对方回答的内容、方式、态度、情绪等其他方面获得信息。作为一个听话者，不管在什么情况下，如果你不明白对方说出的话是什么意思，你就应该用各种方法使他知道这一点。比如，你可以向他提出问题，或者积极地表达出你听到了什么，或者让对方纠正你听错之处。因此，适时适度地提出问题是一种倾听的方法，它能够给讲话者以鼓励，有助于双方的相互沟通。

5. 要有耐心，不要轻易打断别人讲话

有些人话很多，或者语言表达有些零散甚至混乱，这时就要耐心地听完他的叙述。即使听到你不能接受的观点或者伤害某些感情的话，也要耐心听完。听完后才可以反驳或者表示你的不同观点。

当别人流畅地谈话时，随便插话打岔，改变说话人的思路和话题，或者任意发表评论，都被认为是一种没有教养或不礼貌的行为。

6. 必要的沉默

“沉默”，确是使你谈话成功的一个非常有价值的条件，是人际交往中的一种手段，它看似一种状态，实际蕴含着丰富的信息，它就像乐谱上的休止符，运用得当，则含义无穷，真正可以达到“无声胜有声”的效果。西方有一句著名的谚语:“沉默可以使傻子成为聪明人”。但沉默一定要运用得体，不可不分场合，故做高深而滥用沉默。而且，沉默一定要与语言相辅相成，才能获得最佳的效果。

总之，如果你希望成为一个善于与人沟通的高手，那你就得先做一个善于倾听的人。善于倾听，可以及时发现他人的长处，调动他的积极性。有时，善于听者比善于说者更易受到别人的欢迎。要使别人对你感兴趣，那你就要先对别人感兴趣。因此，学会聆听也是“学会说话”的一种方式。

在倾听对方说话的同时，还有几个方面需要努力避免：

第一，别提太多的问题。问题提得太多，容易造成对方思维混乱，谈话精力难以集中。

第二，别走神。有的人听别人说话时，习惯考虑与谈话无关的问题，对方的话其实一句也没有听进去，这样做不利于交往。

第三，别匆忙下结论。不少人喜欢对谈话的主题做出判断和评价，表示赞许和反对。这些判断和评价容易让对方陷入防御状态，造成交际的障碍。

倾听中的插话技巧

在我们身边，经常会有这样的人，他们喜欢多说话，总是喜欢显示自己的一切，好像他博古通今似的。这样的人，以为别人会很服他们，其实，只要有点社会阅历的人，都会不以为然。更聪明的人，或者说智慧的人，往往会根据自己的经验，知道自己要是多说，必然说得多，错得也多，所以不到需要时，总是少说或者不说。当然，到了说比不说更有效时，我们一定要说。

一个会说话的人，在听别人说话时，往往懂得把握插话的分寸和时机。当别人说话的时候，你盯着对方一言不发不好，不停地打断对方插话也不好。正确的做法是在适当的时候做出恰当的反应。

把握好插话的时机，非常重要。即使你真的没听懂；或者不小心听漏了一两句，也千万别在对方说话途中突然提出问题，必须等到他把话说完，再提出："很抱歉！刚才中间有一两句你说的是……吗？"如果你是在对方谈话中间打断，问"等等，你刚才这句话能不能再重复一遍？"这样，会使对方有一种受到命令或指示的感觉，显然，对你的印象就没那么好了。当然，在必要的时候还要附和一些话，以让对方知道你在听他说。比如，你可以说："哦，那真不是一件容易的事"或"我非常了解你当时的心情"等等。

当朋友谈兴正浓，而你想加入他们的谈话时，不要突兀地打断他说："喂，你们正在谈什么呢？"这样很容易引起别人的不快。要尽可能地找个适当的机会，礼貌地说："对不起，我可以加入你们吗？"或者，大方客气地打招呼，叫你的朋友介绍一下，就能很自然地进入谈话行列。千万不要打断他们的话题，也不要制造尴尬的气氛。

另外，我们听别人说话，要有始有终。例如：有些人往往因为疑惑对方所讲的内容，便脱口而出："这话不太好吧！"或因不满意对方的意见而提出自己的见解，甚至当对方略做停顿时，抢着说："你要说的是不是这样……"这时，由于你的插话，很可能打断了对方的思路，要讲些什么他反而忘了。

在社交场上，你时常可以看到你的一个朋友和另外一个不认识的人聊得正起劲，此时，你可能就会有融入其中的想法。

因为你不知道他们的话题是什么，而你突然加入，可能会令他们觉得不自然，也许因此话题会接不下去。更糟的是，也许他们正在进行一项重大的谈判，却由于你的加入使他们无法再集中思想而无意中失去了这笔交易；或许他们正在热烈讨论，苦苦思索解决一个难题，正当这个关键时刻，也许由于你的插话，会导致对他们有利的解决办法告吹，以至气氛尴尬，后果无法收拾。此时，大家一定会觉得你没有礼貌，进而大家都厌恶你，导致社交失败。

总有这样一些人，自己既没什么主见也没什么能耐，但一听到别人在谈话，他们就竖起耳朵，兴趣大增，不管是与他是否有关之事，他都要不失时机地在别人的话中插上一杠，要么打断别人的谈话，要么让说话者中途停下来聆听他的"高见"。以此得意洋洋地炫耀自己的口才。这种人的插话，很大程度上影响了交流的正常进行。爱插话的人，因为习惯随便打断别人的说话，不知道尊重别人，所以，旁人也很反感这样的人、厌恶这样的人。

培根曾说："打断别人，乱插嘴的人，甚至比发言者更令人讨厌。"打断别人说话是一种最无礼的行为。

有一个老板正与几个客户谈生意，谈得差不多的时候，老板的一位朋友来了。这位朋友插进来说："哇，我刚才在大街上看了一个大热闹……"接着就说开了。老板示意他不要说，可他却说得津津有味。客户见谈生意的话题被打乱，就对老板说："你先跟你的朋友谈吧，我们改天再来。"客户说完就走了。

老板的这位朋友乱插话，搅了老板的一单大生意，让老板很是恼火。随便打断别人说话或中途插话，是有失礼貌的行为，但有些人却存在着这样的陋习，结果往往在不经意间破坏了自己的人际关系。

每个人都会有情不自禁地想表达自己想法的意愿，但如果不去了解别人的感受，不分场合与时机就去打断别人说话或抢接别人的话头，这样会扰乱别人的思路，引起对方的不快，有时甚至会产生误会。

因此，要想成为一个受人尊敬、被人喜欢的人，就应该学会去倾听别人说话，根除随便打断别人说话的陋习，在别人说话时切莫多言。

其实，少插嘴并不意味着不插嘴。一个倾听高手在倾听过程中如何插话，才有助于达到最佳的倾听效果呢？

根据不同对象可采取不同的方法：

(1) 当对方在同你谈某事时，因担心你可能对此不感兴趣，显露出犹豫、为难的神情时，你可以趁机说一两句安慰的话。

"你能谈谈那件事吗？我不十分了解。"

"请你继续说。"

"我对此也是十分有兴趣的。"

此时你说的话是为了表明一个意思：我很愿意听你的叙说，不论你说得怎样，说的是什么。这样可以消除对方的犹豫，坚定他倾诉的信心。

(2) 当对方由于心烦、愤怒等原因，在叙述中不能控制自己的感情时，你可用一两句话来疏导。

“你一定感到很气愤。”

“你似乎有些心烦。”

“你心里很难受吗？”

说这些话后，对方可能会发泄一番，或哭或骂都不足为奇。因为，这些话的目的就是把对方心中郁结的一股异常情感“诱导”出来，当对方发泄一番后，会感到轻松、解脱，从而能够从容地完成对问题的叙述。

值得注意的是，说这些话时不要陷入盲目安慰的误区。不应对他人的话做出判断、评价，说一些诸如“你是对的”、“他不是这样”一类的话。你的责任不过是顺应对方的情绪，为他架设一条“输导管”，而不应该“火上浇油”，强化他的抑郁情绪。

(3) 当对方在叙述时急切地想让你理解他的谈话内容时，你可以用一两句话来“综述”对方话中的含意。

“你是说……”

“你的意见是……”

“你想说的是这个意思吧……”

这样的综述既能及时地验证你对对方谈话内容的理解程度，加深对其的印象，又能让对方感到你的诚意，并能帮助你随时纠正理解中的偏差。

以上三种倾听中的谈话方法都有一个共同的特点，即不对对方的谈话内容发表判断、评论，不对对方的情感做出是与否的表示，始终处于一种中性的态度。切记，有时在非语言传递的信息中你可以流露出自己的立场，但在语言传递中切不可流露，这是十分重要的。如果你试图超越这个界限，就有陷入倾听误区的危险，从而会使一场谈话失去原有的方向和意义。

每个人都有倾诉的欲望

一个人在世间寻找朋友，是在寻找倾诉对象。有的人朋友很多，却没有畅所欲言的知己，没有人能谈得来。有倾诉的欲望，而找不到倾诉对象，该是一件多么令人沮丧的事。忙碌的社会中，人们最容易遗忘的是别人的话，更关心的是自己及与己有关的事。以我为核心的自我表白，轻视他人的谈话，都会让人从内心感到厌烦。

人都会有一种倾诉的欲望，如果有人在向你喋喋不休时，耐心地倾听就是对他人最大的尊重。

刘先生是一家销售天然食品公司的推销员。一天，他还是一如往常地把芦荟精的功能和效用告诉一位陌生的顾客，对方同样没有兴趣。刘先生自己嘀咕："今天又无功而返了。"正当刘先生准备向对方告辞时，突然看到阳台上摆着一盆美丽的盆栽，上面种着紫色的植物。刘先生于是请教对方说："好漂亮的盆栽啊！平常似乎很少见到。"

"确实很罕见。这种植物叫嘉德里亚，属于兰花的一种。它的美，在于那种优雅的风情。"陌生人从容地解释道。

"的确如此。会不会很贵呢？"刘先生接着问道。

"很昂贵。这盆盆栽要 800 元呢！"陌生人从容地接着说。

"什么？800 元……"刘先生故作惊讶地问道。

刘先生心里想："芦荟精也是 800 元，大概有希望成交。"

于是慢慢把话题转入重点："每天都要浇水吗？"

"是的，每天都要很细心的养育。"

"那么，这盆花也算是家中的一分子喽？"这位家庭主妇觉得刘先生真是有心人，于是开始倾囊传授所有关于兰花的学问，而刘先生也聚精会神的听。

过了一会儿，刘先生很自然地把刚才心里所想的事情提出来：“太太，您这么喜欢兰花，您一定对植物很有研究，因为您是一个高雅的人。同时您肯定也知道植物带给人类的种种好处，它还可以带给您温馨、健康和喜悦。我们的天然食品正是从植物里提取的精华，是纯粹的绿色食品。太太，今天就当作是买一盆兰花把天然食品买下来吧！”

结果对方竟爽快地答应了。她一边打开钱包，一边还说道：“即使是我丈夫，也不愿听我唠唠叨叨讲这么多；而你却愿意听我说，甚至能够理解我这番话。希望改天再来听我谈兰花，好吗？”

这一结果出人意料，但并非不在情理之中。实际上，只要你善于以话语诱导陌生人，你要办的事情往往会柳暗花明，甚至在你毫无思想准备的情况下骤然成功。

人人皆对自己的经历和所做的事情怀着莫大的兴趣，人们最高兴的也莫过于对他人谈论这些事情。但过分地谈论这些，会使听者失去兴趣。

比如，有的人做了一个十分有趣的梦，觉得是亲临其境，其乐无穷，结果逢人便说，不厌其烦。另外，有的人则喜欢喋喋不休地对人说一些自己以前的经历：上中学时怎样，上大学时怎样，刚参加工作时怎样，后来又怎样……如此等等。但是我们若仔细想一想，自己有兴趣的事情，别人也像我们一样有兴趣吗？那些断续破碎、稀奇古怪的梦境，除了做梦者本人，别人听来是非常沉闷的。如果听者对说话者提到的那些往事、那些人、那些地方一点也不熟悉，一点也不感兴趣，无疑他也不会与说话者产生共鸣。

凡此种种，不外乎证明人们对自己所经历的事情感兴趣，而对与自己毫无关系的事情觉得索然无味。所以，我们在与他人交谈时，应把握听者的这一心理。

每个人都会做梦，他对别人那种无关大局的梦不会感兴趣；每个人也都有自己的经历，他对别人那种平淡无奇、与己无关的经历也不会关心。这一事实告诉我们，在与人交谈中，尽量少谈一些人家不感兴趣的事，不要喋喋不休地谈论自己的生活、孩子、事业等，除非对方在特殊情形下的确感兴趣的时候，否则，还是以谈别的话题为佳。

同时，既然我们知道每个人最喜欢的是自己熟知的事情，那么在交谈中便可以尽量逗引别人去说他自己的事情。这是使对方高兴的最好的方法。如果我们充满了同情和热忱去听他津津有味的叙述，一定可给对方较佳的印象。

因此，要想多交朋友，要想在交际上取得成功，自己就应该少说别人不感兴趣的话，不要只讲自己、表现自己，而是应该耐心地去听取别人的话语。

倾听是一种礼貌，是一种尊敬讲话者的表现，是对讲话者的一种高度赞美，更是对讲话者最好的恭维。倾听能使对方喜欢你，信赖你。

每个人都希望获得别人的尊重，受到别人的重视。当我们专心致志地听对方讲，努力地听，甚至是全神贯注地听时，对方一定会有一种被尊重和重视的感觉，双方之间的距离必然会拉近。

第14章

管好嘴巴，不该说的绝不乱说

在人际交往中，说话的艺术是非常重要的。所谓言多必失，要想做到说话有分寸，首先要把握住自己的嘴，话语不要太多。言语得当，进退有度，会让你左右逢源；而信口开河，肆无忌谈，只会让你寸步难行。这一点对于爱说话的女性，更是具有重要的意义。

在社交中，做人要懂得有所可言、有所不可言的道理。但是，却偏偏总有些人非常“热心”，喜欢捕风捉影，说些无根据的话，结果传来传去，就成了一把伤人的刀。

打人不打脸，揭人不揭短

在为人处世中，场面话谁都能说，但并不是谁都会说，一不小心，也许你就踏进了言语的“雷区”，触到了对方的隐私和痛处，犯了对方的大忌，对听话者而言是一种无形的伤害。其实，每个人都有所长，亦有所短，为人处世的成功，一个很重要的因素就是善于发现对方身上的优点，夸奖对方的长处，而不要抓住别人的隐私、痛处和缺点，大做文章。切记：揭人之短，伤人自尊！

“揭短”，有时是故意的，那是互相敌视的双方用来作为攻击对方的武器。“揭短”，有时又是无意的，那是因为某种原因一不小心犯了对方的忌讳。有心也好，无意也罢，在为人处世中揭人之短都会给对方带来伤害，轻则影响双方的感情，重则导致友谊的破裂。

有这样一个真实的例子，有一群人在看电视剧，剧中有婆媳争吵的镜头。张大嫂便随口议论道：“我看，现在的儿媳真是不知道好歹，不愿意和老人住在一起。也不想想以后自己老了怎么办？”话未说完，旁边的小齐马上站了起来，怒声说：“你说话干净点，不要找不自在，我最讨厌别人指桑骂槐！”原来小齐平素与婆婆关系失和，最近刚从家里搬出另住。张大嫂由于不了解情况，无意中揭了对方的短而得罪了小齐。所以只有了解交际对象的长处和短处，说话才会得体，不会伤人。

且看下面这个例子。

有一位年轻的姑娘长得很胖，吃了不少的减肥药也不见效果，心里很苦恼，也最怕有人说她胖。有一天，她的同事小张对她说：“你吃了什么呀，像气儿吹似的，才几天工夫，又胖了一圈儿。”

胖姑娘立马恼羞成怒：“我胖碍着你什么了？不吃你，不喝你，真是狗拿耗子，多管闲事！”

小张不由闹了个大红脸。在这里，小张明知对方的短处，却还要把话题往上赶，这自然就犯了对方的忌讳，不找麻烦才怪哩。

所以，还是俗话说得好，“打人不打脸，揭人不揭短”，要想与他人友好相处，就要尽量体谅他人，维护他人的自尊，避开言语“雷区”，千万不要戳人痛处！

与人谈话，千万不要揪住别人的小辫子不放。对于别人已经发生的笑话或者故事，也不要老是提起。每个人都有自尊，即使是最喜欢开玩笑的人，也很忌讳别人拿他的过去说事。如果我们总是因为一件事情而遭到别人嘲笑的话，我们心中自然也不好受。事实上，别人未必有心使坏，只不过是随口提起。

我们要学会打心底尊重别人，就不要揪住人家的小辫子不放。真正的智者往往很是宽容，对别人过去发生的不快，从来都不会提起。试问，谁又愿意经常和一个揭自己伤疤的人交往呢？

言多必失，莫要口无遮拦

常言道：贵人语迟，言多必失，沉默是金，都无不告诫人们要少说话。说出去的话犹如泼出去的水，覆水难收，不好的话，说出去，就像钉在木头上的钉子，即使拔去，也会留下钉眼，难以复原。

在社交活动中，应以诚待人，宽以待人。要与人为善，而不要打听、干涉别人的隐私，评论他人的是是非非。不要无事生非，捕风捉影，也不要东家长、西家短，更不要传小道消息，把芝麻说成西瓜。说话要有事实根据，不能听风就是雨，随波逐流。俗话说：“良言一句三冬暖，恶语伤人六月寒。”所谓恶语是指那些肮脏污秽、奚落挖苦、刻薄侮辱一类的语言。口出恶语，不但伤人，而且有损自身形象。在社交活动中，应当学会尊重他人，温文尔雅，讲究语言美，而不要自以为是，出言不逊，恶语伤人。

在交谈中，每说一句话之前，都要考虑一下你要说的话是否合适，不要口无遮拦，想说什么就说什么，给其他人造成不快。

除非是亲密的朋友，否则最好不要对个人的卫生状况妄加评论。如果某人的肩膀上有很多头皮屑或口有异味，或者拉锁纽扣没系好，请不要说出，尽量请他亲密一些的朋友告诉他。如果你直接告诉他，特别是在人比较多的场合，很容易让对方处于尴尬的境地。

许多人不喜欢别人问自己的年龄，尤其对女性而言，年龄是她们的秘密，不愿被人提及。对钱等涉及个人收入的一类私人问题的询问通常也是不合适的，可以置之不理。

凡是有一定社会经验的人都知道，说话容易，但是要把话说到位，非常困难。说话的确是一门学问。

而我们每天又离不开这张嘴，在家要和家人说，和邻居说，上班要和同事讲，又要向老板汇报，和客户应酬，只要有一言不慎，就可能造成一堆麻烦。

有个总公司的市场经理刘燕初次来办事处指导工作，中午请部门同事一起吃饭，席间谈起一位刚刚离职的副总王莉，入职不久的李乐心直口快地说王莉脾气不好，很难相处。刘燕说："是吗？是不是她的工作压力太大造成心情不好?"李乐说："我看不是，三十多岁的女人嫁不出去，既没结婚也没男朋友，老处女都是这样心理变态。"

闻听此言，刚才还争相发言的人都闭上了嘴巴。因为，除了李乐，那些在座的老员工可都知道：刘燕也是待字闺中的老姑娘！好在一位同事及时扭转话题，才抹去刘燕隐隐的难堪。

所以在和同事交往的过程中一定要把好口风，什么话能说，什么话不能说，什么话可信，什么话不可信，都要在脑子里多绕几个弯子，心里有个小算盘，这样才能够与大家和谐相处，避免犯下不可挽回的错误。

在日常交往中，沉默往往会给你带来益处。在某些场合，沉默不语可以避免失言。许多人在缺乏自信或极力表现得礼貌时，可能会不假思索地说出不恰当的话而给自己带来麻烦。

有时候说话不经思考，即使言者无心，也会产生严重后果。一天深夜，哈罗德回家时误入隔壁邻居家，他非常窘迫，便自我解嘲地说："我好像听见里面在庆贺什么。"房间里顿时出现了一片尴尬的沉默。事后，哈罗德的妻子告诉他，邻居家的主妇刚刚小产。哈罗德说："现在，即使是情况万分紧急，我也要静思慎言。”

人与人之间的沟通，懂得如何说话、说些什么话、怎么把话说到对方心坎里，这些都是很重要的地方。

古人告诉我们这样一个经验，在与人交往的时候，要谨防祸从口出。“讲错话”常常会给我们带来很多不必要的麻烦，如何掌握分寸就成了人际沟通中不可忽视的一环。有许多性子直的人喜欢向周围的人倾吐苦水。虽然这样的交谈富有人情味，能使你们关系变得友善，但是有研究调查指出，只有不到1%的人能够严守秘密。所以，当你发生危机或别人发生什么危机时，你最好不要到处诉苦或讨论是非，不要把周围人的“友善”和“友谊”混为一谈，以免话传话，造成很多不必要的麻烦。

有的人口齿伶俐，在交际场合口若悬河，滔滔不绝，这固然是不少人所向往的。但如果在人多的地方，口无遮拦，说错了话，说漏了嘴，也是很难补救的。所以在人多的场合尽量少讲话，并讲究“忌口”。否则，若因言行不慎而让别人下不了台，或把事情搞糟，那是最不划算的事。

一个适时懂得沉默的人，才会受人欢迎；而一个喋喋不休的人，像一只“漏水的船”，每个乘客都会纷纷逃离。

对别人的隐私要守口如瓶

一个有涵养的人说话要分场合，看对象，语言上也要讲究分寸。给他人和自己都一些空间，因为只有这样，才能更好更和谐地相处下去。

在与人交往的过程中，要时刻提醒自己说话时一定要尊重对方，要讲究语言美，而不要自以为是，盲目自大；应以诚待人，言语中不要评论他人的是是非非，当谈及他人的隐私时，要及时地予以回避，千万不要刻意地打探他人的隐私，这是说话的大忌。

既然是隐私，当然只能是自己的秘密，无法跟人分享，即使是父母和最亲密的朋友也不例外。在上学的时候，当我们最初开始写日记，常常因为父母偷看自己的日记而与父母吵架，尽管那时的日记中不过记了一些生活琐事，称不上隐私，但我们还是会生父母的气。生气的原因不仅仅是父母窥探了自己的私人领地，更是感觉自己的人格没有受到尊重。

其实，每个人的内心都有不想让人窥见的隐私，有不想让人知道的隐私堡垒。在这个堡垒里，他是主人，有至高无上的权威，一旦这个堡垒被攻破，再也没有隐秘，他便会发现失去了隐蔽物，暴露在众人面前，因缺乏安全感而慌乱。而为了重建这个堡垒，他会离开攻破他内心堡垒的力量，甚至施以报复，消灭那个力量，以保持堡垒不再被侵犯。

隐私与个人的名誉密切相关，背后议论他人的隐私，会损害他人的名誉，引起双方关系的紧张甚至恶化，因而是一种不光彩的行为。

所以，在日常交际中，我们每说一句话之前，都要考虑一下你要说的话是否合适，不要肆无忌惮地想到什么就说什么。千万不要开人家隐私的玩笑，否则你会付出很多的代价。朋友把他的隐私告诉你，即使他没有叫你保密，也证明他对你极度的信任。你只有分忧解难的义务，而没有把隐私散播出去的权利。否则你会失去朋友，以及他人对你的信赖，最终使你成为孤家寡人。

因此，不管在什么情况下，不去碰触别人的痛处，不但是待人处事应有的礼仪，更是在都市丛林中左右逢源的关键。

有修养的人即使在盛怒之下，也不会扩散愤怒的波纹，但是涵养不够的人被激怒了，往往就会面露凶貌、口出恶言，甚至随手拿起手边的东西往地上摔。

某些人暴跳如雷的时候，还会口不择言，用侮辱性的语言攻击别人最敏感的隐私，这是相当不理智的行为。

一旦你攻击他人的痛处，修养好的人虽不至于当场发作，与你破口对骂，但心中的疙瘩和怨恨往往难以抹平，如果不幸他是你的上司或客户的话，你就会变成被“封杀”的对象。

在公司里，“封杀”意味着调职、冷冻、开除。

如果你是公司负责人，“封杀”就代表着对方拒绝继续与你合作，或是“冻结彼此的关系”。

谁都希望自己比别人聪明，谁都不愿意别人发现自己的失误。很多人最大的本事就是通过宣扬别人的错误来显示自己的聪明，而这恰恰触碰到了别人的心病。所以有意无意地张扬别人的错误，是一种损人不利己的行为。

每个人都有不为人知的秘密或隐私，在他过去的工作或生活中，他也许犯过错误，甚至做过不光彩的事情。如果你知道内情，在你的下属、同事或朋友犯错误或和你有不同意见而出言顶撞的时候，你将会怎么办呢？是揭人隐私，还只是就事论事？

一位善于沟通的人，是不会把别人过去的不堪往事一股脑地抖出来，如果你这样做，那你就太没水准、太没涵养了。

有些人虽然不会把别人的隐私抖出，却常常把它当作筹码来压制他人。譬如，在盛怒的时候会说："你少跟我斗，你过去的黑资料还在我手中呢！"

那个可怜的人会因为的确有污点掌握在别人手中，只好忍气吞声，但他心里却是非常气愤的。于是，这种心情积累到一定程度，就会出现互相攻击对方隐私的情况。彼此都把对方的隐私抖出来，弄得两败俱伤，除了引来一大堆人围观，对谁也没有好处。因此，你要清楚，揭人疮疤是最没必要的。

也许有人会说："我并不是喜欢揭他的疮疤，但他的态度实在太恶劣，我才忍不住的。"这话乍听之下似乎有道理，但实际上只能说明自己的胸襟太窄。

在同事或同学之中，有的人总希望能有机会显示自己的能耐，一旦发现别人的失误，就似乎看到了自己的胜利，绝对不会忘记大肆地宣扬出去。如果朋友破天荒地办了件蠢事，你就像发现了"新大陆"一样，在背后逢人便讲，这就太有失水准了。

当然也有人由于心直口快，无意中把别人的失误给当面指出来，直到别人生气，才意识到这样似乎不大妥当。

宣扬别人的失误必然会让对方难堪、尴尬、伤了自尊。如果对方能较好地看待，那么结果可能会好些。万一对方是个很要面子的人，或者你人缘本来就一般，那就可能会对你很不利了，你得小心谨慎，以防有人报复你。如果你树敌还不止一个，那就更麻烦了！

所以，我们在平时要多留心，当别人有错误的时候，最好是只有你们两个人的时候，装作很无意地提醒他。这样，他会很感激你，因为你帮他免于丢脸。要想与他人友好相处，就要尽量体谅他人，维护他人自尊，避开言语的

“雷区”。

每个人都会有自己的秘密，同样也会和自己的知心朋友分享自己的秘密，然后再要求朋友为自己保守秘密。可是，很多女人都做不到这一点，朋友今天告诉她一件需要保密的事情，没过几天，别人就都知道了。作为要好的朋友，如果好友很信任地告诉你他的秘密，或者在一个很偶然的机会，你发现了某个朋友的隐私，既然是秘密，就说明它不具有公开性，对此，你就不能毫无顾忌地告诉别人，否则会影响你在朋友心目中的形象，甚至会害人害己。

社交中，一定要善于控制自己，明白什么该说，什么不该说。无论在什么情况下，无论对什么人只要不该说的一定要做到守口如瓶。不要让别人的隐私从自己的口中传出，否则自己也会容易受到伤害。

不要在背后说人坏话

《伊索寓言》里讲过这样一个故事：

有一头狮子老了，病倒在山洞里。由于狮子是森林之王，除了狐狸外，森林里所有的动物都来探望过狮子。狼因为对狐狸有所不满，就利用探病的机会在狮子面前诋毁狐狸。

狼说：“大王，您是百兽之王，大家都很尊敬、爱戴您！可是，您现在生病了，狐狸偏偏不来探望您，他一定是对大王心怀不满，所以才会这样怠慢您啊……”

正说着，恰好狐狸赶来了，听见了狼说的最后几句话。一看见狐狸走进来，狮子就气愤地对着他大声怒吼起来，并说要给狐狸最严厉的惩罚。

狐狸请求狮子给自己一个解释的机会。他说：“到您这里来的动物，表面上看起来很关心您，可是，他们当中有谁像我这样为您不辞劳苦地四处奔走，寻找医生，问治病的方子的？”

狮子一听，便命令狐狸立刻把方子说出来。狐狸说：“只要把一只狼活剥了，趁热将他的皮披到您身上，大王的病很快就会好了！”

顷刻之间，刚才还在狮子面前活灵活现地说狐狸坏话的狼，此刻就变成了一具死尸，躺在了地上。狐狸笑着说：“你不应该挑起主人的恶意，而应当引导主人发善心。”

虽然这只是一个故事，但从故事中，我们可以领悟到：喜欢在背后议论别人的人，通常都是爱挑拨离间的人。正因为是在背后议论别人，才为挑拨离间者提供了生存的土壤和空间。尤其是在背后说人坏话的人。喜欢搬弄是非、挑拨怨仇，到处说别人坏话的人，最终都会使自己受害。即使能够伤到别人，那也只是暂时的，却不可能使自己长期受益。

俗话说：“纸里包不住火”，若要人不知，除非己莫为，说别人的坏话，迟早都会传到别人的耳朵里去，结果必将引来仇恨和报复。

当你多说别人的好话时，不管是当面说的，还是背后说的，最后也都会传到别人那里去。而且，在背后多说人好话，比当面直接说的效果往往更好。这些好话也必将使你大大获益。

古人指出：“见得天下皆是坏人，不如见得天下皆是好人，有一番熏陶玉成之心，使人乐于为善。”意思是与其把天下之人都看成是坏人，不如把天下之人尽看成是好人。这样做的好处是以自己的真善美之心来熏陶别人，帮助他人也形成向善的思想。

这条古老的名言在这里说了一个很简单的道理，那就是人的心境完全取决于人的思想观念，当你看天下所有人都是坏人，都对你有不良企图的时候，你的心情肯定好不了，整天疑神疑鬼，担惊受怕。但是，当你认为天下人都是好人，都会给你关心、给你帮助时，你的心情一定会开朗，感觉每一天都是阳光灿烂的日子。

在工作中的确存在这样一种人，他们说话做事，人前一个样，人后又是一个样。这样的人在别人面前是甜言蜜语，而背后却很可能说你的坏话，给你造成不利的人际关系。

“在生活中，有些事情是不能用是非曲直就能把它说清楚的，抑或根本就没有必要去分出个是非高低。生活中，我们总希望活得轻松、自在，为什么要像法官那样费尽周折地去定是非呢。所以定是非无非是争强好胜的心理在作祟，图自己一时的痛快，全然不顾他人的感受，对于那些生活上的鸡毛蒜皮之事，既使你对他错又能说明什么问题呢？结果并不见得是对方承认你聪明，反倒是在彼此心理上拉开了一段距离，影响了夫妻之情、手足之谊或朋友之间的和睦气氛。

我们反对当面不说背后乱讲，并不是因为“隔墙有耳”，关键是在别人背后说人家的闲话这本身就是一种不道德的行为。所以，有这种毛病是切记要改的。

所以，不轻率地讥评别人，重要的是在内心中戒除一个“傲”字，对待朋友、家人都不能过于苛刻，处理事物时要处处留有分寸，看待周围的人时，多从好处着眼，只要大是大非不乱，小是小非就不要去深究了。这样天长日久，在你身边必定会形成和谐顺畅的氛围。

玩笑不能随便开

没有笑声的生活和没有幽默感的人都是无味的。日常聊天中，开个得体的玩笑，可以松弛神经，联络感情，活跃气氛，因而诙谐幽默的人常常会受到别人的喜爱。不过，开玩笑也要讲究分寸，如果玩笑开得不好，不仅达不到聊天的本来目的，还可能适得其反，伤害彼此的感情。

同样一个玩笑，能对甲开，不一定能对乙开。人的身份、性格、心情不同，对玩笑的承受能力也不同。对方性格外向，能宽容忍耐，玩笑稍微过大也能得到谅解。对方性格内向，喜欢琢磨言外之意，开玩笑就应慎重。对方尽管平时性格开朗，假如恰好碰上不愉快或伤心事，就不能随便与之开玩笑。相反，对方性格内向，但正好喜事临门，此时与他开个玩笑，效果也会出乎意料的好。

戈玲和张莉是好朋友，张莉属于那种大大咧咧的人，平时爱说爱笑，对什么都不在乎，心里也装不住事。而戈玲则是属于敏感型的人，什么事嘴巴上不说，但心里却计较得很。

一次张莉看到戈玲的老公和别的女人在一起喝茶，就在和戈玲聊天的时候，开玩笑似的说：“昨天，我看到你老公与那个漂亮的女客户在一起吃饭呢，你可要小心点啊。”

戈玲听到这个消息，回到家就开始观察老公，越观察越觉得老公有问题，她终于控制不住，向老公开了火，两个人大吵一通，后来，戈玲跑去向张莉哭诉，没想到张莉说：“哎呀，我不过是开个玩笑，你怎么就当真了呢？那天我的确看到你老公与别的女人一起吃饭了，但是不只是他们两个啊，还有好多人呢。”

戈玲听了，心里非常不舒服，但又碍于面子，不肯向丈夫说出实情，结果使得夫妻关系越来越僵。

其实张莉原本也是无心的，但是无意中却成了戈玲夫妻二人的感情杀手。因此，我们要切忌：有些话不能说，有些话不能乱说。

开玩笑的过程，是感情互相交流传递的过程，如果借着开玩笑对别人冷嘲热讽，发泄内心不满的感情，那么除非是傻瓜才识不破。也许有些人不如你口齿伶俐，表面上你占到上风，但别人会认为你不尊重他人，从而不愿与你交往。

社交语言的忌讳

中国是一个有悠久历史的大国，礼仪多，“忌讳”也多。如果不加以注意，不避忌讳，即使不是故意说的，也容易使人伤感，影响到社交的效果。

由于种种原因，有些词和词语是不能或不便说出来的，就需要一个同义词或近义词去代替。人们把“拉屎”说成“大便”、“大解”、“上厕所”，这样就雅一些。妇女怀孕不好意思说出口，用一个别致的词语叫“有喜了”。这样，既避免了粗鄙俗气，又不失教养，显得彬彬有礼。

在封建社会，汉字里避讳字很多，特别是帝王的名字要避讳。康熙、雍正帝用兴“文字狱”来镇压具有反对思想的知识分子的案件，就有七八十起。秦始皇姓嬴名政，因此就把其他的“政”和同音的“正”改读平声，如“正月”

的“正”就得读为“征”。雉是一种羽毛漂亮的鸟，但西汉的吕后名“雉”，于是，是鸟的雉便改名叫“野鸡”，鸟的名也不能同皇后的名字相同。在封建社会里，不仅帝王的名字有严格的避讳，儿子与父亲的名字也不能有一字相同，甚至连写文章也很忌讳。司马迁的父亲名谈，在他所著的我国第一部纪传体通史《史记》中，就通篇找不到一个“谈”字。唐朝著名诗人李贺，才华横溢，就因为他父亲名晋肃，而“晋”与“进”同音，竟禁止李贺去考进士。大文人韩愈为此很抱不平，特地写了一篇有名的《讳辩》，但李贺终于还是未能参加应考，最后郁郁早逝。可见，古代名字里的这种避讳，带有浓烈的封建专制色彩，有的甚至是残酷和反动的。

消除称呼、名字等避讳中的封建糟粕，无疑是十分必要的。但有些流传至今，仍为人们习惯心理所忌讳的称呼或风俗，虽然还带有某种封建色彩，可为了礼貌和尊重他人起见，也是应该注意的。这种现象，只有随着文化的发展，科学的普及和社会的进步，而让它逐步改变、自行消亡。比如我们坐渔民的船，船家就特别忌说“陈”呀“帆”的，因为这是“沉”和“翻”的同音字。又比如我们称呼未婚少女习惯叫“姑娘”，如果是在湖南常德地区喊少女为姑娘，就会被认为是调戏妇女，因为那里的“姑娘”是“妻子”的谦称。天津的老者称年轻姑娘为大姐，而姑娘却心安理得，你一定会感到惊奇，心中会鄙夷那姑娘，埋怨那老者。但只要你再一了解就会明白，这原来是当地习惯的礼貌称呼，天津人一般都按小辈、孩子的称呼叫人。假如有人认为这种忌讳是落后的、不文明的，非要硬行去改变它，恐怕不会有什么好效果。

第15章

善用赞美，溢美言辞暖人心

语言仿佛人的心灵，也有美丑之分。语言的美丑带给人的是两种截然不同的结果：美的语言可加强友谊，增进团结，使人拥有和谐的人际关系和愉悦的心情；丑的语言可成为各种矛盾的导火线，损害团结，破坏人的感情，具有伤害性。人总是向往美好的，美的语言受人欢迎。从形式上看，美的语言包括语气亲切，语调柔和，说话时有亲和力；从内容上看，美的语言包括肯定赞美人、鼓励人，以满足人性的渴望，激起人性的尊严。

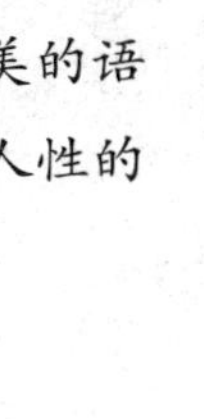

赞美的前提

喜欢听好话受赞美是人的天性之一。每个人都会对来自社会或他人的得当赞美，而感到自尊心和荣誉感的满足。而当我们听到别人对自己的赞赏，并感到愉悦和鼓舞时，不免会对说话者产生亲切感，从而使彼此之间的心理距离缩短、靠近。人与人之间的融洽关系就是从这里开始的。

每一个人都希望受到周围人的称赞，希望自己的真正价值被认可，尤其是希望得到朋友的认可。虽然处在极小的天地里，仍然认为自己是小天地里的重要人物。对于肉麻的奉承、巴结会感到恶心，然而却渴望对方发自内心的赞扬。鉴于此，我们不妨遵守“黄金原则”：“希望朋友对我们如何，我们就对他们如何。”——发自内心地称赞他，满足人性的渴望。

林肯曾经说过：“人人都喜欢受人称赞”，威廉·詹姆士也说过：“人本质中最殷切的需求：渴望被肯定。”美国钢铁公司第一任总裁夏布先生也曾说过这样一段意味深长的话：“我想，我天生具有引发朋友热心的能力，促使人将自身能力发挥至极限的最好办法，就是赞赏和鼓励。来自长辈或上司的批评，最容易葬送掉一个人的志气。我从不批评他人，我相信奖励是使人工作的原动力，所以我喜欢赞美而讨厌吹毛求疵。如果说我喜欢什么，那就是真诚、慷慨地赞美他人。”用赞美来满足人性，这就是夏布成功的秘诀。

爱听赞美的话是人类的天性，人人都喜欢正面刺激，而不喜欢负面刺激。如果在人际交往中人人都乐于赞扬他人，善于夸奖他人的长处，那么人际间的愉快度将会大大增加。有一位心理医生在银行排队取款时，看到前面有一位老先生满面愁苦，这位心理医生暗想，我要让他开朗起来。于是他一边排队一边寻找老先生的优点，终于他看到，老先生虽驼背哈腰，却长着一头漂亮的头发，于是当这位老先生办完事情走到心理医生面前时，心理医生衷心地赞道："先生，您的头发真漂亮！"老先生一向以一头漂亮的头发而自豪，听到心理医生的赞美非常高兴，顿时面容悦色，挺了挺腰，道谢后哼着歌走开了。一句简单的赞美给别人带来了愉快的心情，这是多么值得高兴的事情。赞美是一门艺术，合理的赞美有六个前提：

1. 实事求是

赞美要有根有据，如果言不由衷或言过其实，对方就会怀疑赞美者的真实目的。清代的左宗棠平素喜欢牛，认为牛能任重道远，他甚至把自己看作是牵牛星降世。他曾经在自己的后花园开凿水池，左右各列着一个石人，一个似牛郎，一个似织女，并且在旁边立着石牛，隐喻自负之意。

左宗棠身体肥胖，大腹便便。他曾经在茶余饭后捧着自己的肚子说："将军不负腹，腹亦不负将军。"一天，他捧着自己的肚子问手下人："你们知道我这腹中装的是什么东西吗？"有的说是满腹文章，有的说是满腹经纶，有的说腹中有十万甲兵，有的干脆说腹中包罗万象。左宗棠听了后连说："否，否！"忽然有位小校出来大声说："将军之腹，装满了马绊筋。"左宗棠听了拍案大加赞赏说："是，是"，小校因此而受到提拔。

湖南人喊牛吃的草为"马绊筋"。小校的回答正中左宗棠的心思，所以受到左宗棠的赞赏。

2. 雪中送炭

最有效的赞美不是"锦上添花"，而是"雪中送炭"。最需要赞美的不是那些早已扬名天下的人，而是那些自卑感很强的人，尤其是那些被压抑、自信心不足或总受批评的人。他们一旦被人真诚的赞美，就有可能使尊严复苏，自尊心、自信心倍增，精神面貌从此焕然一新。

在19世纪初期，伦敦有位年轻人想当一名作家。他好像做什么事都不顺利。他几乎有四年的时间没上学。他的父亲因无法偿还债务，被迫入狱，而这位年轻人还时常受饥饿之苦。最后，他找到一份工作，在一个老鼠横行的货仓里贴鞋油盒上的标签，晚上在一间阴森寂静的房子里和另外两个男孩一起睡。

就在这个货仓里，他写稿寄出去，可是稿件一次又一次地被退回，最后有一位编辑承认了他并夸奖了他，由于这句夸奖，使他受到了极大的激励，眼泪流满了他的双颊。这个男孩的名字叫查尔斯·狄更斯。

假如不是那位编辑的夸奖，狄更斯很可能永远成不了作家，更不用说成为世界著名作家。这就是妙语激励的神奇效果。

3. 内容具体

赞美要具体，不能含糊其辞。含糊其辞的赞美可能会使对方混乱、窘迫，甚至紧张。赞美越具体，说明你对他越了解，从而拉近人际关系。

克莱斯勒公司为罗斯福总统制造了一辆汽车，因为他下肢瘫痪，不能使用普通的小汽车。工程师把汽车送到了白宫，总统立刻对它表示了极大的兴趣，他说："我觉得不可思议，你只要按动按钮，车子就开起来，驾驶毫不费力，真妙。"他的朋友和同事们也在一旁欣赏汽车，总统当着大家的面夸奖："我真感谢你们花费这么多时间和精力为我研制了这辆车，这是件了不起的事。"总统接着欣赏了散热器、特制后视镜、钟、车灯等。换句话说，他注意并提到了每一个细节，他知道工人为这些细节花费了不少心思，总统坚持让他的夫人、劳工部长和他的秘书注意这些装置。这种具体化的赞美让总统感觉到了真心实意。

4. 恰如其分

恰如其分就是避免空泛、含混、夸大，而要具体、确切。赞美不一定非是一件多么大的事不可，即使是别人一个很小的优点或长处，只要能给予恰如其分的赞美，同样能收到好的效果。

在一次会议上，何处长在总结工作时提到发表文章比较多的小杨时表扬道："小杨同志肯动脑子，好钻研，近来成果很多，发表了七篇文章，其他年轻同志要向他学习，搞些成果出来。"话音未落，就有一位年轻的部下插话说："水平不能以文章来定，文章的好差不能以发表的多少来定。发表文章多并不一定说水平高，那有可能是文字垃圾多。有的人一辈子就发表一篇或几篇文章，影响却大，难道说水平低吗？"处长被问了个瞠目结舌，不得不解释一番。结果弄得大家都扫兴而归。

这个何处长的尴尬不在于他没有根据，而是有据却无理，他的表扬经不起推敲，有水分，太夸张，所以其他人心里不痛快，把他的赞美给堵了回去。

5. 准确及时

赞美别人要善于把握时机，因为赏不逾时。一旦发现别人有值得赞美的地方，马上要发掘出表扬的道理当众表扬他，不要拖拉，也不必要积累到一起再找时机表扬。事情就是这样，当其他人看到某人的成绩或优点时，嫉妒心可能萌发，为寻求心理平衡可能会攻击或者找到攻击别人的理由，所以赞美“留到以后再说”，难度可能更大。

有一次，曾国藩召集诸将议论军务，他先发言道:“诸位都知道，洪秀全是从长江上游东下而占据江宁的，现湖北、江西均为我收复，江宁之上，仅存皖省，若皖省克复，江宁则早晚必成孤城。”此时，一向沉默寡言的李续兵从曾国藩的话中意识到了下一步的用兵重点，就试探着插话问道:“大帅的意思是要进兵安徽?”“对!”曾国藩见李续宾听出了自己话中的真意，便以赏识的口气说:“续宾说得不错，看来你平日对此已有思考。为将者，踏营攻寨算路程等等尚在其次，重要的是胸有全局，规划宏远，这才是大将之才。续宾在这点上，比诸位要略胜一筹。”其他将领也连连点头，认为曾国藩说得不错。

曾国藩是很善于赞扬别人的，他听完李续宾的发问后，立即抓住时机，准确及时地给予大力赞扬。这在李续宾听来无疑是增强自信心；在其他人听来，也仿佛接受了一次教导。一次准确及时的赞扬，两个好的结果。

6. 真心诚意

有的人在赞扬别人时，只想着树立自己个人的威信，收买人心，实际上并没有表现出欣赏的诚意，无论是被表扬者，还是其他人都像“被猴耍”一般，这样的赞美根本不起作用。所以赞美一定要表示出真心诚意。

北魏太武帝拓跋焘欣赏崔浩的才能，聘他为顾问，并鼓励他集思广益、敢于进谏。在一次宫廷酒宴上，太武帝对着群臣发自内心地称赞身边的崔浩说:“你们看他纤瘦懦弱，手不弯弓持矛，但他胸中所怀的却远远超过甲兵之勇。朕开始时虽有征讨之意，但思虑犹豫不能决断，前后克敌制胜，都是他引导我走到今天这一步的。”话中充满诚意。

富兰克林说:“诚实是最好的政策。”聪明的领导在表扬下属时，最好的方法就是要真诚。太武帝对崔浩的赞美没有半点虚伪，坦诚之情历历可见。

赞美是一种说话的艺术

赞美是一种说话的艺术，正确运用这门艺术，会使被赞美者心情愉快，而作为你自己，也会从中感到快乐甚至感到幸福。

赞美是发自人内心深处地对他人的欣赏回馈给对方的过程，赞美是对他人关爱的表示，是人际关系中一种良好的互动过程，是人与人之间相互关爱的体现。当我们能够体验到来自内心深处对他人真诚的关爱时，我们对他人的赞美就会显得恰如其分，自然而然。

那么，怎样赞美别人才是合适的呢?

1. 赞美之词要实事求是

凡说赞美的话，一定要切合实际，而且要言之有物。赞美要有根有据，如果言不由衷或言过其实，对方就会怀疑赞美者的真实目的。在你想赞美一个人的时候，随口称赞是不好的，一定要表现出一种足以使对方认为“称赞得有理”的热诚，而且所称赞的一定是一个无可争议的事实。不管称赞别人什么品质，都要实事求是，而不是挖空心思揣测。“你要别人具有怎样的优点，你就要怎样地去赞美他。”实事求是而不夸张的赞美，真诚而不虚伪的赞美，会使对方的行为更增添一种规范。同时，为了不辜负你的赞扬，他会在受到赞扬的这些方面全力以赴。如果你想赞美一个人而又实在找不出他有什么值得赞扬的地方，那么，你可赞美他的家庭、他的工作或和他有关的一些事物。

这时候赞美的话语越翔实具体，越说明你对对方感兴趣，越看重他的长处和成绩。这种赞美可以让对方觉得你真挚、亲切和可信，你们之间的关系也会因此更加亲密融洽。

2. 赞扬的话要恰到好处

人们更喜欢被取悦，而不是被激怒；喜欢听到褒奖，而不是被对方恶言相向；更乐意被喜爱，而不是被憎恨。因此，仔细地加以观察，就能投其所好，避其所恶。在和人交往的过程中，适当地赞美别人是有礼貌、有教养的表现，不仅可以获得好人缘，而且还可以使双方在心理和情感上靠拢，缩短彼此之间的距离。

某市召开发展规划大会，会议结束后，领导问身边的助理："我今天的发言如何？听众有什么反响？"助手回答道："你的讲话非常精彩，不仅让大家清楚了我市目前的状况，也向大家展示了未来发展的美好前景，我们都深受鼓舞呢！"这种具体而恰当的赞美让领导感到欣慰。如果只是简单地说："你讲得真有水平""真精彩"……让人感到是在勉强应付，有拍马屁的嫌疑。赞扬别人要恰到好处，很多人都不太了解这其中的学问。这是因为你还不是十分了解人们多么希望自己的想法及喜好能获得支持，特别是企望明明是错误的想法，甚至是自己的小缺点，也能得到他人的谅解与认同。如果我们只考虑自我的想法便对他人的习惯及服装等方面挑毛病，必然会对他人造成伤害；反之，若能加以认同，别人则会感到无限的欣喜。

3. 真诚的赞美有奇效

赞美具有一种不可思议的推动力量，对他人的真诚赞美，就像荒漠中的甘泉一样让人心灵滋润。赞美别人要以真诚为前提，让对方更容易接受，给对方留下深刻的印象，但绝不是为了技巧而随口说些违心的虚假之词。可以这样说：我们大家都有一种双重需要，即被别人称赞和去称赞别人。真诚的赞美会触动每个人。

每个人都珍视真心诚意，它是人际交往中最重要的尺度。英国专门研究社会关系的卡斯利博士曾说过：大多数人选择朋友都是以对方是否出于真诚而决定的。这里要记住的是，虚伪地赞扬别人是不行的。比如你看到一个并不帅气的男孩，不能称赞他太英俊。因为这样，他会觉得你是在故意戏弄他或是你太虚伪。其实你不一定要称赞他帅气，你可以改为称赞他的才华或有某种特长也是可以的。

如果你与人交往不是真心诚意，那么要与他人建立良好的人际关系是不可能的。赞美他人也是如此，如果你的赞美不是出于真心，对方就不会接受这种赞美，甚至怀疑你的意图。因为人性中有一个优点，就是“无功不受禄”。如果你毫无根据地赞美一个人，他不仅感到费解，还会莫名其妙，觉得你油嘴滑舌，有诡诈想利用他，进而引起他对你的防范。所以在赞美他人时，为避免引起类似误会，你必须确认你所赞美的人“确有其事”，并且要有充分的理由去赞美他。真诚地赞美别人，能帮助我们消除在与人交往中产生的种种摩擦和不快。一句真诚的赞美往往体现了你对对方的尊重、期望与信任。所以千万不要吝啬自己的赞美，找到机会予以赞美可以让人更加愉悦。

在与人交往中，只要能仔细观察、细心体会并敏锐地抓住他人喜爱的话题。通常自己想要被称赞、希望被认定为优秀的地方，往往也会出现在最常见的话题里。也就是说别人乐此不疲经常提到的话题，或经常展现的学识便是他自以为优越的地方，只要抓住这一点，就能一举制胜。

在现实生活中，有相当多的人不习惯赞美别人，或得不到他人的赞美，从而使生活缺乏许多美丽愉快情绪体验，这不能不说是人生的遗憾。

赞美是一种有特色的说话艺术，能恰如其分地赞美别人，既可以增添我们的自信心，也可以提高我们说话的胆量。学会赞扬，在给别人一份真诚和温暖的同时，也给自己一份心灵上的愉快体验。

赞美的方式

赞美是欣赏，是感谢，给人的喜悦是无可比拟的。一副冷漠的面孔和一张缺乏热情的嘴是最令人失望的。怎样赞美呢？主要有以下四种方式：

1. 直接式赞美

赞美他人最常见的方式就是直接赞美。特别是上级对下级、老师对学生、长辈对晚辈。它的特点是及时、直接。被誉为“近代物理学之父”的爱因斯坦平日酷爱音乐，喜欢弹钢琴，擅长拉小提琴。有一年，他应邀去比利时访问，比利时国王和王后都是他的朋友，王后也是一个音乐迷，会拉小提琴。他和王后在一起合奏弦乐四重奏，合作得非常成功。爱因斯坦对王后说：“您奏得太好了！说真的，您完全可以不要王后这个职业。”听了爱因斯坦的赞美，王后为此很是兴奋。

2. 间接式赞美

在日常生活中，如果我们想赞美一个人，不便对他当面说出或没有机会向他说出时，可以在他的朋友或同事面前，适时地赞美一番。这样收到的效果会更好。南北战争开始时，北方联军连吃败仗。后来林肯大胆启用了一位将军——格兰特。他出身平民，衣着不整，言语粗俗，行为莽撞，有人还说他是个酒鬼。林肯心里明白，所有对他的传言都是夸大之辞……后来，竟然有人要求林肯撤掉格兰特的军职，其理由是说他喝酒太多。林肯则不以为然，他赞扬格兰特说：“格兰特总是打胜仗，要是我知道他喝的是哪种酒，我一定要把那种酒送给别的将军喝。”格兰特没有辜负林肯的信任，为结束南北战争立下了赫赫战功，证明他的确是一位能力卓越的将军。后来，他竟成为美国第十八任总统。

3. 意外式赞美

出乎意料的赞美，会令人惊喜。丈夫工作一天后回家，见妻子已摆好了饭菜，称赞妻子几句；老师见学生把教室打扫得干干净净，夸奖一番，在学生看来是应该的，却得到老师的赞美，心情是无比愉悦的。

有时，赞美的内容出乎对方意料，也会引起对方的好感。卡耐基在《人性的弱点》中写了一个他曾经历过的故事：一天，他去邮局寄挂号信，办事员服务质量很差，很不耐烦。当卡耐基把信件递给她称重时，他说：“真希望我也有你这样美丽的头发。”闻听此言，办事员惊讶地看着卡耐基，接着脸上露出了微笑，同时服务也变得热情多了。

4. 激情式赞美

人总是喜欢被赞美的，无论是咿呀学语的孩子，还是白发苍苍的老翁，因为人任何时候都有一种被人肯定、被人赞美的强烈愿望。恋人之间尤其需要赞美。赞美既是获取爱情的催熟剂，又是缓和矛盾的润滑剂，还是保持感情的稳定剂。正如拿破仑所说:“从来没有哪个女人像你这样受到如此忠贞、如此火热、如此情意缠绵的爱!”对他的女神，拿破仑总是不吝啬赞美。

情人眼里出西施，在拿破仑眼中，他的妻子约瑟芬是天下最有魅力的女人，他用尽了一切华美的、无与伦比的词语去赞美她。拿破仑在行军中给约瑟芬写信说:“我从没想到过任何别的女人，在我看来，她们都没有风度，不美，不机敏！你，只有你能够吸引我，你占有了我整个心灵。”他有一次甚至在约瑟芬耳边以哀求的语气说:“啊！我祈求你，让我看看你的缺点；请不要那么漂亮、那么优雅、那么温柔和那么善良吧；尤其是再不要哭泣；你的泪水卷走了我的理智，点燃了我的血液。”

对于心爱的人，拿破仑无法掩饰自己的赞美之情，这种激情式赞美使约瑟芬十分的受用和满足。

赞美是一种有效的交往技巧

赞美是一种有效的交往技巧，能迅速地缩短人与人之间的心理距离。渴望被人赞赏是人最基本的天性。既然渴望赞美是人的一种天性，那么我们在生活中就应学习和掌握好赞美他人这一生活智慧。

聪明的女性都不会吝啬赞美别人，因为聪明的女性有一双慧眼，能够发现别人身上优秀的特质，也因为她们有简单、阳光的心态，她们知道赞美别人丝毫不损于自己的光彩，反而能显示出自己的豁达和自信。

莎士比亚曾经说过这样一句话：“赞美是照在人心灵上的阳光。没有阳光，我们就不能生长。”心理学家威廉姆·杰尔士也说过这样的话：“人性最深切的需求就是渴望别人的欣赏。”在人与人的交往中，适当地赞美对方，会增强这种和谐、温暖和美好的感情。

每天抱着宝宝出去玩耍，女人们都喜欢把宝宝打扮得漂漂亮亮的。邻居们也好，陌生人也好，见到宝宝的第一眼就会惊呼：“睫毛好长！像妈妈。”听到这些话，女人心里已经升腾起一种自豪感。接着别人就会称赞宝宝的皮肤、宝宝的帽子、宝宝的性格，女人的心里自然会得意万分。

节日过后，热闹的办公室人来人往，大家都在相互寒暄，祝贺着节日的快乐，当然不乏赞美之词，这温暖的赞美如同绿草，带给办公室一份春天的感觉。同事们发觉大家的心情都开始好转了，精神觉得非常放松，心情非常愉快！其实，这正是相互赞美的魅力所在。

沉闷的办公室充满了文件和繁杂的公务。有一天，我们发现曾经让我们热爱和感兴趣的工作在不知不觉中变得让我们失去了热情，当面临越来越大的工作压力时，情绪会变得焦虑和抑郁，人会变得烦躁，经常想些不愉快的事情，对能完成的简单工作也会觉得复杂和难度增大。而在这个时候，我们内心深处会涌起一种热望，即渴望被关心和赞美。

从社会心理学角度来说，赞美也是一种有效的交往技巧，能有效地缩短人际心理距离。美国心理学家威廉·詹姆士指出：“渴望被人赏识是人最基本的天性。”回忆我们自己的成长经历，谁没有热切地渴望过他人的赞美？既然渴望赞美是人的一种天性，那我们在生活中就应学习和掌握好这一生活智慧。

赞美是协调人际关系的好办法，不过在日常生活中人们有非常显著成绩的时候并不多见。所以交往中应从具体的小事入手，善于发现别人最微小的长处并不失时机地予以赞美。

世界知名化妆品玫琳凯的品牌创始人玫琳·凯，就是一位极会说话的高贵女人，她说的每一句话都会让身边的人感觉舒适、轻松和温暖。据说，在她创业初期，曾经经历过这样一件有趣的事：

一天，她与朋友一起去逛服装店，无意中听到了一个金发女孩和一个黑发女孩的对话。当时，金发女孩正在试穿一件衣服，衣服看起来很合身，很漂亮。

看着同伴穿着漂亮的衣服，黑发女孩由衷地称赞道："这件衣服真的很漂亮，只是没有刚才那件好，那件衣服的扣子太漂亮了。"

金发女孩听后很不高兴地说道："我很讨厌那件衣服，尤其是扣子，难看死了，我才不要呢！"黑发女孩本来是好心提个建议，听到同伴这样说话，看起来也有些生气。看了金发女孩一眼，撅起嘴不再说话了，两个人谁也不再搭理谁，金发女孩也把衣服放下，打算走人。

玫琳·凯把这一切都看在眼里，她笑容满面地走过去，轻声地对金发女孩说："刚才这件衣服你穿上很漂亮，尤其是衣服的领子，把你的气质衬托得很高贵，如果你再配上一条项链，那就更加完美了。"

金发女孩儿听后羞赧地一笑，低声说，"其实刚才那件的扣子也很漂亮，不过我更喜欢这件衣服的领子。"说罢，牵起黑发女孩儿的手，高兴地买下了衣服。

赞美他人能沟通自己与他人的感情。特别是当你与他人产生隔阂时，关心对方，注意和肯定他人的长处，是消除这种隔阂最有效的方式。另外，对于自己不太亲近的人，恰到好处地给予赞美，也会使双方增加亲近感，建立更进一步的人际关系。赞美可以使人们的关系亲近。同时，赞美他人也可以反过来激励自己。被人赞美的，肯定是一个人的长处。而在发现他人的优点和长处的同时，我们也会发现自己的差距，并促使自己努力赶上。所以赞美他人，在鼓励他人进步的同时，自己也会得到进步；这就如同我们前面所说的赞美他人，我们自己也可以获得多方面的回报。

赞美能激励他人，也能成就自我

在实际生活中，赞美帮助我们赢得了朋友。我们所拥有的众多朋友，都是因为我们在内心深处赞美他们、接受他们而获得的，因为这些朋友都在这方面或那方面拥有我们没有的优点。我们赞美他们，同样他们也赞美我们，彼此之间的距离也就缩短了。我们并不要求他们与我们有相同的文化、相同的成长背景、相同的专业爱好。我们只求他们或诚实可靠、或处事稳健、或富于幽默感，就足以“使我惭愧、促我自新”了。

赞美就像兴奋剂，它能够有效地激发人的内在潜能。赞美是一种由外在动力转化为内在动力良好的表现形式，它能启发人的内在动机，激发人的内在潜力，增强人自身全部的活力。

在日常生活中，赞美能够激发人内在的自尊。有一天，卡琳夫人雇用了一个女保姆，让她下星期一开始正式上班。在这期间，她给女保姆的前雇主打了一个电话，询问了一些保姆的个人情况，没想到，得到的评语却是贬比褒多。

星期一这天，女保姆来上班了，卡琳夫人就对她说：“琳娜，几天以前，我打电话请教了你的前任雇主，她告诉我说你为人既老实又可靠，带孩子很细心，还做得一手好菜，唯一的缺点就是理家还不太内行，有时把房子弄得有些脏兮兮的。我想她的话并不完全可信，从你的穿着可以看出，你是一个非常爱干净的人，我相信这是你的习惯，你肯定也会将家里打扫得干干净净。我们一定会相处得很愉快的。”

实际上，她们果然相处得非常开心，琳娜真的工作很勤奋，将家里整理得井井有条，扫得干干净净。有时宁可自己加班，也不耽搁工作。

只要你愿意尊重对方并给以适当的赞赏，每个人都会把自己的优点表现得淋漓尽致。要是你想让人懂得自尊自爱，那么你就应该率先尊重他。如果想矫正一个人的缺点，不妨先反过来赞美对方的一些优点，他才会乐于迎合你的希望，改正自我。

赞美别人照亮了我们的生活，也创造了我们和谐的工作环境。在很多人眼里，持“同事是敌人”的观点的恐怕不少，因而对于周围的人取得的成绩，爱嫉妒、爱贬低或喜欢从侧面去找岔子。有位大学生在刚参加工作的时候也是这样：那一年评“先进工作者”没有他的名，虽然他从业务素质到实干精神自己都认为不错。第一天他为此而伤脑筋睡不着觉，甚至想起了被评上的那位同事的几个不足：备课笔记是用了好几年的，在上课时与学生乱开玩笑。他真想破门而出，让大家都知道要评他该多好！可是他转而想了一下自己的不足，又认为采取另一种方式可能会更好：大家都是同事，共事的时间还很长，不要为这种小事而破坏了关系。第二天他便向被评上者表示祝贺。他对别人的赞美的态度使他一下子解脱了出来，而且他们的友情也从此开始了。其实，在很多同事或朋友之间，这种和谐的气氛就是通过互相赞美而产生的。

赞美可以缩短人与人之间的距离，为我们赢得友情和坚强的团体；然而赞美的最大好处还在于使被赞美者获得提高。你赞美一个人勇敢的时候，这个人便会变得更加勇敢；你赞美一个人正直的时候，这个人便会变得更加正直。

学会赞美别人，就是为自己的前进搭桥铺路。记得一位著名成功人士谈及自己的成功经验时，认为最重要的一点是他曾发誓每天都要赞美别人。

赞美的形式有多种多样，如公开赞美、单独赞美、由他人传递赞美等。多种形式相结合就能把赞美的作用、范围进行很好的扩大，进而增强赞美的效果。然而，最为关键的问题是我们是否有这种意识。人的本性就是对那些习惯性的行为熟视无睹。实际上，赞美是一种切实有效的激励方式。

赞美能让懦弱的人鼓起勇气，让徘徊的人确定方位，让盲目的人找到目标，让自卑的人找到信心，让软弱的人坚定意志，让成熟的人强化自身。

赞美他人，是一件使人与人之间感情融洽的、于人于己有益无害的事情。真诚地、恰当地赞美他人，则好似增强人与人之间友谊的润滑剂，使自己容易被人接受。如果我们与人交往时易被人接受，易使人亲近，这无疑会给我们增添许多信心，使我们更大胆地说话，更有勇气参加社交活动。所以，从某种意义上说，能够艺术、中肯地赞美他人，也会增添我们说话的信心和魅力。

你要知道，每个人都喜欢来自别人的赞美。只要赞美适时适度，不仅可以消除人与人之间的隔阂，增进彼此的情意，更重要的是能让你在交际场上大受欢迎。

发自内心地赞美别人

在我们生活的世界里，有很多人和事值得我们去赞美，去讴歌，去为之心动神怡。攀华山绝壁，观泰山日出，踏天山的雪，听东海的涛，使我们忘却千山万水，踏破铁履，一睹无恨。即使对于那些平凡的事物，我们也要在“那么一刻”发出惊人的感叹：嫩芽爬出枝头，意识到春天来啦！白雪茫茫，便会下意识沉吟“只识弯弓射大雕”，豪迈的情调也会由此而生。

我们生活在重负的时代里——物质上、生活环境上都决定了我们不可能有太多的享受：想长生不老，不行；想上月球旅行，也只有那么几个人可以。然而我们不要苦恼了自己，要创造个人的幸福；而要创造幸福，就要求我们用一种赞美的观点去欣赏我们周围的人和事物。当你认为这个人可爱的话，大胆一点，说一声：“你好漂亮啊！”

然而，“赞美”这种东西，不是出自我们的口，而是出自我们的内心世界。一个对生活充满绝望，不抱理想的人，对周围人和事物的态度不可能持乐观和赞美的观点，有的只是冷酷和愤世嫉俗。

当然，我们也不要忘记了一种例外。这就是那些对生活持消极态度和愤世嫉俗的人，在某种场合也会说一些赞美的话。《老山羊和狼》的故事，相信大家都读过；为了达成一笔大交易，那些守财奴也会把你拉到舞厅，拍着你的肩膀夸你“真有本事”。

对于一些有经验的人，颇能分辨出真假赞美之词，因为他们具有洞悉心灵的本领。而对于那些缺乏经验的人，便不具备这种才能，这也使他们因为听了不实的赞美之词而忘乎所以，铸成大错。

但是一个靠以口头赞美别人为生的人，在这个社会是难以被大家接受的。经常把说赞美之词当饭吃的人，到头来学无长进，亲友疏远，夫妻反目，终将会把自己害死。因此，在赞美人家的时候，别忘了你的内心一定要真诚。

赞美既然是发自内心，那么作为赞美者，自己的内心必然要受到震撼，人格得到升华，对美的体验也便强烈一些；而作为被赞美者，便知道自己的长处，并继而追求完美和至善至美。

特别是在丑恶、争斗和不正之风盛行的环境里，对美的人物赞美便构成了一种支持、一种无形的力量。它使我们更易于分别真善美。

赞美的内容

现实生活中，与人交往，无论是与朋友还是客户交谈，不妨多谈谈对方的得意之事，这样容易赢得对方的认同。如果恰到好处，他肯定会高兴，并对你有好感。

美国著名的柯达公司创始人伊斯曼，捐赠巨款在罗彻斯特建造一座音乐堂、一座纪念馆和一座戏院。为承接这批建筑物内的坐椅，许多制造商展开了激烈的竞争。但是，找伊斯曼谈生意的商人无不乘兴而来，败兴而归，一无所获。正是在这样的情况下，“优美座位公司”的经理亚当森，前来求见伊斯曼，希望能够得到这笔价值 9 万美元的生意。

伊斯曼的秘书在引见亚当森前，就对亚当森说:“我知道您急于想得到这批订货，但我现在可以告诉您，如果您占用了伊斯曼先生5分钟以上的时间，您就完了。他是一个很严厉的大忙人，所以您进去后要快快地讲。”亚当森微笑着点头称是。

亚当森被引进伊斯曼的办公室后，看见伊斯曼正埋头于桌上的一堆文件，于是静静地站在那里仔细地打量起这间办公室来。

过了一会儿，伊斯曼抬起头来，发现了亚当森，便问道:“先生有何见教?”

秘书把亚当森做了简单的介绍后，便退了出去。这时，亚当森没有谈生意，而是说:“伊斯曼先生，在我等您的时候，我仔细地观察了一下您这间办公室。我本人长期从事室内的木工装修，但从来没见过装修得这么精致的办公室。”

伊斯曼回答说:“哎呀！您提醒了我差不多忘记了的事情。这间办公室是我亲自设计的，当初刚建好的时候，我喜欢极了。但是后来一忙，一连几个星期我都没有机会仔细欣赏一下这个房间。”

亚当森走到墙边，用手在木板上一擦，说:“我想这是英国橡木，是不是?意大利的橡木质地不是这样的。”

“是的”，伊斯曼高兴得站起身来回答说:“那是从英国进口的橡木，是我的一位专门研究室内橡木的朋友专程去英国为我订的货。”

伊斯曼心情极好，便带着亚当森仔细地参观起办公室来了。

他把办公室内所有的装饰一件件向亚当森做介绍，从木质谈到比例，又从比例扯到颜色，从手艺谈到价格，然后又详细地介绍了他设计的经过。

此时，亚当森微笑着聆听，饶有兴致。他看到伊斯曼谈兴正浓，便好奇地询问起他的经历。伊斯曼便向他讲述了自己苦难的青少年时代的生活，母子俩如何在贫困中挣扎的情景，自己发明柯达相机的经过，以及自己打算为社会所做的巨额的捐赠……

亚当森由衷地赞扬他的功德心。

本来秘书警告过亚当森，谈话不要超过5分钟。结果，亚当森和伊斯曼谈了一个小时，又一个小时，一直谈到中午。

最后伊斯曼对亚当森说："上次我在日本买了几张椅子，放在我家的走廊里，由于日晒，都脱了漆。昨天我上街买了油漆，我打算自己把它们重新油好。您有兴趣看看我的油漆表演吗？好了，到我家里和我一起吃午饭，再看看我的手艺。"

午饭以后，伊斯曼便动手，把椅子一一漆好，并深感自豪。直到亚当森告别的时候，两人都未谈及生意。

最后，亚当森不但得到了大批的订单，而且和伊斯曼结下了终身的友谊。

为什么伊斯曼把这笔大生意给了亚当森，而没给别人？这与亚当森的口才很有关系。如果他一进办公室就谈生意，十有八九要被赶出来。亚当森成功的诀窍，就在于他了解谈判对象。他从伊斯曼的办公室入手，巧妙地赞扬了伊斯曼的成就，谈得更多的是伊斯曼的得意之事，这样，就使伊斯曼的自尊心得到了极大的满足，把他视为知己。这笔生意自然非亚当森莫属了。

想要在与客户交往中一鸣惊人，有所成就，那就必须先尊重别人，赞美别人，让对方觉得自己是个重要人物，满足他们的成就感。

要想博得他人的欢欣与信赖，你必须细细地体察对方的内心，了解对方的各种爱好，以及想法，然后投其所好，让对方觉得和你在一起，才能随他的心愿让他高兴，然后你再求他办事，或者从他那里求得利益，他一定不会轻易拒绝的。

赞美的效果

赞美的效果表现在以下五个方面：

1. 缓和矛盾

人与人相处，产生矛盾在所难免，夫妻也不例外。对此，一旦有了纷争，即使认为自己一方在理，也要避免过分的数落、指责。这时候，最好的方式是使用调侃、幽默的言语，浇灭对方的怒气，达到释疑解纷的效果。

有一妻子虚荣心重，当夫妻商量出席友人婚礼时，她缠着丈夫要买一种昂贵的花帽。此时正值夫妻闹经济危机，丈夫自然不肯答应花这笔钱。争吵中，妻子赌气地说："人家小方和小刘的爱人多大方，早就给自己的夫人买了这种花帽，哪像你，小气鬼！"丈夫不愿争论，只是故意夸张地说："可是，她俩有你这样漂亮吗？我敢说，她们若有你这样美，根本就不用买帽子打扮了，是吗？"妻子一听丈夫的赞语，不觉转怒为笑，一场争吵也随之平息了。

2. 催人奋进

人得到赞美，其喜悦心情固然无可比拟，但更重要的是赞美所产生的力量总是巨大的，它能够激发人的积极性和创造性，增添人们克服困难的勇气，甚至使人创造出种种奇迹来。

有甲乙两猎人，各猎得两只野兔。甲的女人看见冷冷地说："只打到了两只吗？"甲猎人心中不悦，"你以为很容易打到吗？"他心里如此埋怨着。第二天他故意空手回家，让她知道打猎是不容易的事情。乙猎人所遇则恰好相反。他的女人看见他带回了两只野兔，就欢天喜地地说："你竟打了两只吗？"乙听了心中喜悦，"两只算得什么！"他高兴得有点骄傲地回他的女人。第二天，他打回了四只！

这就是赞美的魅力。

3. 给人信心

多年前，一个伦敦的孩子在一家布店当店员，早上 5 点钟他就要起床，打扫全店，每天干十几个小时工作，那简直就是苦工、奴隶。两年后，男孩再也不愿忍受了，一天早晨起床后，男孩顾不上吃早餐，跑了 13 里路，去找他在别人家里当管家的妈妈商量。他一边哭泣，一边发狂地向妈妈请求不要再做那份工作了，并发誓，如果再留在那店里，他就要自杀。而后，他又给老校长写了一封悲惨的信，说明他心已破碎，不愿再生。他的老校长看过信后，给了他一点赞美，诚恳地称赞他很聪明，应该适于更好的工作，并给了他一个教员的工作。

从此，那个赞美改变了那个孩子的未来，在英国文学史上，曾写作了 76 本书，留下了永久的形象。他的名字就是韦尔斯。

在称赞最微小进步的同时，要称赞每一个进步，并要“诚于嘉许宽于称道”。

4. 遂己心愿

有一位美国的老妇人向史蒂夫·哈维卖保险。她带来了一份全年的哈维主编的杂志《希尔的黄金定律》，滔滔不绝地向他谈她读杂志的感受，赞誉他“所从事的，是今天世界上任何人都比不上的最美好的工作”。她迷人的谈话将主编迷惑了 75 分钟，直到访问的最后 5 分钟，才巧妙地介绍自己所推销的保险的长处。就这样，老妇人成交了预定购买的保险金额 5 倍的保险业务。

5. 摆脱纠缠

有一位白领女性，相貌出众，在某家公司负责产品销售策划。一次下班后，公司经理主动邀请她：“小姐，晚上陪我吃夜宵好吗？”她不得不按时赴约。见面后，经理喜出望外，情意绵绵。两人边吃边谈，女子竭力向经理劝酒，滔滔不绝地向他介绍公司的发展计划，并不时地赞美经理，称他是一位有修养、有气质、讲信用、受人尊敬的现代企业家。经理颇为得意，故做谦虚道：“你过奖了。”最后两人共舞一曲而告终。临别时经理握住女子的手，郑重地说：“你是个自尊自爱的女子！我心里会永远记得你这完美的女孩形象。”

第16章

决胜职场，身在职场所需掌握的语言技巧

职场中成功的秘诀有很多，口才是重要的因素之一。现代职场中，要想成功，离不开良好的口才。说话水平是一个人思维本领、认识高度、知识底蕴等的综合表现。在很多情况下，社会、组织对一个人的认识、了解，以及人与人之间的认识了解，都是通过说话来实现的。

如何让面试官录用你

面试时你只有一个目的：极力推销自己。从某种意义上来说这也是最可能取悦面试官的过程。在面试一份新工作的时候，如果能够最大限度地发挥自己的优势，让面试者喜欢自己、接受自己，就是成功。

不管面试的类型设计得如何科学，让人喜欢的气质在对方决定谁能获得职位时总是起着很大的作用。接受欣赏我们的人或者是与我们的兴趣、观点相同的人，这是人之常情。

如果你成功地使有权决定录用员工的面试者看到你们的共同之处，那么你便赢得了他的好感，并因此获得工作机会。

人们喜欢别人听自己说话胜于自己听别人说话。你应该通过总结、复述、回应面试者说的话，使对方喜欢你，而不是仅仅注意你要说什么。

当在办公室看到好看的东西时，你可以趁机赞美几句以打破见面时的尴尬，但不要说个没完。须注意的是这时的恭维一定要得体，针对不同身份的人用不同的方式进行恭维。多数面试者讨厌赤裸裸的巴结奉承。相反，你应该及时切入正题——工作。

面试官也是普通人，也会多多少少根据自己的感性认识来做判断，如果你能做到上面这些，其实你已经成功一半了。当然，如果你仅仅具有这些还是不够的，面试需要体现的另一个重要方面就是你的能力和专业素质。

察看应聘者的能力是用人单位面试时的一项重要内容。而察看能力也只能从较为简短的回答中进行，因此，在回答主考官提出的一些问题——可能就是考察你能力如何的问题时，一定要充分地表现出你的才智、学识来。

精练优雅的语言能增添言语的魅力，面试官对这种语言特色有特殊的偏爱。话语的简洁往往体现了一个人分析问题的深刻性和判断力，它常常体现了一种干脆果断的性格，这种性格尤其适于快节奏的现代经济生活。

在回答某些专业的问题上，适当地用上一些专业术语，使主考官感觉你对这领域有一定的认识。当你面对一个令你一时难以作答的问题时，你可以先说一句:“这个问题实在有新意。”以缓和思考时空气的凝滞。面试官听了你的话之后，脸上也许仍旧是原来的表情，但他心里还是有点得意“我出的问题怎会通俗?”

又如考官在问到你的专业知识时，你由于缺乏经验而使回答出现漏洞，他也许会为你指出并给以正确解答，这时你就该抓住时机说:“谢谢您，我又学到了一种好方法，太好了!”此时说这种话颇为适宜，没有一点阿谀奉承的味道。

对一些问题，即使已圆满回答，也不妨略加发挥，使你回答的“深度”超出主考官的预期，但这种发挥应点到为止，不宜倾其所有，要让考官意识到你其实还有很多“话”要说即可，不然会让人产生“爱卖弄”的感觉，甚至会认为你是在班门弄斧。

在许多情况下，个人的性格品质可以弥补技能方面的欠缺，甚至击败那些技能优于你，但个人品质不如你的应征者。比如，如果你是一个勤奋好学的人，一定要在面试中表现出来，让考官发现你虽技能差一些，但很有潜力，因而或许会录用你。

一般情况下，面试官将他们早已准备的问题全部问完的时候，就会向你提出是否还有什么疑问或者需要他们解答的其他问题，这其实也是一项考验。如果你没有问题，就有可能说明你对这份工作的了解还不够，或者对这份工作没有兴趣。如果你提出了问题，根据提问的情况也可以使面试官对你有不同的印象。根据调查显示，90%的主管在面试求职者时，希望求职者能提出问题，这是再次展示能力的好机会。不过，千万别问待遇、红利等有关自身利益的问题，而是应问及一些有关用人单位存在的某些问题，面试前你有过充分准备并预设有答案的问题，比如：可以问公司的某件产品质量好、价钱适宜却又未能打开市场的问题，一旦你如此发问，考官可能会立即来了兴趣，说明你对该公司做过详细了解，他或许会问:“你认为是什么原因?”当你做出正确分析时，会给他留下深刻印象，即使前面对你否定了，这时或许也要重新考虑。

面试场合说话有讲究

职业难求，好职业更难求。无论你的求职体验多么丰富，当你面对一份期盼已久的工作时，表面虽然十分镇静、侃侃而谈，然而内心却是谨小慎微，不敢丝毫放松。其实，面试过程中一些看似微不足道的细节问题不容忽视，如果能对它多一些关注，并力求表达的效果，这将有助于提高对方对你的评价，有助于你的临场发挥以及营造面试的良好气氛，从而掌握主动权。

1. 打破沉默

面试之初，大多数时间都是保持沉默，不是应试者主动发言，而是等待面试官打开话匣。面试过程中，应试者又出于种种顾虑，害怕主动说话，结果使面试出现尴尬场面。即使有人偶尔打破沉默，语音语调也相当生硬，显得极不自然，与这种场面很不协调。其实，无论是面试前还是面试中，面试者主动致意或与对方交谈，都会给对方留下热情和善于沟通的良好印象。只有恰当、准确、诚恳地用语言表达出你的思想、才智、修养，才能最终让主考人确信你是本职位的合适人选。“说”是表现自我的重要手段。那么，怎样说话才能达到表现自我的目的呢？

说好第一句话。据不完全统计，有70%的应试者参加面试时，不主动说第一句话，沉默地等待主考人发问，或虽然主动说话但不得体。只有30%的人能有礼貌、得体地说好第一句话。一般来说，第一句话可以是问候、请示或自我介绍，如“您好，我是××，来参加面试”等，要根据当时的实际情况灵活掌握，不能弄巧成拙。创造良好的开端，可以给主考人留下良好的印象。当然，交谈要掌握分寸，不能喧宾夺主。讲话在精而不在多，说话过多就难免失之轻率。说话要力求把握要点，说一些无关的事于己不利。

2. 积极应答

弄清提问的内容。面试中，主考人提出的问题过大，以致不知从何答起，或对问题的意思不明白，是常有的事。这时不能想当然地理解，答非所问。如果对方问的问题过大，你最好婉转一点表示自己不太明白对方要求哪一方面的答案。

在面试过程中，面试考官经常会提出一些让应试者难以作答的问题。对此很多人不是面红耳赤、表现拘谨便是敷衍几句，不从正面去回答考官提出的问题。比如问："你能为我们做些什么？"面试人员要看看你是否对他们公司做过调查研究。那些对公司和企业不甚了解的应聘者，一般都被面试人员说成"傲慢自大"或"口头表达能力差"而淘汰。一位大学生是这样回答的："我不敢说能做出什么惊天的伟业，但我想在贵公司极有发展潜力的前景和老板的领导下，充分发挥我的专业特长和能力，为公司的进一步发展贡献出我全部的才力和心血。如果可能的话，这不仅是一种荣幸，更是一种义务。"

3. 善于向面试官提问

面试中会遇到这种情况：不该问的你去问，而该问的不问。比如有些人在面试中打断面试官谈话而提问，这就属于不该问。也有些人面试前对提问没有足够准备，等到有提问时间不是没什么可问，便是所提的问题没有丝毫价值。而事实上，一个善于提问的人表明他有较强的表达能力和思维能力，这种人会让面试官刮目相看。

4. 不"套近乎"

大多数面试考官是具备一定专业素质的。他们最讨厌的就是喜欢套近乎的应试者，因为面试过程中双方保持的关系过于亲密或过于疏远都会影响面试官的评判。过分"套近乎"也会在客观上妨碍应试者在面试时详细地陈述自己的专业经验与技能。应试者最明智的做法是列举一至两件有根有据的事情来赞扬你所应聘的单位，让对方感觉到你确实对这家公司有兴趣。

5. 巧妙收场

重视最后的道别。这是给人好印象的要点之一。虽然最后的动作并不能代表所有的表现都很好，但不可讳言的是，最后的道别的确会使对方留下的印象不同。

很多求职应试者不知该如何给自己的面试划一个圆满的句号，他们有的因成功的兴奋，或因失败的恐惧显得手足无措。面试结束时，应试者不妨表达你对应聘职位的理解；充满热情地告诉对方你对应聘的职位感兴趣，并询问公司的下一步安排；最后应面带微笑和面试官道别，并对面试官的接待表示感谢。

应试者在介绍情况、回答问题时，既不能冗长繁琐，又不要混乱晦涩，繁琐混乱会使对方感觉你思路不清，长篇大论也会使人心生不快，都会产生不良效果。应该尽量做到：一是把自己的意思完整地表达出来；二是要条理清楚，层次分明，合乎逻辑；三是语言简练，没有废话；四是语速适中，不急不缓，平时说话快的要尽量把语速减慢；五是声音大小适中，太小显得信心不足，太大会使主考人员感到很不自在，说话的声音只要让主考人员听清就行了。

不要疏忽领导的话中之意

有时，上司随便说一句话就让人想半天——你有类似的困扰吗？其实，当上司突然对你特别关爱时，未必是别有用心，小心自短处，坏了前途。下面这个活生生的事例，足以教会你用最安全的方式应对，解读上司的话中之意。

晓佳现年 25 岁，在一家广告公司做文案工作。有一天，她正为新品牌的牙膏该如何表现出独一无二的清新感，而在电脑桌前伤透脑筋时，公司领导向她迎面走来，问她："还好吗？工作进展得怎么样？"晓佳带着无力的眼神说："我正在苦思当中，但我很难想象出新的创意。"接着她又略带抱怨地诉苦道："这家广告客户真是够笨的，艺术指导能力不足，业务经理又混……也许事情总是物极必反，愈大的公司愈容易走下坡路。"就在她说了这最后一句话之后，只听领导丢下一句:“我朋友大概快来了，偏偏眼睛有点不舒服。”眨一眨眼睛后，慢慢走向她的办公室。

在这次简短谈话后的几个月内，曾是公司内最被领导看重的广告新星的晓佳发现自己不再获选为重要广告文案的一员。于是，她想请公司领导解释一下内中的原因。这时公司领导一改往日温和的态度说:“我如何相信你能处理大案子？你根本无法专注于工作，还带着叛逆的态度对待客户，我能放心吗？”

你的上司也许经常会关心你的情况。因为他们喜欢借着问东问西来了解你的工作状况，或者他们闲来无事只好随口问问，又或许他们已经察觉你出了什么问题。最安全的方法是：进一步问得更明确些:“您的意思是？”这比起你劈头就开口说话要好得多；否则，你该回答一些不会造成问题的答案。

经常可以听到职员私下里说:“领导的话可不能全信，要不保准吃亏。”“哎，不要光听他嘴上说的，要体味体味。”这些议论由何而发呢？

诚然，这里面有职员的个人偏见，但是要善于体会领导话中的意思，却是职员们必须具有的能力。

1. 面对推诿

有的领导当面喜欢说“好”但是进而便推出更高一层领导来做“后盾”，所以你便要明白这个“好”字的意味。

对于自己不做表态，却一味推卸责任的领导，要特别注意领会他话中的含义。对于职员的意见，似乎他很了解，其实并非如此，只有到不说不行时，才说:“我不是和你说过吗……”作为借口。这种领导是不值得信赖的，必须特别留意。必须抓住时机，让他不得不面对实际情况，做出表态。

2. 面对善意

当然，有的领导由于比较讲求尊重职员，因此在拒绝职员、下属的提案时，充分考虑职员的工作热情和自尊，不愿直接点破，而是先给你以肯定，然后指出你的意见全局的不符之处。这种领导，表面看来有点骑墙主义，实际上是很费苦心的，作为下属，应该善于体会他话中的意思，及时地给予理解。

比如当你对领导提出意见，领导说:“你的意见不错，但是有些地方同我们全体部署有些矛盾。”

如果是善解语意的你，此刻就该明白领导的意思，不要再去强调你的意见如何合理，你的主张如何正确，不要逼着领导说："他们暂时还不能采纳你的意见。"

你此时便该说："这只限于我个人的一点看法，如果和公司全局有矛盾，您就以全局为出发点。"

领导必会感谢你的通情达理，这样，二者之间达成一种默契，岂非好事？

3. 面对客套

还有一种领导，客套话挂在嘴边，经常地抬举下属，夸奖的口气言过其实。诸如"我全靠你了！""没有你在我身边，我简直不知怎么办！"这一类话，你尤其需要加以深切的注意，体会好话中的意味，做出合适的反应，进行恰当的应付。

最好见机行事，适时地同领导打成一片。比如你可以回答"谢谢您的信任，我努力地去做做看。"这种方法较为理智，又为自己在工作中的发展开拓了更广阔的天地。

工作中要学会跟上司沟通

在上司面前说话的表现如何，对于下属的工作环境、事业兴衰、处事前景影响很大，说话中听，上司便赏识你、重用你，你前景光明；说话不中听，上司便给你穿小鞋、设障碍，你的前景就黯淡。下属说话，不可不慎。

在工作中，能够准确、完整地表达自己的想法才能获得别人的好感和信赖。因此，我们要学会跟老板沟通，让他知道你不仅会干活，还有不少想法，才会让他觉得你是一个值得栽培的好员工。

在工作中，上下级之间的关系是很重要的。谈话是联系上下级之间的一条纽带，因此必须加以研究，因为它关系到你的发展前途和晋升问题。

在工作上要正确报告事实的真相，这是相当关键的，这不仅有利于领导做出正确的决断，也直接影响到领导本人的威信。有许多部门上下级、同级之间发生纠纷，就是因为某些人向上级报告失实而造成的。美国广告大王布鲁贝克在谈起他年轻时的一件轶事时说，一次他所在公司的经理问他，印刷厂把纸送来没有？他回答送过来了，共有5千令，经理问："你数了吗？""他说："没有，是看到单上这样写的。"经理冷冷地说："你不能在此工作了，本公司不能要一个连自己也不能替自己反映情况的人。"对于自己没有把握的事情不说，自己没有做过的事情，不能说做得很圆满，这样反而使上司反感。

与上司沟通，有些善于职场沟通者认为：去找上司前，最好先向秘书了解一下这位上司今天的心情如何，这很重要。也就是说，选择一个适当的时机与上司沟通，是很重要的。一位出色的下属，要耳聪目明、善于观察上司的动态。如果是个人琐事，就不要在上司埋头处理大事时去打扰他。如果你心里不舒服，或者有什么主意，你应该选择适当时机、适当场合，悄悄地把领导拉到一边讲。

人与人之间需要沟通，其重要程度往往超出你的想象。对于你的企业，你的工作，你可能会有各种各样的意见和建议。我们应该学会表达自己的看法，即便是与别人意见相同，也应该用自己的语言把它表述出来。如果你不能或者不愿将自己的想法表达出来，那么你就很难与老板进行友好的交流，而一个不能清晰表达自己的思想、不善于陈述自己想法的员工也很难得到上司的欣赏和信赖。上司需要的是充满活力和热情的职员。你若沉默不语，通常会被理解为漠不关心。

小华从小父母就教育她，做任何事都要埋头苦干，不要夸夸其谈，这个方法在学校挺灵验。可是到了单位上班后，她仍谨守父训：事业是干出来的，不是用嘴夸出来的。于是在单位，她依然不怎么与人说话，在部门开会讨论工作时，也总是躲在角落，虽然她觉得那几个同事在那口若悬河地说了许多废话，提的建议也不怎么高明，可她却也不愿出风头去与他们争辩。但部门经理特别喜欢那些发言活跃分子，显然，对于埋头苦干的小华就有些视而不见。后来时间长了，她看到身边的同事不是涨工资，就是被提升，心里觉得很郁闷。于是她尝试改变自己。

她努力试着与上司进行沟通，把自己的新想法告诉上司。由于她的建议给公司创造了新业绩，上司也越来越看重她，她也越来越敢于和上司提出自己的想法，因此形成了良性循环。现在她变得越来越开心了。

如果你是一个不善于陈述自己想法的人，那么你从今天起就一定要去尽力地学习掌握这种能力，因为这是你获取上司信赖必不可少的条件之一。千万不要轻视这种能力。在与老板相处时，若能恰到好处地陈述自己的想法，那么老板在了解你内心想法的同时，还会更加欣赏你、信赖你。

把握和领导谈话的尺度

在工作中，上下级之间的关系很重要。谈话是联系上下级之间的一条纽带，因此必须加以研究，因为它直接关系到你的发展前途和晋升问题。

与领导说话不能无所顾忌，尤其是在工作中，毕竟是上下级关系，以下一些引起领导不快的话尽量少说。

不经意地说："太晚了!"

这句话的意思是嫌领导动作太慢，以至于快要误事了。在领导听来，肯定有"干吗不早点"的责备意味，这样的话不能对领导说。

对领导说："这事不好办。"

领导分配任务下来，而下级却说"不好办"，这样直接地让领导下不了台，一方面说明自己在推卸责任，另一方面也会让领导没面子。

对领导说："您真让我感动!"

其实，"感动"一词是领导对下级的用法，如"你们工作认真负责不怕吃苦，我很感动"。而晚辈对长辈或下级对上级用"感动"一词，就不太恰当了。尊重领导的说法，应该用"佩服"，如"经理，我们都很佩服您的果断"，这样才比较恰当。

对领导说:“不行是吗？没关系!”

这话是对领导的不尊重，缺少敬意。退一步来讲，也是说话不讲方式方法，说了不该说的话。

对领导的问题回答:“无所谓，都行!”

如果你这样说是出于客气，这种客气反而会招致领导的误解；如果是因为你不满意领导的看法或决定，这样说无益于问题的解决，倒不如坦率地向领导表明你的观点，能解决实际问题。

对领导说:“你不清楚。”

这句话就是对熟悉的朋友也会造成很大的伤害，对领导说这样的话，更是不应该。

许多与同事、亲友能滔滔不绝地说话的人，一到上级面前便结结巴巴，想好的话也不知从何说起。造成这种情况的原因是多方面的，但一般说来，上下级地位的差距在客观上造成了感情上的差距，人们所担心的“命运”、“前途”都掌握在领导手里，若讲话出了差错将会影响你今后的发展。另一些人认为，和领导说话要有不一般的样子，诸如此类，都造成了心理上的压力。谈话是加强沟通，联系上下级关系的一条重要纽带，因此，下级一定要重视和领导的谈话，把握住自己的分寸。

那么，在一般情况下，如何与上级谈话呢？具体地说，应注意以下几点：

1. 态度上不卑不亢

对上级表示尊重，承认他有强于你的地方，或者才华超群、经验丰富，所以要做到礼貌、谦逊。但是，绝不要采取“低三下四”的态度。绝大多数有见识的领导，对那种一味奉承、随声附和的人，是不会予以重视的。在保持独立人格的前提下，和领导谈话应采取不卑不亢的态度。在必要的场合，你也不必害怕表示自己的不同观点，只要你从工作出发，摆事实，讲道理，领导是会予以考虑的。

2. 不妨积极主动些

很多人在领导面前表现的躲躲闪闪，害怕和领导多说一句话，更不会推心置腹的交谈。这样造成的后果是把领导了解你的大门也同时关上了，其他的一切皆无从谈起。这是一种人际交流的恶性循环。作为下属，可以积极主动地与领导交谈，渐渐地消除彼此间可能存在的隔阂，使上级下级关系相处得正常、融洽。当然，这与“巴结”领导不能相提并论，因为工作上的讨论及打招呼是不可缺少的，这不但能祛除对领导的恐惧感，而且也能使自己的人际关系圆满，工作顺利。

3. 了解领导的个性

上级固然是领导，但他首先是一个人，作为一个人，他有他的性格、爱好，也有他的语言习惯。如有些人性格爽快、干脆，有些人沉默寡言，事事多加思考。不要认为这是“迎合”，其实这正是应用心理的一门技巧。尤其领导都有一种统治欲和控制欲，任何敢于侵犯其权威性的行为都会受到报复。既然他是领导，所以你必须适应这一点。

4. 选择适当的时机

作为领导，一天到晚要考虑的问题很多，他会根据问题的重要性去选择时机思考。你应当根据自己问题的重要与否，选择适当时机去反映。如果你不知领导何时有空，不妨先给他写张纸条，把自己需要解决的问题要点写上，然后请求与他交谈。或者写上你要求面谈的时间、地点，请他先定，这样，便可以方便领导安排时间。

5. 事先做好充分的准备

在谈话时，充分了解自己所要说话的要点，简练、扼要、明确地向领导汇报。如果有些问题是需要请示的，应有两个以上的方案，而且能向上级说明各方案的利弊，这样有利于领导做决断。为此，事先应当周密准备，弄清每个细节，随时可以回答，如果领导同意某一方案，你最好尽快将其整理成文字再呈上，以免日后产生理解上的分歧，造成不必要的麻烦。

6. 汇报工作进展情况一定要有根有据

在工作上要报告事实的真相，这是相当关键的，这不仅有利于领导做出正确的决断，也直接影响到领导本人的威信。任何一位领导都不会喜欢无根据的臆断与猜测的话语。

让老板加薪要讲究技巧

加薪和升职永远是职场里的人最关心的话题，也是棘手的问题。许多人并非表现不好或没有工作能力，他们只是不善于表现自己。如今的企业老板因公务缠身，不可能每时每刻都留意你的表现，作为员工有必要主动、适时地表现自己，只有这样才能达到自己的预期效果。当然，每个人的表达方式不同，关键的一点是有技巧地表现自己。

很多人都想说服老板为自己加薪。但是什么时候是提加薪的最佳时机？其次，要说服老板，还需要一定的技巧。

要懂得把握适当时机。刚完成一项任务，成绩十分理想，上司对你赞赏有加；年报刚发表，公司的赢利大有改善；公司推出的新产品，销售量奇佳，公司准备摆庆功宴；或者上司权势日重，心情非常轻松。

懂得鉴貌辨色。先了解上司何时心境较开朗，是早上？下午？午饭时？下班？还是周末？选对时间能收到事半功倍之效。

还要让对方有思考余地。有些人不能在毫无准备下做出答复，又或者他也必须向上级呈报。所以你应先将自己的要求用笔录方式提出，几天后再约上司面谈。

当然要准备充分的理由：何以你认为加薪合理？因为你的工作技能增加了？你对公司的贡献多了？还是责任加重了？或使公司效率增强、利润倍增？提出实例来，提醒上司注意你的真正价值。总体来说，在老板最担心人才流失的时候，向他提出加薪，是最合适的时候。但是，要说服老板，不仅需要你底气十足，还需要掌握一定的技巧。

如果你觉得自己的能力、业绩都在别人之上——总之你有把握让老板知道你值得加薪，那么你就不妨大胆地把你的要求提出来，但是一定要注意提出的方式，以成功说服老板。

小周到南方一家公司打工，本来谈好了过了两个月试用期就给她涨工资的。但是三个月过去了，她的工资仍然没有任何变化。于是，她趁向老板送材料的机会对老板说:“老板，有件事，我一直想问您一下。”老板说:“有什么话，你尽管说。”她说:“我发现自己的工资与试用期期间没有变化，想问问是不是我的试用期已过而正式聘用的相关手续还没有办妥?”其实，她知道人事部门已经给她办好了手续。老板听后没有什么特别的反应，而是认真地回答说要帮她问问。

第二天，老板就找到她，对她说:“真是不好意思，其实你的工资上几个月就应该加上去了，只是财务上一时没办好手续，以后有什么事如果我忘了你可以提醒我一下，不要有什么顾虑，按劳分配嘛。”

在你明明该得到加薪的时候，老板没有给你加薪，这时候，不管是老板一时疏忽忘记了，还是故意忘记了，你都不妨提醒老板一下，让他既有机会，又有面子地给你加薪。

要求加薪，必须秉持委婉与中肯的态度，以下有几个步骤:

1. 了解上司的需求

事先了解上司的需求与目前待解决的问题。上司的需求，最好能与你想加薪的理由结合在一起。

2. 确立加薪的原因

理清你在意的是什么？你的疑虑是什么？想要的是什么？想要上司知道的状况是什么？你在意的不一定要告诉上司，但是你必须理清。

3. 搜集说服的资料

尽量找出有力的数据与证明来说服上司。比如，想要强调工作的分量增加了，可以用数据比较过去两年与今年的工作量，让上司作为参考。

4. 讲清楚说明白

把想问上司的问题问清楚，中国人尽管喜欢“不直接”的沟通，但是还是需要把自己想要加薪的原因说清楚。比如，许多人常间接地问上司:“我三个月的试用期到了，是不是应该有绩效考核?”建议还是直接对上司说:“三个月试用期到了，我认为我的表现为公司争取到许多业绩，您认为，是不是值得加薪呢？”

5. 询问上司的看法

清楚说明想要加薪的原因之后，一定要反问上司的看法如何？大多数人单方面说完想要加薪的原因之后，就不了了之。建议你陈述完后，可以问上司说：“您觉得呢？”

6. 根据响应修正自己的要求

也许上司做了解释，表明暂时无法加薪，但是，不要马上就放弃，必须再修正你的要求，再次询问上司的看法。

7. 得出具体结论

谈加薪就像谈合约，在合约上应该有清楚、明确的同意事项与时间，让双方有所依询。但是许多人往往不好意思问，或忘了向上司要求具体的结果，比如，时间、数目等。建议你可以说：“我知道公司目前有困难，我自己也必须考量我生活上的需求。我想知道，您什么时候可以给我答案？”

在职场上，对于薪酬，大多人都是含蓄的，即便对自己的工资不满意，也不敢直接提出来。因为提出加薪，弄不好会因此而被赶出公司，老板也会对你“另眼相看”。其实如果你善开“金口”，向老板提出加薪也远没有我们想象的那么可怕。

总之，只要你认为加薪是合理的，你就有权提出。但你必须注意说话方式，巧妙地、有技巧地把自己的意图传达给老板，就算万一不被老板接纳，也不会给大家留下难堪，以致影响日后的工作。

不能随便说有关上司的话

与人交往，老年人有老年人的习惯，孩子有孩子的性格，上司作为一个特定的群体，有些说话的忌讳也是有规律性的，作为一个职场人士要善于言谈却也要懂得适可而止，说话要有分寸，要明白有些话可以说，有些话不能随便说。

1. 不要说看不起上司的话

一个人能够成为管理阶层的成员，自然有其过人之处。因此作为下属，应该学习欣赏你的上司，而不能养成看不起上司的习惯。

在背后常常说上司坏话的人，不会受到别人的尊敬。如果偶然为之，别人只当是诉苦；如常常这样，别人便会觉得你只会看不起别人而自己又不努力，因为你可以让一个样样不如你的人做了你的上司，你的能力也好不到哪里去。

撇开人格不谈，单就公事而论，上司之所以能够成为你的上司，必有值得你学习的地方。

在上司身上找寻一些能令你欣赏的地方并在上司面前恰当地表达出来，不但可让上司看重欣赏你，而且可以消除你对上司的怨气，使你容易容忍和接纳他。更重要的是你可以从中学到自己没有的长处。

如果你能欣赏你的上司，他自会在日常的交往中察觉得到，就正如他能在言谈中知道你对他不敬一样。没有上司会拒绝别人尊敬的，有人欣赏绝对是快乐的事。

2. 别直言是非

任何人都不想被当众指出自己的错误，更何况是你的上司？开会时众目睽睽，你竟然把他的错误抖出来，叫他的面子往哪里放？况且你是他的下属，岂不是说他不如你？

即使只有你与上司两人，你也不宜直接指出他的错误，因为上司的自尊心最重要。如果你一定要指出上司的错误，要婉转但能清楚地传达意思。

其实，只要下属能时常记住自己的身份，便不难避免直说其非的难堪。

3. 说你应该说的话

与上司打交道，必须时刻小心才是。当上司问你任何一个问题时，在你的脑际都要很快闪过这类念头：他提问的真正“目的”何在？然后针对他的“目的”，作出回答，而并非问什么都必须如实地回答。

在上司面前不要直言不讳，而要说你应该说的话。或许有人会认为，这样做是不是人品有问题，为什么不说真话？

在这里要强调的是，所谓的不要直言不讳，也并不是让你满口胡说八道。说你应该说的话，是指你应预测到你说这些话所引起的上司的直接反应，不要让双方都下不了台，又不违背你做人的原则。

4. 不可贸然向上司进言

法家代表人物韩非认为，下属不能随便向上司进言。他的论断虽有些偏激，但反映了进言宜慎重这个道理。韩非列举了进言者的10种危险，不妨参考一下：

(1) 上司秘密策划的事，不知情者贸然进言就会有危险。

(2) 上司表里不一的事，谁把这个情况说破，谁就会有危险。

(3) 在进言被采纳的情况下，如果进言的内容被他人得到了，进言的人就要受到泄密的怀疑。

(4) 参加工作的经历还不够深，还没得到上司信任时，如果把自己的才能全显露出来，那么，即使谋划成功，也不会受赏；如果谋划失败，反而受怀疑。

(5) 揭露上司的过失，用道德理论加以指责，那是危险的。

(6) 上司用他人的意见获得成功，并把这个成功归于自己，知道这个秘密的人会有危险。

(7) 强制上司从事超越他的能力的事，这样的事会让上司难堪，这个进言者会有危险。

(8) 如果上司谈论人的品格，又别有所指，接着再谈论平庸的人，并有煽动之意，下属们就要有所警惕。

(9) 赞扬上司宠爱的人，如果你想接近他，就会受到怀疑；指责上司厌恶的人，如果是试探，你也会受到怀疑。

(10) 在向上司进言时，只说大话，毫无针对性，当仔细讨论时，就会让人反感；如果发言过于小心，就会被认为是愚笨；如果高谈阔论自己的计划，就会被斥为信口开河。

5. 准备不充分不可随便提建议

下属在向上司进言前，一定要进行深思熟虑地准备，使自己的建议能经得住各方面的考验，你不妨按下面这些方法试着做一做：

(1) 搜集必要的、准确而有力的数字和事实材料来论证自己的建议。由于数字和事实具有客观性，也就更能说服人，这会使你显得具备相当的科学头脑并对现实有着较为充分的认识。

(2) 试着去批驳那些与你相反的论点。如果你能够将其驳倒，那就意味着你已从反面论证了自己的观点。

(3) 要充分地考虑到各种反对意见。既要吸收其合理性以弥补自己建议的不足，又要指明其不合理性作为批驳的重点。

(4) 要想一想，领导可能会向你提出哪些问题，并针对这些问题事先做好充分的准备。

(5) 不妨对未来做一下预期，展示你所提建议的光明前景，并对各种可能性作出估计，这样，不仅可增强上司对你所提方案的重视和信心，而且会使你显得具有长远目光，从而引起上司对你的青睐。

事实上，方案论证缜密还会提高上司对你本人的评价和印象。那些考虑问题欠成熟的下属多半会被领导认为，想法幼稚、做事粗心、目光短浅或者考虑不周，等等。而且这些印象可能会具有“首因效果”（即第一印象影响以后对你的看法）和“晕轮效应”（即你的优点或缺点一旦被认识，会在以后的看法中被不断放大甚至掩盖你的其他优缺点）。考虑成熟的方案则会使上司对你产生某种好感，显示你良好的思维能力和缜密细致的办事作风，这无疑会成为你今后靠近上司的一项资本。

向上司提出建议

我们每个人都有面子，尤其是领导者。他们更加注重自己的面子，因为他还管理着其他下属。试想，如果你是老板，每天有人对你指手画脚，或者帮你拿主意，帮助你发号施令，你是什么感受？所以，在工作中要懂得从老板的角度想问题，懂得不随便给老板提意见，而是用委婉地口气，向上司提出建议。

与上司谈论问题时，还要注意方式方法，一般来说，要以一种能让上司更容易接受的方式来说明自己的想法，语气要温和，言辞要中肯，重要的是有分析、有根据，条理清晰、能够说服别人。

下级一定要清楚，领导始终是权威，拥有最终的决策权，而你只不过是一种建议或参谋。对领导说明看法，不要选用那些过于肯定的词语或方式，而是要用建议的语气委婉地加以表达。比如说，“是否可采用这样的方式?”“我想这样是不是会更好些?”“也许这些看法会对您的计划有所补充”，“我觉得应该向您反映一些情况”等等。

向上司提建议还要选好时机和场合。在公开场合不如在私下里提建议；事已确定就不如事情尚处酝酿中提建议；领导正发脾气时说就不如等他心平气和时提建议；领导心绪低落时就不如领导较得意时提建议。总之，下属应根据领导的性格、情绪、环境等，相机而动，选择一个最能使他接受别人意见的机会。

中国人在处理人际关系时是最讲究“面子”的。领导的面子受损，会使他感到你对他怀有敌意，会使他感到自己的权威受到威胁和损害。所以，下级在提意见时一定要注意给领导留面子。在领导的眼里，如果自己的下属在公开场合使自己下不了台，丢了面子，那么这个下属肯定是对自己抱有敌意或成见，甚至有可能是有组织、有预谋地公开发难。这样，在公开场合不给领导留面子的结果便是，领导要么给予以牙还牙的还击，通过行使权威来找回面子；要么便怀恨在心，慢慢报复。

晓华大学毕业后，应聘到了一家贸易公司。她能力很强，也很上进，工作十分努力，在公司干了几年，却还是没有提升的机会，当时与她一起进公司的人有的都做了主管，可她还是一个最底线的员工。周围的同事们都知晓其中的原因，只是她自己老是不清楚。

有一次，她的主管正和公司老板一起检查工作。当走到她的办公桌前时，她突然站起来，对自己的主管说:“经理，我想提个意见，我发现咱们部门的管理比较混乱，有时连一些客户的订单都找不到。”也许她说的是事实，但此事的后果就可想而知了。

也许你会认为，她这样做是为了公司的利益，想增加公司的工作效率。但是，她却选错了时间，谁也不愿当众出丑，也许有些人能做到不计前仇，但能做到忘掉当众受辱的难堪的情景的人很少。这样做不但不能帮助公司改进工作，还因此得罪了自己的领导，显然是不值得的。如果有意见，一定要找一种妥善的方式和上司沟通，最好出之以礼，即使内心不服，也不能当众指责，如果你羞辱他人，只说明你显得还不成熟，缺乏理性。

上面的例子虽然简单易懂，但是它传递的道理却很深刻。遇到问题，我们可以提出自己的建议，但是却要注意自己的说话方式，把握好提出建议的时机和场合。

有些上司常是很有能力、颇优异的人物，对于一时的失误，不愿接受别人的反驳。尽管如此，如果职员能够把准时机，巧妙地进谏，还是可以起到助其纠正失误的作用的。

下属对这样的上司进谏时，必须注意方法。首先在态度上要尊重上司；其次对你自己的意见，要说得有理有据，并且要强调是你“个人的”意见；再次要能及时收场。

因为自尊心强的上司，你越和他争论，他就越不肯认错，尽管有时他明知自己错了。既然你肯定自己的意见正确，就要让上司有时间自己否定自己的主张，采纳你的谏言。

无意之中说出来

不少上司并不喜欢爱“表功”的人，可你的成绩必须让他知道呀，做了白做可不行。这时候最好的办法是自己做了哪些能体现你的价值的工作，适时在上司面前假装着无意地流露出来。你可以用请教的方式，使上司明白你对工作的态度和你工作进行的状态。

至于有些办公室表面看似风平浪静，内部却有急流险滩，是一个激烈的竞争场所。那些只会埋头苦干不会表现自己的人常常遭人忽视，升迁加薪等好事从来轮不到他们头上，恐怕累死累活也是白忙乎。如果你工作出色又想有所回报，你就该说出自己想法和意见的时候就该开口，该争取自己利益的地方就该争取，该说不的时候就说不。不必隐瞒自己的观点，要敢于自我表达，直截了当地说出自己的想法，这样才会有助于你事业的发展。

而那些缺乏自信不善言谈的人，往往会因为工作量越来越大而不堪重负，业绩下降或无法按时完成，即使工作有成就，上司也未必了解他的工作究竟有多出色，结果往往在加薪提升时，老板便把他的名字忘得一干二净。

与地位高于你的同事谈话，不管他是不是你的顶头上司或其他部门的领导，都应采取尊敬的态度。需要注意的是，与地位高的人谈话，必须维持自己的独立思想，不要做一个应声虫，使他认为你唯唯诺诺，没有主见。与地位较低的人谈话，也不要趾高气扬，应该和蔼可亲，庄重有礼。对于他工作中的成绩应加以肯定和赞美，但是不要显得过于亲密。不要以教训的口气滔滔不绝地讲个没完，使对方感到厌烦。

营造如鱼得水的同事关系

同事就是共同从事某一事业的人。大家为了实现共同目标，处于同一职业群体，从事共同工作。和同事同心协力，较容易获得事业的成功，因此和同事说话有技巧，比如：对知己者应“朋心如水”，对谈得来、过得去者应多几分热情和诚恳，对逆我者应多几分理解和自责。

与你关系最密切的拍档，心底里原来对你十分不满。他不但对你冷漠得吓人，有时甚至你跟他说话，他也不搭理。你究竟在什么时候得罪了对方？连你自己也不知道。

此时，不如“推开天窗说亮话”，直截了当拉着对方问：“我究竟有什么不对呢?”如果对方只冷冷地回答：“没有什么不妥。”你就乘机说：“真高兴你亲口告诉我没事，如果万一我有什么不对的地方，我乐意修补。我很珍惜我俩的合作关系。一起去吃午饭，如何?”

要是一切如他所言的没事，共进午餐是很礼貌的行为。或者，邀他与你一起喝午茶。在你离单位时碰上他，又抓住机会开心地跟他天南地北聊一番。总之，尽量增加与他联络的机会。友善的对待，对方又怎样会拒绝!

在交往中，每个人都希望能得到别人的肯定性评价，都在自觉不自觉地强烈维护着自己的形象和尊严，如果有人对他过分地显示出高人一等的优越感，那么无形之中是对他自尊的一种挑战与轻视，同时排斥心理乃至敌意也就应运而生。

法国哲学家罗西法古说：“如果你要得到仇人，就表现得比你的朋友优越；如果你要得到朋友，就要让你的朋友表现得比你优越。”当我们让朋友表现得比我们优越时，他们就会有一种得到肯定的感觉。但是当我们表现得比他还优越时，他们就会产生一种自卑感，甚至对我们产生敌视情绪。

日常工作中就不难发现这样的人，他们虽然思路敏捷，口若悬河，但刚说几句就令人感到狂妄，所以别人很难与他沟通。这种人多数都是因为太爱表现自己，总是想让别人知道自己很有能力，处处想显示自己的优越感，以为这样才能获得他人的敬佩和认可，其实结果适得其反，这样做只会在同事中失掉威信。

在这个世界里，那些胸怀豁达的人总能赢得更多的知己，相反，那些小看别人、高看自己的人总是令别人反感，最终在交往中使自己到处碰壁。

何先生是一位很得人缘的骨干，按说搞人事调配工作很难不得罪人，可他却是个例外。在他刚到人事局时，几乎在同事中连一个朋友都没有。因为他正春风得意，对自己的机遇和才能十分满意。所以每天都使劲吹嘘自己在工作中的成绩，每天有多少人找他帮忙等等。但同事们听了之后不仅不赞赏，反而很厌恶。后来还是由当了多年领导的老父亲自点拨，他才意识到自己的毛病到底出在哪里。从此以后便很少谈自己而多听同事说话，因为他们也有很多事情要吹嘘，把自己的成就说出来，远比听别人吹嘘更令他们兴奋。后来，每当他与同事闲聊，总是先请对方滔滔不绝地表现自己的优越感，只有在对方停下来问他的时候，才轻描淡写地说一下自己的情况。过了一段时间，有几位同事成了他的朋友，大家在一起相处得十分开心。

我们必须适当地抑制自己的优越感，收敛锐气，学会谦虚，只有这样，我们才受到别人的欢迎。卡耐基曾有过一番妙论："你有什么可以值得炫耀的吗？你知道是什么原因使你没有成为白痴的吗？其实不是什么了不起的东西，只不过是你甲状腺中的碘而已，价值并不高，才五分钱。如果别人割开你颈部的甲状腺，取出一点点的碘，你就变成一个白痴了。在药房中五分钱就可以买到这些碘，这就是使你没有住在疯人院的东西——价值五分钱的东西，有什么好谈的呢！"

工作中，人与人相互接触大多建立在工作基础上。企业（公司）生产经营活动的连续性很强，只有在团结友爱、互帮互助的基础上，才能更好地完成工作任务。在和同事的交往之中，应当注意以下几方面：

1. 说话和气

这是员工待人接物的基本要求。在人们共同工作的公共场所里，不要同人高谈阔论，大声喧哗，如果打扰了其他同事，应该表明歉意，与同事交谈时，不要讲脏话、粗话、俗话；说话声音要根据听者的距离远近，适当控制自己的音量，勿高声刺耳，也不要声音太小像蚊虫叫一样，让人听不清楚。要尽可能使听者感觉到说话者的话语真切、顺耳、可信。

2. 语言文明，待人诚恳

在工作交往中，每个员工应使用文明语言、用好敬语。比如："您好、请、对不起、谢谢、添麻烦了、没关系、请恭候片刻"等日常生活中的礼貌用语，在工作中应随时加以运用。同事向你询问某事，要耐心回答，切忌不耐烦，要始终和蔼亲切。同事之间，要平等相处，诚恳坦率。对待同事的疑问，不可吞吞吐吐，欲言又止，让同事感到隔膜，引起不必要的猜忌。

同事之间的礼貌用语与和气的应答，正如一副润滑剂，加深了同事间的关系，增强了同事间的团结与友谊。

同事交往的基点

工作中表现出的人与人的关系是一种相互依存的关系，因为大家的事业是共同的，必须依靠合作才能完成。而合作又需要气氛上的和谐一致。如果情感上互不相容，气氛上别扭紧张，就不可能协调一致地工作。

每个人都有着自己的个性、爱好、追求和生活方式，因教养、文化水平、生活经历等区别，不可能也不必要要求每个人处处都与他所处的群体合拍。但是，谁都懂得任何一项事业的成功，都不可能仅依靠一个人的力量，谁也不愿意成为群体中的破坏因素，被别人嫌弃而“孤军作战”，这就是共同点。一个有修养的、集体感强的人，是能够利用这一共同点，以自己的情绪、语言、得体的行为和善意的态度去感染、吸引或帮助别人，使同事关系更融洽。

与同事为善，平等尊重，是与同事友好相处的基础。应该主动热情地与同事接近，表示一种愿意与同事交际的愿望。如果没有这种表示，别人可能会以为你希望独处，不敢来打扰。切忌不要表现出孤芳自赏、自诩清高的态度，使人产生你高人一等的感觉。不平等的态度，永远不会赢得友谊。

言谈举止也是非常重要的。谈话应选择别人感兴趣，听了愉快的话题，使人觉得你是个谈得拢的朋友，只有让人从你的言谈中得到乐趣，别人才会愿意与你交谈。

任何人和任何事情都不可能尽善尽美，尽如人意。善于发现别人的长处，认识到大多数人都是通情达理的，会使自己以宽容的态度与人相处。谁都会有不顺心的时候，善于克制自己的情绪，约束自己的行为，而在别人产生消极行为和情绪时又能予以谅解，这正是一种有教养的表现，它会令人处处感到你友好的愿望。

没有哪一个地方的人难以相处，能否友好相处，主要取决于自己。美国出版的《成功的座右铭》一书介绍，一所大学的研究结果表明，显示一种真正以友谊待人的态度，其中60%—90%是可以引起对方友谊的反应的。领导此项研究的博士说:“爱产生爱，恨产生恨，这句话大致是不会错的。”

同事之间莫要刻意表现

善于自我表现的人，常常既表现了自己又不露声色。他们与朋友交谈时喜欢用“我们”而很少用“我”，因为“我”给人以距离感，而“我们”则使人倍感亲切。因为“我们”代表着他也参加的意思，能给人一种“参与感”，还会在不知不觉中把意见相左的人划为同一立场，并按照自己的意图影响他人。

真正善于表现自我的人从来没有停顿的习惯，因为停顿的语气可能被看成是犹豫，也可能让人觉得是一种敷衍、傲慢的态度，很令人反感。

真正的展示教养与才华的自我表现本来无可厚非，只有刻意地自我表现才是最愚蠢的。如果我们不过是要在别人面前表现自己，而使别人对我们感兴趣的话，我们将永远不会有许多真实而诚挚的朋友。真正的朋友并不是以这种交往方法来获得的。

表现自己不是罪。在当今社会，充分展现出自己的才能和优势，是适应时代挑战的必然选择。但是，表现自己必须分场合、形式，如果过于表现，使人看上去矫揉造作，一点都不自然，好像是做样子给别人看似的，那就要另当别论了。

小刘是一家公司的高级职员，平时工作积极，表现很好，待人也热情大方，同事们都主动和他交朋友。但是有一天，一个小小的动作却使他的形象在同事眼中一落千丈。大家都认为，小刘不值得交往。

当时在会议室里，许多人都等着开会，其中一位同事发现地板有些脏，便主动拖起来。而小刘似乎有些身体不舒服，一直站在窗台边往楼下看。突然，他急步走过来，叫那位同事把手中的拖把给他，同事不肯，可小刘却执意要求，那位同事只好把拖把给了他。小刘把拖把接到手刚过一会儿，总经理推门而入。而他正拿着拖把勤勤恳恳、一丝不苟地拖着地板。从此，大家再看小刘时，便觉他很是虚伪，从前的良好形象被一个小动作破坏得一干二净。

许多工作中，往往有人不善于掌握热忱和刻意表现之间的区别。许多人一腔热忱的行为让人看上去像是故意装出来的，也就是说，这些人学会的只是表现自己，而不是真正的热忱。

热忱绝不等于刻意表现。无可否认，自我表现是人天性中最主要的因素。人喜欢表现自己就像画眉喜欢炫耀声音一样正常。但刻意的自我表现就会使自然变得做作、热忱变得虚伪，最终的效果便适得其反，难交到挚友。

许多人在谈话中不论是不是以自己为主题，总是有突出自己、表现自我的毛病。这种人虽说可能被人误认为具有辩才，但是也可能被认为是口无遮拦显得轻浮等，最终总会暴露出他的自我显示欲而使别人产生排斥感和不快情绪。